뉴텝스도 역시 넥서스!

NEW TEPS 완벽 반영

그냥 믿고 따라와 봐!

600점 만점!!

마스터편 실전 500+

독해 정일상, 넥서스TEPS연구소 지음 | 17,500원　**문법** 테스 김 지음 | 15,000원　**청해** 라보혜, 넥서스TEPS연구소 지음 | 18,000원

500점

실력편 실전 400+

독해 정일상, 넥서스TEPS연구소 지음 | 18,000원　**문법** 넥서스TEPS연구소 지음 | 15,000원　**청해** 라보혜, 넥서스TEPS연구소 지음 | 17,000원

400점

기본편 실전 300+

독해 정일상, 넥서스TEPS연구소 지음 | 19,000원　**문법** 장보금, 써니 박 지음 | 17,500원　**청해** 이기헌 지음 | 19,800원

300점

입문편 실전 250+

독해 넥서스TEPS연구소 지음 | 18,000원　**문법** 넥서스TEPS연구소 지음 | 15,000원　**청해** 넥서스TEPS연구소 지음 | 18,000원

MP3 듣기 / 모바일 단어장 / 온라인 받아쓰기 / 정답 자동 채점

넥서스 NEW TEPS 시리즈

- 목표 점수 달성을 위한 **뉴텝스 기본서 + 실전서**
- 뉴텝스 실전 완벽 대비 **Actual Test 수록**
- 고득점의 감을 확실하게 잡아 주는 **상세한 해설 제공**
- 모바일 단어장, 어휘 테스트 등 **다양한 부가자료 제공**

LEVEL CHART

NEXUS Edu

	초1	초2	초3	초4	초5	초6	중1	중2	중3	고1	고2	고3
VOCA	 초등필수 영단어 1-2·3-4·5-6학년용											
					 The VOCA + (플러스) 1~7							
			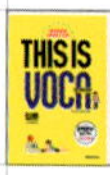 THIS IS VOCABULARY 입문·초급·중급					THIS IS VOCA 고급·어원·수능 완성·뉴텝스				
							 WORD FOCUS 중등 종합 5000·고등 필수 5000·고등 종합 9500					
Grammar			 초등필수 영문법 + 쓰기 1~2									
			 OK Grammar 1~4									
			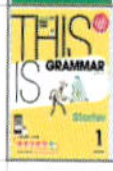 This Is Grammar Starter 1~3									
						 This Is Grammar 초급~고급 (각 2권: 총 6권)						
							 Grammar 공감 1~3					
							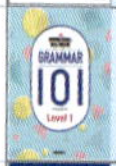 Grammar 101 1~3					
							 Grammar Bridge 1~3					
							 중학영문법 뽀개기 1~3					
							 The Grammar Starter, 1~3					
								 구사일생 (구문독해 Basic) 1~2				
									 구문독해 204 1~2			
								 그래머 캡처 1~2				
									[특급 단기 특강] 어법어휘 모의고사			

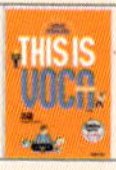

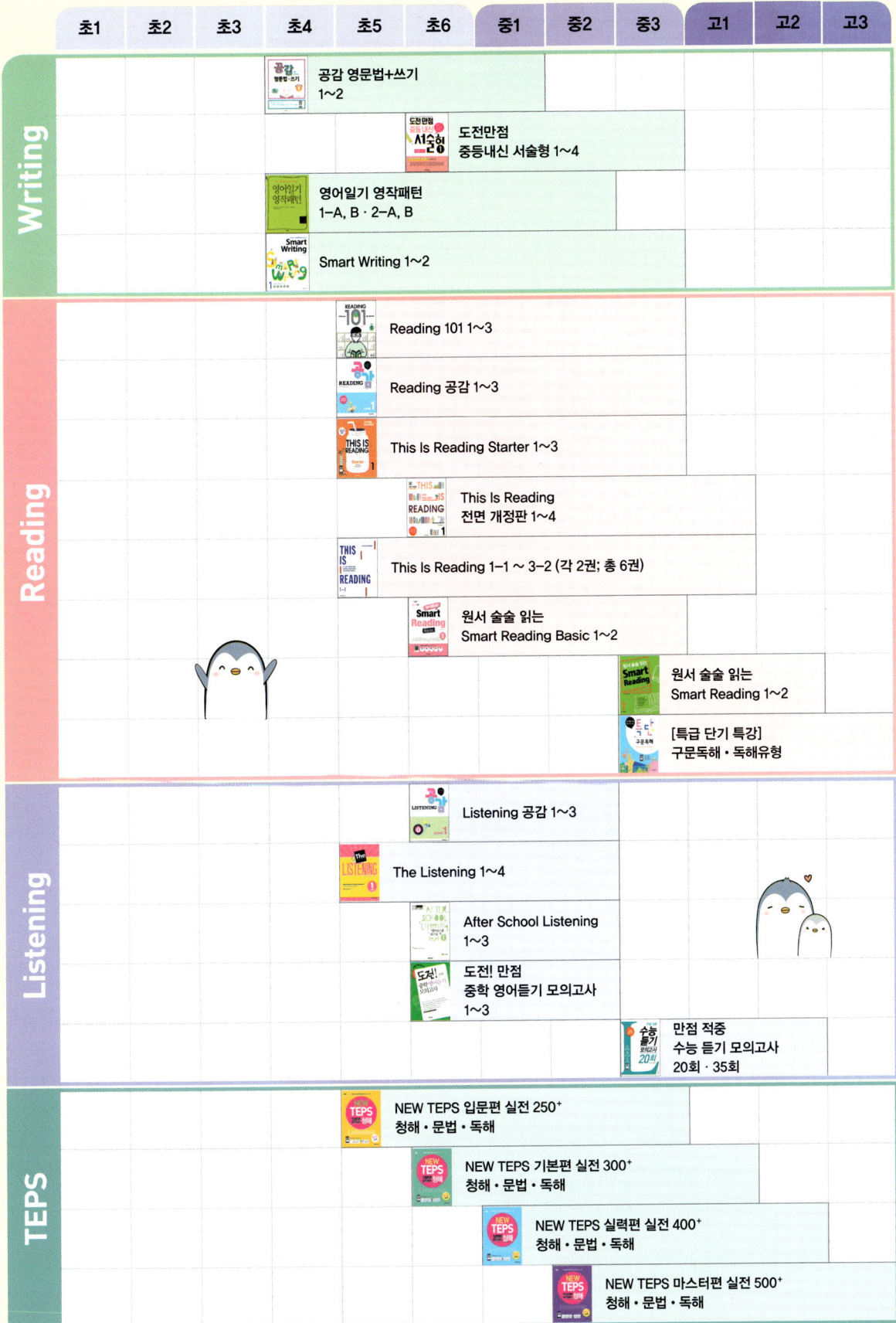

NEW TEPS 독해

마스터편
실전 500+

NEW TEPS 마스터편(실전 500+) 독해

지은이 정일상·넥서스 TEPS연구소
펴낸이 임상진
펴낸곳 (주)넥서스

출판신고 1992년 4월 3일 제311-2002-2호 ⑦
주소 10880 경기도 파주시 지목로 5
전화 (02) 330-5500 팩스 (02) 330-5555

ISBN 979-11-964383-7-1 14740
       979-11-964383-6-4 14740 (SET)

출판사의 허락 없이 내용의 일부를
인용하거나 발췌하는 것을 금합니다.

가격은 뒤표지에 있습니다.
잘못 만들어진 책은 구입처에서 바꾸어 드립니다.

www.nexusbook.com

출제 원리에 철저하게 맞춘 전략형 뉴텝스 독해

NEW TEPS 독해

마스터편
실전 500+

정일상·넥서스 TEPS연구소 지음

Reading

NEXUS Edu

TEPS 점수 환산표 [TEPS → NEW TEPS]

TEPS	NEW TEPS	TEPS	NEW TEPS	TEPS	NEW TEPS	TEPS	NEW TEPS
981~990	590~600	771~780	433~437	561~570	303~308	351~360	185~189
971~980	579~589	761~770	426~432	551~560	298~303	341~350	181~184
961~970	570~578	751~760	419~426	541~550	292~297	331~340	177~180
951~960	564~569	741~750	414~419	531~540	286~291	321~330	173~177
941~950	556~563	731~740	406~413	521~530	281~285	311~320	169~173
931~940	547~555	721~730	399~405	511~520	275~280	301~310	163~168
921~930	538~546	711~720	392~399	501~510	268~274	291~300	154~163
911~920	532~538	701~710	387~392	491~500	263~268	281~290	151~154
901~910	526~532	691~700	381~386	481~490	258~262	271~280	146~150
891~900	515~525	681~690	374~380	471~480	252~257	261~270	140~146
881~890	509~515	671~680	369~374	461~470	247~252	251~260	135~139
871~880	502~509	661~670	361~368	451~460	241~247	241~250	130~134
861~870	495~501	651~660	355~361	441~450	236~241	231~240	128~130
851~860	488~495	641~650	350~355	431~440	229~235	221~230	123~127
841~850	483~488	631~640	343~350	421~430	223~229	211~220	119~123
831~840	473~481	621~630	338~342	411~420	217~223	201~210	111~118
821~830	467~472	611~620	332~337	401~410	212~216	191~200	105~110
811~820	458~465	601~610	327~331	391~400	206~211	181~190	102~105
801~810	453~458	591~600	321~327	381~390	201~206	171~180	100~102
791~800	445~452	581~590	315~320	371~380	196~200		
781~790	438~444	571~580	309~315	361~370	190~195		

※ 출처: 한국영어평가학회

보다 세분화된 환산표는 www.teps.or.kr에서 내려받을 수 있습니다.

Preface

기존 텝스 시험이 NEW TEPS로 개정된 이후, 문항 수와 시험 시간이 줄어 응시 부담과 피로도는 낮아졌다고는 하지만, 수험자가 느끼는 난이도는 크게 변하지 않아 여전히 어렵다는 의견들이 많습니다. 그렇습니다! TEPS는 각 영역마다 고비가 있는 시험입니다. 특히, 독해는 편지나 광고 등 다양한 상황의 실용적인 지문뿐만 아니라 과학, 문학, 예술, 철학, 역사 등을 다루는 학술적, 전문적인 내용을 바탕으로 주제 및 요지, 세부사항, 추론 등의 문제를 다루고 있어 독해 지문에 대한 배경지식 및 핵심을 파악하여 짧은 시간 내에 문제풀이를 할 수 있는 독해 전략이 필요합니다.

그렇다면, NEW TEPS 독해 성적을 고득점으로 올리려면 어떻게 공부해야 할까요? 이는 TEPS의 길로 들어선 모든 수험자의 공통된 질문일 것입니다. 다른 공인 영어 시험과 마찬가지로 TEPS도 단순히 영어 능력을 측정하는 것이 아니라 어떻게 영어로 종합적이며 논리적인 사고를 할 수 있는지를 평가하는 시험이기 때문에 수험자 본인의 취약점을 잘 파악하여 적합한 교재를 선정하고 이를 꾸준하게 학습하는 것이 관건입니다. 무조건 어려운 문제를 많이 푸는 것보다는 기본부터 실전까지 다양한 난이도의 문제를 바탕으로 다양한 지문 및 문제풀이를 경험하고 NEW TEPS 신유형 문제풀이 훈련을 꾸준히 하는 것이 더욱 효과적입니다.

NEW TEPS 독해 영역에서 고난도 지문들은 대부분 학술적인 내용을 다루고 있으므로 평소에 폭넓은 분야의 주제에 익숙해지도록 다양한 글을 읽어야 합니다. 〈NEW TEPS 마스터편(실전 500+) 독해〉에서는 이러한 고난도 텝스 독해의 기반을 잡아 주고, 실전에서 활용할 수 있는 핵심 전략, 유형별 독해 문제풀이 및 기출 문제를 바탕으로 한 실전 문제에 가까운 Actual Test를 통해 학습 효과를 높일 수 있습니다. 실질적인 점수를 올려 줄 〈NEW TEPS 마스터편(실전 500+) 독해〉를 통해 여러분이 원하는 목표를 꼭 이루시길 바랍니다.

넥서스 TEPS연구소

Contents

구성과 특징   8
NEW TEPS 정보   10

I 유형별 독해 전략

Unit 01 빈칸 채우기   30
Practice Test   36

Unit 02 빈칸에 적절한 연결어 고르기   38
Practice Test   43

Unit 03 문맥상 어색한 문장 찾기   44
Practice Test   47

Unit 04 지문의 주제/요지/목적 찾기   48
Practice Test   52

Unit 05 세부 내용 찾기   54
Practice Test   57

Unit 06 추론 가능한 정답 찾기   59
Practice Test   63

Unit 07 1지문 2문항   65
Practice Test   71

II NEW TEPS 주제별 필수 어휘

- A. 철학, 역사, 교육 — 76
- B. 문학, 심리 — 78
- C. 정치, 경제, 사회, 법률 — 81
- D. 과학 — 84
- E. 환경, 의학 — 85
- F. 여행, 교통, 쇼핑 — 87
- G. 회사, 사업 — 88
- H. 학업, 학교 — 90
- I. 일상생활 — 92

III TEPS 실전 모의고사

- **ACTUAL TEST 1** — 98
- **ACTUAL TEST 2** — 118
- **ACTUAL TEST 3** — 138
- **ACTUAL TEST 4** — 158
- **ACTUAL TEST 5** — 178

정답 및 상세한 해설 (부록)

Structure

유형별 독해 전략

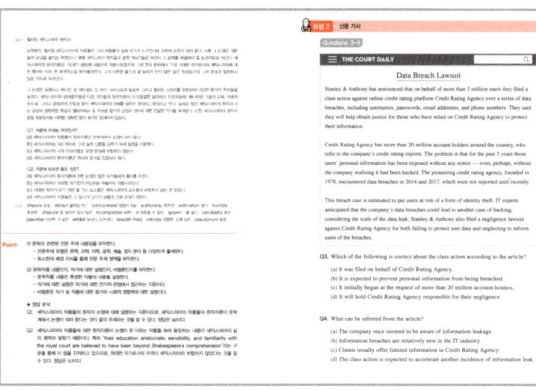

뉴텝스 독해의 문제 유형을 7개 unit으로 나눠 각 유형에 맞는 독해 전략을 구사할 수 있도록 하였습니다. 누구나 다 아는 단순한 유형 소개가 아닌 실질적인 문제 풀이 핵심 전략을 설명합니다.

PRACTICE TEST

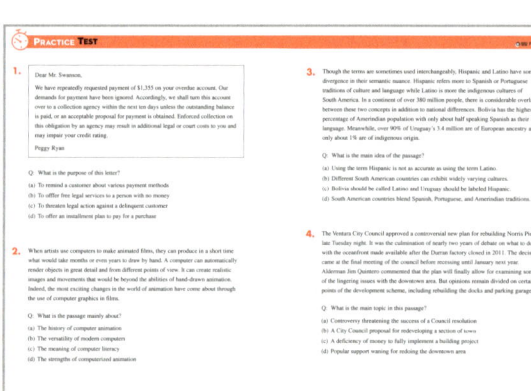

뉴텝스 독해 전략에는 실전 모의고사 5회분을 풀기 전에 몸풀기를 할 수 있도록 각 unit 마다 연습 문제를 실었습니다. 유형별 독해 연습으로 실전에서 고득점을 획득하는 데 도움이 되도록 구성하였습니다.

NEW TEPS 주제별 필수 어휘

뉴텝스 독해 지문에서 자주 나오는 어휘를 주제별로 분류하여 시간 대비 효율적으로 공부할 수 있도록 정리하였습니다. 한 가지 어휘가 주제에 따라 어떻게 다양한 의미를 갖는지 제대로 파악할 수 있습니다.

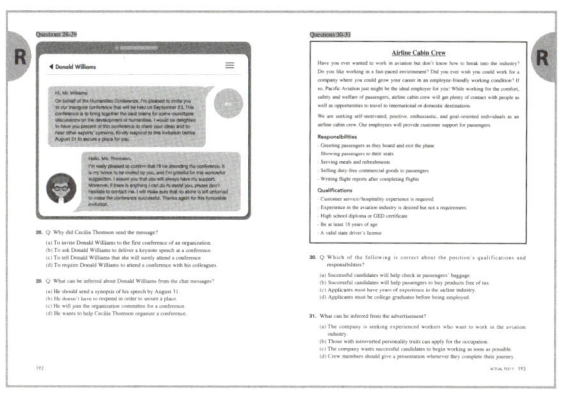

NEW TEPS 실전모의고사 5회

뉴텝스에 맞춘 문제들로 구성된 ACTUAL TEST를 총 175문제, 5회분 모의고사로 준비하여 고득점에 다가갈 수 있도록 하였습니다.

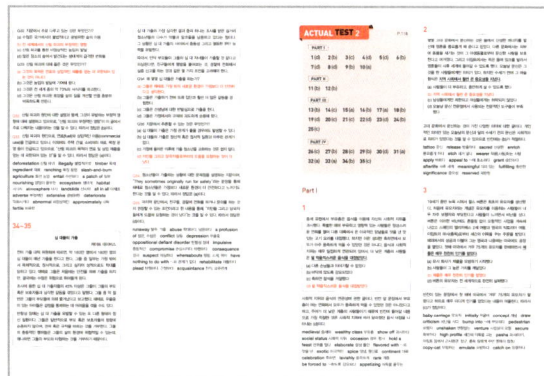

상세한 해설 수록

알기 쉬운 해석과 어휘 정리는 물론, 상세하고 친절한 해설을 수록하여 혼자 공부해도 뉴텝스 독해에 만반의 준비를 할 수 있도록 구성하였습니다.

부가 제공 자료

언제 어디서든 편하게 학습할 수 있도록 QR 코드를 통해 모바일 단어장 및 VOCA TEST를 제공하며, 추가로 어휘 리스트 & 테스트를 넥서스 홈페이지(www.nexusbook.com)에서 다운로드할 수 있습니다.

TEPS란?

TEPS는 Test of English Proficiency developed by Seoul National University의 약자로 서울대학교 언어교육원에서 개발하고, TEPS관리위원회에서 주관하는 국가공인 영어 시험입니다. 1999년 1월 처음 시행 이후 2018년 5월 12일부터 새롭게 바뀐 NEW TEPS가 시행되고 있습니다. TEPS는 정부기관 및 기업의 직원 채용이나 인사고과, 해외 파견 근무자 선발과 더불어 국내 유수의 대학과 특목고 입학 및 졸업 자격 요건, 국가고시 및 자격 시험의 영어 대체 시험으로 활용되고 있습니다.

1 / NEW TEPS는 종합적 지문 이해력 평가를 위한 시험으로, 실제 영어 사용 환경을 고려하여 평가 효율성을 높이고 시험 응시 피로도는 낮춰 수험자의 내재화된 영어 능력을 평가합니다.

2 / 편법이 없는 시험을 위해 청해(Listening)에서는 시험지에 선택지가 제시되어 있지 않아 눈으로 읽을 수 없고 오직 듣기 능력에만 의존해야 합니다. 청해나 독해(Reading)에서는 한 문제로 다음 문제의 답을 유추할 수 있는 가능성을 배제하기 위해 1지문 1문항을 고수해 왔지만 NEW TEPS부터 1지문 2문항 유형이 새롭게 추가되었습니다.

3 / 실생활에서 접할 수 있는 다양한 주제와 상황을 다룹니다. 일상생활과 비즈니스를 비롯해 문학, 과학, 역사 등 학술적인 소재도 출제됩니다.

4 / 청해, 어휘, 문법, 독해의 4영역으로 나뉘며, 총 135문항에 600점 만점입니다. 영역별 점수 산출이 가능하며, 점수 외에 5에서 1+까지 10등급으로 나눕니다.

NEW TEPS 시험 구성

영역	문제 유형	문항수	제한 시간	점수 범위
청해 Listening Comprehension	Part I : 한 문장을 듣고 이어질 대화로 가장 적절한 답 고르기 (문장 1회 청취 후 선택지 1회 청취)	10	40분	0~240점
	Part II : 짧은 대화를 듣고 이어질 대화로 가장 적절한 답 고르기 (대화 1회 청취 후 선택지 1회 청취)	10		
	Part III : 긴 대화를 듣고 질문에 가장 적절한 답 고르기 (대화 및 질문 1회 청취 후 선택지 1회 청취)	10		
	Part IV : 담화를 듣고 질문에 가장 적절한 답 고르기 (1지문 1문항) (담화 및 질문 2회 청취 후 선택지 1회 청취)	6		
	Part V : 담화를 듣고 질문에 가장 적절한 답 고르기 (1지문 2문항) [신유형] (담화 및 질문 2회 청취 후 선택지 1회 청취)	4		
어휘 Vocabulary	Part I : 대화문의 빈칸에 가장 적절한 어휘 고르기	10	통합 25분 [변경]	0~60점
	Part II : 단문의 빈칸에 가장 적절한 어휘 고르기	20		
문법 Grammar	Part I : 대화문의 빈칸에 가장 적절한 답 고르기	10		0~60점
	Part II : 단문의 빈칸에 가장 적절한 답 고르기	15		
	Part III : 대화 및 문단에서 문법상 틀리거나 어색한 부분 고르기	5		
독해 Reading Comprehension	Part I : 지문을 읽고 빈칸에 가장 적절한 답 고르기	10	40분	0~240점
	Part II : 지문을 읽고 문맥상 어색한 내용 고르기	2		
	Part III : 지문을 읽고 질문에 가장 적절한 답 고르기 (1지문 1문항)	13		
	Part IV : 지문을 읽고 질문에 가장 적절한 답 고르기 (1지문 2문항) [신유형]	10		
총계	14개 Parts	135문항	105분	0~600점

NEWTEPS 영역별 특징

청해 (Listening Comprehension) _40문항

정확한 청해 능력을 측정하기 위하여 문제와 보기 문항을 문제지에 인쇄하지 않고 들려줌으로써 자연스러운 의사소통의 인지 과정을 최대한 반영하였습니다. 다양한 의사소통 기능(Communicative Functions)의 대화와 다양한 상황(공고, 방송, 일상생활, 업무 상황, 대학 교양 수준의 강의 등)을 이해하는 데 필요한 전반적인 청해력을 측정하기 위해 대화문(dialogue)과 담화문(monologue)의 소재를 균형 있게 다루었습니다.

어휘 (Vocabulary) _30문항

문맥 없이 단순한 동의어 및 반의어를 선택하는 시험 유형을 배제하고 의미 있는 문맥을 근거로 가장 적절한 어휘를 선택하는 유형을 문어체와 구어체로 나누어 측정합니다.

문법 (Grammar) _30문항

밑줄 친 부분 중 오류를 식별하는 유형 등의 단편적이며 기계적인 문법 지식 학습을 조장할 우려가 있는 분리식 시험 유형을 배제하고, 의미 있는 문맥을 근거로 오류를 식별하는 유형을 통하여 진정한 의사소통 능력의 바탕이 되는 살아 있는 문법, 어법 능력을 문어체와 구어체를 통하여 측정합니다.

독해 (Reading Comprehension) _35문항

교양 있는 수준의 글(신문, 잡지, 대학 교양과목 개론 등)과 실용적인 글(서신, 광고, 홍보, 지시문, 설명문, 양식 등)을 이해하는 데 요구되는 총체적인 독해력을 측정하기 위해서 실용문 및 비전문적 학술문과 같은 독해 지문의 소재를 균형 있게 다루었습니다.

NEWTEPS 영역별 유형 소개

청해 Listening Comprehension

★ PART I (10문항)

두 사람의 질의응답 문제를 다루며, 한 번만 들려줍니다. 내용 자체는 단순하고 기본적인 수준의 생활 영어 표현으로 구성되어 있지만, 교과서적인 지식보다는 재빠른 상황 판단 능력이 필요합니다. Part I에서는 속도 적응 능력뿐만 아니라 순발력 있는 상황 판단 능력이 요구됩니다.

Choose the most appropriate response to the statement.

W   I heard that it's going to be very hot tomorrow.
M   _____

(a) It was the hottest day of the year.
(b) Be sure to dress warmly.
(c) Let's not sweat the details.
(d) It's going to be a real scorcher.

W   내일은 엄청 더운 날씨가 될 거래.
M   _____

(a) 일 년 중 가장 더운 날이었어.
(b) 옷을 따뜻하게 입도록 해.
(c) 사소한 일에 신경 쓰지 말자.
(d) 엄청나게 더운 날이 될 거야.

정답 (d)

★ PART II (10문항)

짧은 대화 문제로, 두 사람이 A-B-A 순으로 보통의 속도로 대화하는 형식입니다. 소요 시간은 약 12초 전후로 짧습니다. Part I과 마찬가지로 한 번만 들려줍니다.

Choose the most appropriate response to complete the conversation.

M   Would you like to join me to see a musical?
W   Sorry no. I hate musicals.
M   How could anyone possibly hate a musical?
W   _____

(a) Different strokes for different folks.
(b) It's impossible to hate musicals.
(c) I agree with you.
(d) I'm not really musical.

M   나랑 같이 뮤지컬 보러 갈래?
W   미안하지만 안 갈래. 나 뮤지컬을 싫어하거든.
M   뮤지컬 싫어하는 사람도 있어?
W   _____

(a) 사람마다 제각각이지 뭐.
(b) 뮤지컬을 싫어하는 것은 불가능해.
(c) 네 말에 동의해.
(d) 나는 그다지 음악에 재능이 없어.

정답 (a)

★ **PART III (10문항)**

앞의 두 파트에 비해 다소 긴 대화를 들려줍니다. NEW TEPS에서는 대화와 질문 모두 한 번만 들려 줍니다. 대화의 주제나 주로 일어나고 있는 일, 화자가 갖고 있는 문제점, 세부 내용, 추론할 수 있는 것 등에 대해 묻습니다.

Choose the option that best answers the question.

W I just went to the dentist, and he said I need surgery.
M That sounds painful!
W Yeah, but that's not even the worst part. He said it will cost $5,000!
M Wow! That sounds too expensive. I think you should get a second opinion.
W Really? Do you know a good place?
M Sure. Let me recommend my guy I use. He's great.

Q: Which is correct according to the conversation?
(a) The man doesn't like his dentist.
(b) The woman believes that $5,000 sounds like a fair price.
(c) The man thinks that the dental surgery is too costly for her.
(d) The woman agrees that the dental treatment will be painless.

W 치과에 갔는데, 의사가 나보고 수술을 해야 한대.
M 아프겠다!
W 응, 하지만 더 심한 건 수술 비용이 5천 달러라는 거야!
M 와! 너무 비싸다. 다른 의사의 진단을 받아 보는 게 좋겠어.
W 그래? 어디 좋은 곳이라도 알고 있니?
M 물론이지. 내가 가는 곳을 추천해 줄게. 잘하시는 분이야.

Q 대화에 의하면 다음 중 옳은 것은?
(a) 남자는 담당 치과 의사를 좋아하지 않는다.
(b) 여자는 5천 달러가 적당한 가격이라고 생각한다.
(c) 남자는 치과 수술이 여자에게 너무 비싸다고 생각한다.
(d) 여자는 치과 시술이 아프지 않을 것이라는 점에 동의한다.

정답 (c)

★ PART IV (6문항)

이전 파트와 달리, 한 사람의 담화를 다룹니다. 방송이나 뉴스, 강의, 회의를 시작하면서 발제하는 것 등의 상황이 나옵니다. Part IV, Part V는 담화와 질문을 두 번씩 들려줍니다. 담화의 주제와 세부 내용, 추론할 수 있는 것 등에 대해 묻습니다.

Choose the option that best answers the question.

Tests confirmed that a 19-year-old woman recently died of the bird flu virus. This was the third such death in Indonesia. Cases such as this one have sparked panic in several Asian nations. Numerous countries have sought to discover a vaccine for this terrible illness. Officials from the Indonesian Ministry of Health examined the woman's house and neighborhood, but could not find the source of the virus. According to the ministry, the woman had fever for four days before arriving at the hospital.

Q: Which is correct according to the news report?
(a) There is an easy cure for the disease.
(b) Most nations are unconcerned with the virus.
(c) The woman caught the bird flu from an unknown source.
(d) The woman was sick for four days and then recovered.

최근 19세 여성이 조류 독감으로 사망한 것이 검사로 확인되었고, 인도네시아에서 이번이 세 번째이다. 이와 같은 사건들이 일부 아시아 국가들에게 극심한 공포를 불러 일으켰고, 많은 나라들이 이 끔찍한 병의 백신을 찾기 위해 힘쓰고 있다. 인도네시아 보건부의 직원들은 그녀의 집과 이웃을 조사했지만, 바이러스의 근원을 찾을 수 없었다. 보건부에 의하면, 그녀는 병원에 도착하기 전 나흘 동안 열이 있었다.

Q 뉴스 보도에 의하면 다음 중 옳은 것은?
(a) 이 병에는 간단한 치료법이 있다.
(b) 대부분의 나라들은 바이러스에 대해 관심이 없다.
(c) 여자는 알려지지 않은 원인에 의해 조류 독감에 걸렸다.
(d) 여자는 나흘 동안 앓고 나서 회복되었다.

정답 (c)

★ **PART V (2지문 4문항)** 뉴텝스 신유형

이번 NEW TEPS에 새롭게 추가된 유형으로 1지문 2문항 유형입니다. 2개의 지문이 나오므로 총 4문항을 풀어야 합니다. 주제와 세부 내용, 추론 문제가 섞여서 출제되며, 담화와 질문을 두 번씩 들려줍니다.

Choose the option that best answers each question.

Most of you have probably heard of the Tour de France, the most famous cycling race in the world. But you may not be familiar with its complex structure and award system. The annual race covers about 3,500 kilometers across 21 days of racing. It has a total of 198 riders split into 22 teams of 9. At the end of the tour, four riders are presented special jerseys.

The most prestigious of these is the yellow jerseys. This is given to the rider with the lowest overall time. The white jersey is awarded on the same criterion, but it's exclusive to participants under the age of 26. The green jersey and the polka-dot jersey are earned based on points awarded at every stage of the race. So what's the difference between these two jerseys? Well, the competitor with the most total points gets the green jersey, while the rider with the most points in just the mountain sections of the race receives the polka-dot one.

Q1: What is the talk mainly about?
(a) How the colors of the Tour de France jerseys were chosen.
(b) How the various Tour de France jerseys are won.
(c) Which Tour de France jerseys are the most coveted.
(d) Why riders in the Tour de France wear different colored jerseys.

Q2: Which jersey is given to the rider with the most points overall?
(a) The yellow jersey   (c) The green jersey
(b) The white jersey   (d) The polka-dot jersey

여러분은 아마도 세계에서 가장 유명한 사이클링 대회인 투르 드 프랑스에 대해 들어보셨을 것입니다. 하지만 여러분은 그 대회의 복잡한 구조와 수상 체계에 대해서는 잘 모를 것입니다. 매년 열리는 이 대회는 21일 동안 약 3,500킬로미터를 주행하게 되어있습니다. 이 대회에서 총 198명의 참가자가 각각 9명으로 구성된 22팀으로 나뉩니다. 대회 마지막에는 4명의 선수에게 특별한 저지를 수여합니다.

가장 영예로운 것은 노란색 저지입니다. 이것은 가장 단시간에 도착한 참가자에게 수여됩니다. 흰색 저지는 같은 기준에 의하여 수여되는데, 26세 미만의 참가자에게만 수여됩니다. 녹색 저지와 물방울무늬 저지는 대회의 매 단계의 점수에 기반하여 주어집니다. 그럼 이 두 저지의 차이점은 무엇일까요? 자, 가장 높은 총점을 딴 참가자는 녹색 저지를 받고, 산악 구간에서 가장 많은 점수를 딴 참가자는 물방울무늬 저지를 받습니다.

Q1 담화문의 주제는 무엇인가?
(a) 투르 드 프랑스 저지의 색깔은 어떻게 정해지는가
(b) 다양한 투르 드 프랑스 저지가 어떻게 수여되는가
(c) 어떤 투르 드 프랑스 저지가 가장 선망의 대상이 되는가
(d) 투르 드 프랑스의 선수들이 다양한 색의 저지를 입는 이유는 무엇인가   정답 (b)

Q2 가장 많은 총점을 획득한 선수에게 어떤 저지가 주어지는가?
(a) 노란색 저지   (c) 녹색 저지
(b) 흰색 저지   (d) 물방울무늬 저지   정답 (c)

어휘 Vocabulary

★ PART I (10문항)

구어체로 되어 있는 A와 B의 대화 중 빈칸에 가장 적절한 단어를 고르는 문제입니다. 단어의 단편적인 의미보다는 문맥에서 쓰인 의미가 더 중요합니다. 한 개의 단어로 된 선택지뿐만 아니라 두세 단어 이상의 구를 이루는 선택지도 있습니다.

Choose the option that best completes the dialogue.

A Congratulations on your _____ of the training course.
B Thank you. It was hard, but I managed to pull through.

(a) improvement
(b) resignation
(c) evacuation
(d) completion

A 훈련 과정을 완수한 거 축하해.
B 고마워. 어려웠지만 가까스로 끝낼 수 있었어.

(a) 개선
(b) 사임
(c) 철수
(d) 완료

정답 (d)

★ PART II (20문항)

하나 또는 두 개의 문장 속의 빈칸에 가장 적당한 단어를 고르는 문제입니다. 어휘력을 늘릴 때 한 개씩 단편적으로 암기하는 것보다는 하나의 표현으로, 즉 의미 단위로 알아 놓는 것이 제한된 시간 내에 어휘 시험을 정확히 푸는 데 많은 도움이 됩니다. 후반부로 갈수록 수준 높은 어휘가 출제되며, 단어 사이의 미묘한 의미의 차이를 묻는 문제도 출제됩니다.

Choose the option that best completes the sentence.

Brian was far ahead in the game and was certain to win, but his opponent refused to _____.

(a) yield
(b) agree
(c) waive
(d) forfeit

브라이언이 게임에 앞서 가고 있어서 승리가 확실했지만 그의 상대는 굴복하려 하지 않았다.

(a) 굴복하다
(b) 동의하다
(c) 포기하다
(d) 몰수당하다

정답 (a)

문법 Grammar

★ PART I (10문항)

A와 B 두 사람의 짧은 대화를 통해 구어체 관용 표현, 품사, 시제, 인칭, 어순 등 문법 전반에 대한 이해를 묻습니다. 대화 중에 빈칸이 있고, 그곳에 들어갈 적절한 표현을 고르는 형식입니다.

Choose the option that best completes the dialogue.

A I can't attend the meeting, either.
B Then we have no choice _____ the meeting.

(a) but canceling
(b) than to cancel
(c) than cancel
(d) but to cancel

A 저도 회의에 참석할 수 없어요.
B 그러면 회의를 취소하는 수밖에요.
(a) 그러나 취소하는
(b) 취소하는 것보다
(c) 취소하는 것보다
(d) 취소하는 수밖에

정답 (d)

★ PART II (15문항)

Part I에서 구어체의 대화를 나눴다면, Part II에서는 문어체의 문장이 나옵니다. 서술문 속의 빈칸을 채우는 문제로 수 일치, 태, 어순, 분사 등 문법 자체에 대한 이해도는 물론 구문에 대한 이해력이 중요합니다.

Choose the option that best completes the sentence.

_____ being pretty confident about it, Irene decided to check her facts.

(a) Nevertheless
(b) Because of
(c) Despite
(d) Instead of

그 일에 대해 매우 자신감이 있었음에도 불구하고 아이린은 사실을 확인하기로 했다.
(a) 그럼에도 불구하고
(b) 때문에
(c) 그럼에도 불구하고
(d) 대신에

정답 (c)

★ PART III (대화문: 2문항 / 지문: 3문항)

① A–B–A–B의 대화문에서 어법상 틀리거나 문맥상 어색한 부분이 있는 문장을 고르는 문제입니다. 이 영역 역시 문법 뿐만 아니라 정확한 구문 파악과 대화 내용을 이해하는 능력이 중요합니다.

Identify the option that contains a grammatical error.

(a) A: What are you doing this weekend?
(b) B: Going fishing as usual.
(c) A: Again? What's the fun in going fishing? Actually, I don't understand why people go fishing.
(d) B: For me, I like being alone, thinking deeply to me, being surrounded by nature.

(a) A 이번 주말에 뭐해?
(b) B 평소처럼 낚시 가.
(c) A 또 가? 낚시가 뭐 재미있니? 솔직히 난 사람들이 왜 낚시를 하러 가는지 모르겠어.
(d) B 내 경우엔 자연에 둘러 싸여서 혼자 깊이 생각해 볼 수 있다는 게 좋아.

정답 (d) me → myself

② 한 문단을 주고 그 가운데 문법적으로 틀리거나 어색한 문장을 고르는 문제입니다. 문법적으로 틀린 부분을 신속하게 골라야 하므로 독해 문제처럼 속독 능력도 중요합니다.

Identify the option that contains a grammatical error.

(a) The creators of a new video game hope to change the disturbing trend of using violence to enthrall young gamers. (b) Video game designers and experts on human development teamed up and designed a new computer game with the gameplay that helps young players overcome everyday school life situations. (c) The elements in the game resemble regular objects: pencils, erasers, and the like. (d) The players of the game "win" by choose peaceful solutions instead of violent ones.

(a) 새 비디오 게임 개발자들은 어린 게이머들의 흥미 유발을 위해 폭력적인 내용을 사용하는 불건전한 판도를 바꿔 놓을 수 있기를 바란다. (b) 비디오 게임 개발자들과 인간 발달 전문가들이 공동으로 개발한 새로운 컴퓨터 게임은 어린이들이 매일 학교에서 부딪히는 상황에 잘 대처할 수 있도록 도와준다. (c) 실제로 게임에는 연필과 지우개 같은 평범한 사물들이 나온다. (d) 폭력적인 해결책보다 비폭력적인 해결책을 선택하면 게임에서 이긴다.

정답 (d) by choose → by choosing

독해 Reading Comprehension

★ PART I (10문항)

지문 속 빈칸에 알맞은 것을 고르는 유형입니다. 글 전체의 흐름을 파악하여 문맥상 빈칸에 들어갈 내용을 찾아야 하는데, 주로 지문의 주제와 관련이 있습니다. 마지막 두 문제, 9번과 10번은 빈칸에 알맞은 연결어를 고르는 문제입니다. 문맥의 흐름을 논리적으로 파악할 수 있어야 합니다.

Read the passage and choose the option that best completes the passage.

Tech industry giants like Facebook, Google, Twitter, and Amazon have threatened to shut down their sites. They're protesting legislation that may regulate Internet content. The Stop Online Piracy Act, or SOPA, according to advocates, will make it easier for regulators to police intellectual property violations on the web, but the bill has drawn criticism from online activists who say SOPA will outlaw many common internet-based activities, like downloading copyrighted content. A boycott, or blackout, by the influential web companies acts to _____.

(a) threaten lawmakers by halting all Internet access
(b) illustrate real-world effects of the proposed rule
(c) withdraw web activities the policy would prohibit
(d) laugh at the debate about what's allowed online

페이스북, 구글, 트위터, 아마존과 같은 거대 기술업체들이 그들의 사이트를 닫겠다고 위협했다. 그들은 인터넷 콘텐츠를 규제할지도 모르는 법령의 제정에 반대한다. 지지자들은 온라인 저작권 침해 금지 법안으로 인해 단속 기관들이 더 쉽게 웹상에서 지적 재산 침해 감시를 할 수 있다고 말한다. 그러나 온라인 활동가들은 저작권이 있는 콘텐츠를 다운로드하는 것과 같은 일반적인 인터넷 기반 활동들이 불법화될 것이라고 이 법안을 비판하고 있다. 영향력 있는 웹 기반 회사들에 의한 거부 운동 또는 보도 통제는 <u>발의된 법안이 현실에 미치는 영향을 보여 주기 위한</u> 것이다.

(a) 인터넷 접속을 금지시켜서 입법자들을 위협하기 위한
(b) 발의된 법안이 현실에 미치는 영향을 보여 주기 위한
(c) 그 정책이 금지하게 될 웹 활동들을 중단하기 위한
(d) 온라인에서 무엇이 허용될지에 대한 논쟁을 비웃기 위한

정답 (b)

★ PART II (2문항)

글의 흐름상 어색한 문장을 고르는 문제로, 전체 흐름을 파악하여 지문의 주제나 소재와 관계없는 내용을 고릅니다.

> **Read the passage and identify the option that does NOT belong.**
>
> For the next four months, major cities will experiment with new community awareness initiatives to decrease smoking in public places. (a) Anti-tobacco advertisements in recent years have relied on scare tactics to show how smokers hurt their own bodies. (b) But the new effort depicts the effects of second-hand smoke on children who breathe in adults' cigarette fumes. (c) Without these advertisements, few children would understand the effects of adults' hard-to-break habits. (d) Cities hope these messages will inspire people to think about others and cut back on their tobacco use.
>
> 향후 4개월 동안 주요 도시들은 공공장소에서의 흡연을 줄이기 위해 지역 사회의 의식을 촉구하는 새로운 계획을 시도할 것이다. (a) 최근에 금연 광고는 흡연자가 자신의 몸을 얼마나 해치고 있는지를 보여 주기 위해 겁을 주는 방식에 의존했다. (b) 그러나 이 새로운 시도는 어른들의 담배 연기를 마시는 아이들에게 미치는 간접흡연의 영향을 묘사한다. (c) 이러한 광고가 없다면, 아이들은 어른들의 끊기 힘든 습관이 미칠 영향을 모를 것이다. (d) 도시들은 이러한 메시지가 사람들에게 타인에 대해서 생각해 보고 담배 사용을 줄이는 마음이 생기게 할 것을 기대하고 있다.
>
> 정답 (c)

21

★ PART III (13문항)

글의 내용 이해를 측정하는 문제로, 글의 주제나 대의 혹은 전반적 논조를 파악하는 문제, 세부 내용을 파악하는 문제, 추론하는 문제가 있습니다.

Read the passage, question, and options. Then, based on the given information, choose the option that best answers each question.

In theory, solar and wind energy farms could provide an alternative energy source and reduce our dependence on oil. But in reality, these methods face practical challenges no one has been able to solve. In Denmark, for example, a country with some of the world's largest wind farms, it turns out that winds blow most when people need electricity least. Because of this reduced demand, companies end up selling their power to other countries for little profit. In some cases, they pay customers to take the leftover energy.

Q: Which of the following is correct according to the passage?
(a) Energy companies can lose money on the power they produce.
(b) Research has expanded to balance supply and demand gaps.
(c) Solar and wind power are not viewed as possible options.
(d) Reliance on oil has led to political tensions in many countries.

이론상으로 태양과 풍력 에너지 발전 단지는 대체 에너지 자원을 제공하고 원유에 대한 의존을 낮출 수 있다. 그러나 사실상 이러한 방법들은 아무도 해결할 수 없었던 현실적인 문제에 부딪친다. 예를 들어 세계에서 가장 큰 풍력 에너지 발전 단지를 가진 덴마크에서 사람들이 전기를 가장 덜 필요로 할 때 가장 강한 바람이 분다는 것이 판명되었다. 이러한 낮은 수요 때문에 회사는 결국 그들의 전력을 적은 이윤으로 다른 나라에 팔게 되었다. 어떤 경우에는 남은 에너지를 가져가라고 고객에게 돈을 지불하기도 한다.

Q 이 글에 의하면 다음 중 옳은 것은?
(a) 에너지 회사는 그들이 생산한 전력으로 손해를 볼 수도 있다.
(b) 수요와 공급 격차를 조정하기 위해 연구가 확장되었다.
(c) 태양과 풍력 에너지는 가능한 대인으로 간주되지 않는다.
(d) 원유에 대한 의존은 많은 나라들 사이에 정치적 긴장감을 가져왔다.

정답 (a)

★ PART IV (5지문 10문항)

이번 NEW TEPS에 새롭게 추가된 유형으로 1지문 2문항 유형입니다. 5개의 지문이 나오므로 총 10문항을 풀어야 합니다. 주제와 세부 내용, 추론 문제가 섞여서 출제됩니다.

Read the passage, questions, and options. Then, based on the given information, choose the option that best answers each question.

You seem exasperated that the governor's proposed budget would triple the funding allocated to state parks. What's the problem? Such allocation hardly represents "profligate spending," as you put it. Don't forget that a third of all job positions at state parks were cut during the last recession. This left the parks badly understaffed, with a dearth of park rangers to serve the 33 million people who visit them annually. It also contributed to deterioration in the parks' natural beauty due to a decrease in maintenance work.

These parks account for less than 1% of our state's recreational land, yet they attract more visitors than our top two largest national parks and national forests combined. They also perform a vital economic function, bringing wealth to nearby rural communities by attracting people to the area. The least we can do is to provide the minimum funding to help keep them in good condition.

Q1: What is the writer mainly trying to do?
(a) Justify the proposed spending on state parks
(b) Draw attention to the popularity of state parks
(c) Contest the annual number of state park visitors
(d) Refute the governor's stance on the parks budget

Q2: Which statement would the writer most likely agree with?
(a) Low wages are behind the understaffing of the state parks.
(b) State parks require more promotion than national parks.
(c) The deterioration of state parks is due mainly to overuse.
(d) The state parks' popularity is disproportionate to their size.

여러분은 주립 공원에 할당된 예산을 세배로 증가시키려는 주지사의 제안을 듣고 분노할지도 모른다. 무엇이 문제일까? 그와 같은 할당은 여러분들이 말하듯이 '낭비적인 지출'이라고 말하기 힘들다. 지난 경제 침체기 동안 주립 공원 일자리의 1/3이 삭감되었다는 사실을 잊지 말기 바란다. 이 때문에 공원은 부족한 관리인들이 매년 공원을 방문하는 3천3백만 명의 사람들을 처리해야 하는 인력 부족에 시달리고 있다. 또 그 때문에 관리 작업 부족으로 공원의 자연 경관이 망가지게 되었다.

이 공원들은 주의 여가지의 1%도 차지하지 않지만, 규모가 가장 큰 2개의 국립공원과 국립 숲을 합친 것보다 많은 방문객을 끌어들인다. 그들은 사람들을 그 지역으로 끌어들여 부를 주변의 공동체에게 가져다줌으로써 중요한 경제적 기능을 한다. 우리가 할 수 있는 최소한의 일은 공원이 잘 관리될 수 있도록 최소한의 자금을 조달하는 것이다.

Q1 작가가 주로 하고 있는 것은?

(a) 주립 공원 예산안을 정당화하기
(b) 주립 공원 인기에 대한 주의를 환기시키기
(c) 매년 주립 공원을 방문하는 사람 수에 대한 의문 제기하기
(d) 공원 예산에 대한 주지사의 입장에 대해 반박하기

정답 (a)

Q2 저자가 동의할 것 같은 내용은?

(a) 인력난에 시달리는 주립 공원의 배경에는 낮은 임금이 있다.
(b) 주립 공원은 국립공원보다 더 많은 지원이 필요하다.
(c) 주립 공원은 지나친 사용 때문에 망가지고 있다.
(d) 주립 공원의 인기는 그 규모와는 어울리지 않는다.

정답 (b)

※ 독해 Part 4 뉴텝스 샘플 문제는 서울대텝스관리위원회에서 제공한 문제입니다. (www.teps.or.kr)

NEW TEPS 성적표

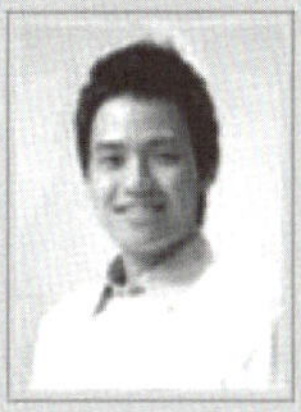

※ 자료 출처: www.teps.or.kr

NEW TEPS Q&A

1 / 시험 접수는 어떻게 해야 하나요?

정기 시험은 회차별로 지정된 접수 기간 중 인터넷(www.teps.or.kr) 또는 접수처를 방문하여 접수하실 수 있습니다. 정시 접수의 응시료는 42,000원입니다. 접수기간을 놓친 수험생의 응시편의를 위해 마련된 추가 접수도 있는데, 추가 접수 응시료는 45,000원입니다.

2 / 텝스관리위원회에서 인정하는 신분증은 무엇인가요?

아래 제시된 신분증 중 한 가지를 유효한 신분증으로 인정합니다.

일반인, 대학생	주민등록증, 운전면허증, 기간 만료전의 여권, 공무원증, 장애인 복지카드, 주민등록(재)발급 확인서 *대학(원)생 학생증은 사용할 수 없습니다.
중·고등학생	학생증(학생증 지참 시 유의 사항 참조), 기간 만료 전의 여권, 청소년증(발급 신청 확인서), 주민등록증(발급 신청 확인서), TEPS신분확인증명서
초등학생	기간 만료 전의 여권, 청소년증(발급신청확인서), TEPS신분확인증명서
군인	주민등록증(발급신청확인서), 운전면허증, 기간만료 전의 여권, 현역간부 신분증, 군무원증, TEPS신분확인증명서
외국인	외국인등록증, 기간 만료 전의 여권, 국내거소신고증(출입국 관리사무소 발행)

*시험 당일 신분증 미지참자 및 규정에 맞지 않는 신분증 소지자는 시험에 응시할 수 없습니다.

3 / TEPS 시험 볼 때 꼭 가져가야 하는 것은 무엇인가요?

신분증, 컴퓨터용 사인펜, 수정테이프(컴퓨터용 연필, 수정액은 사용 불가), 수험표입니다.

4 / TEPS 고사장에 도착해야 하는 시간은 언제인가요?

오전 9시 30분까지 입실을 완료해야 합니다. (토요일 시험의 경우 오후 2:30까지 입실 완료)

5 / 시험장의 시험 진행 일정은 어떻게 되나요?

	시험 진행 시간	내용	비고
시험 준비 단계 (입실 완료 후 30분)	10분	답안지 오리엔테이션	1차 신분확인
	5분	휴식	
	10분	신분확인 휴대폰 수거 (기타 통신전자기기 포함)	2차 신분확인
	5분	최종 방송 테스트 문제지 배부	
본 시험 (총 105분)	40분	청해	쉬는 시간 없이 시험 진행 각 영역별 제한시간 엄수
	25분	어휘/문법	
	40분	독해	

*시험 진행 시험 당일 고사장 사정에 따라 변동될 수 있습니다.
*영역별 제한 시간 내에 해당 영역의 문제 풀이 및 답안 마킹을 모두 완료해야 합니다.

6 / 시험 점수는 얼마 후에 알게 되나요?

TEPS 정기시험 성적 결과는 시험일 이후 2주차 화요일 17시에 TEPS 홈페이지를 통해 발표되며 우편 통보는 성적 발표일로부터 7~10일 가량 소요됩니다. 성적 확인을 위해서는 성적 확인용 비밀번호를 반드시 입력해야 합니다. 성적 확인 비밀번호는 가장 최근에 응시한 TEPS 정기 시험 답안지에 기재한 비밀번호 4자리입니다. 성적 발표일은 변경될 수 있으니 홈페이지 공지사항을 참고하시기 바랍니다. TEPS 성적은 2년간 유효합니다.

※자료 출처 : www.teps.or.kr

NEW TEPS 등급표

등급	점수	영역	능력검정기준(Description)
1+	526~600	전반	**외국인으로서 최상급 수준의 의사소통 능력** 교양 있는 원어민에 버금가는 정도로 의사소통이 가능하고 전문분야 업무에 대처할 수 있음 (Native Level of English Proficiency)
1	453~525	전반	**외국인으로서 최상급 수준에 근접한 의사소통능력** 단기간 집중 교육을 받으면 대부분의 의사소통이 가능하고 전문분야 업무에 별 무리 없이 대처할 수 있음 (Near-Native Level of Communicative Competence)
2+	387~452	전반	**외국인으로서 상급 수준의 의사소통능력** 단기간 집중 교육을 받으면 일반 분야업무를 큰 어려움 없이 수행할 수 있음 (Advanced Level of Communicative Competence)
2	327~386	전반	**외국인으로서 중상급 수준의 의사소통능력** 중장기간 집중 교육을 받으면 일반분야 업무를 큰 어려움 없이 수행할 수 있음 (High Intermediate Level of Communicative Competence)
3+	268~326	전반	**외국인으로서 중급 수준의 의사소통능력** 중장기간 집중 교육을 받으면 한정된 분야의 업무를 큰 어려움 없이 수행할 수 있음 (Mid Intermediate Level of Communicative Competence)
3	212~267	전반	**외국인으로서 중하급 수준의 의사소통능력** 중장기간 집중 교육을 받으면 한정된 분야의 업무를 다소 미흡하지만 큰 지장 없이 수행할 수 있음 (Low Intermediate Level of Communicative Competence)
4+	163~211	전반	**외국인으로서 하급수준의 의사소통능력** 장기간의 집중 교육을 받으면 한정된 분야의 업무를 대체로 어렵게 수행할 수 있음 (Novice Level of Communicative Competence)
4	111~162		
5+	55~110	전반	**외국인으로서 최하급 수준의 의사소통능력** 단편적인 지식만을 갖추고 있어 의사소통이 거의 불가능함 (Near-Zero Level of Communicative Competence)
5	0~54		

I

유형별 독해 전략

Unit 01 빈칸 채우기

Unit 02 빈칸에 적절한 연결어 고르기

Unit 03 문맥상 어색한 문장 찾기

Unit 04 지문의 주제/요지/목적 찾기

Unit 05 세부 내용 찾기

Unit 06 추론 가능한 정답 찾기

Unit 07 1지문 2문항

Unit 01 빈칸 채우기

1. 빈칸에 대한 이해부터
빈칸 채우기는 지문 속 빈칸에 알맞은 구나 절을 골라야 하는 문제로 빈칸은 지문의 중심 내용과 밀접하게 연관되어 있다. 하지만 빈칸은 지문 전체의 흐름을 끌고 가는 맥락의 일부이기 때문에 빈칸 앞뒤의 내용을 이해하는 것이 중요하다.

2. 빈칸의 위치에 따른 전략
빈칸은 지문의 첫 문장에 위치하기도 하고 중간이나 가장 마지막에 위치할 때도 있다. 빈칸의 위치에 따라 어떤 전략으로 지문을 읽어야 할지 미리 생각해 두어야 한다. 단순히 화두를 던지는 말이나 대의를 파악하는 정도로 그칠 것인지 아니면 문맥의 논리적인 흐름까지도 이해하면서 답을 고를 것인지 평소에 빈칸 채우기 문제를 풀면서 훈련한다.

3. 선택지의 패턴과 표현 연습
지문에 등장한 어휘로 이루어진 선택지에 현혹되지 말고 항상 예상치 못했던 표현들이 정답으로 등장할 수 있음을 생각한다. 지문에서 쓰인 어휘가 유사한 표현으로 바뀌어 있는 경우, 즉 패러프레이징된 경우가 대부분이므로 이러한 패턴에 대한 대비가 필요하다.

전략 1 빈칸에 알맞은 답은 대부분 글의 중심 내용이거나 그 변형된 내용이다.

Without qualified guidance and instruction, your fundamentals are affected. And when it isn't corrected properly, it's no wonder many golfers get to find they can't improve their problems in the game as they wish to. Most of them later decide to seek expert instruction but find great difficulty adapting to the "new" way of playing, which is inconsistent with their previous one. This means that if someone was trained by means other than a golf professional and then tries to newly correct the existing basics from expert instruction, he or she would have to take two steps back to take three steps forward to correct the basics. In other words, it is essentially critical that you take lessons _____ in the game.

(a) through the means you want to learn when beginning
(b) to get some professional instruction anytime you want it
(c) from a qualified golf professional when starting out
(d) to appropriately adapt to the new way of playing

해석 적절한 안내와 지도가 없으면 당신의 기본기가 영향을 받는다. 그리고 그것이 적절히 고쳐지지 않을 때 많은 골프 선수들이 그들이 원하는 대로 게임에서 문제점을 개선시킬 수 없게 되는 것은 당연하다. 그러한 사람들 중 대부분은 후에 제대로 된 지도를 구하려 하지만 그들의 예전 방법과는 상반되는 '새로운' 경기 방식에의 적응이 매우 어렵다는 것을 알게 된다. 이것은 누군가가 골프의 전문가가 아닌 자에게 배워서 이후에 전문가 지도에 의해 기본기를 고치려고 애쓰게 된다면, 기본을 교정하기 위해 앞으로 세 발을 나아가기 위해 뒤로 두 발을 물러서야 한다는 것을 의미한다. 다시 말해서, 당신이 경기를 <u>시작할 때 자질이 있는 골프 전문가로부터</u> 지도를 받는 것이 매우 중요하다.
(a) 시작할 때에 자신이 배우기를 원하는 방식으로
(b) 당신이 원하면 언제든지 전문적인 지도를 받기 위해
(c) **시작할 때 자질이 있는 골프 전문가로부터**
(d) 새로운 경기 방식에 적절히 적응하기 위해

어휘 qualified 적절한 guidance 안내 fundamental 기본기, 기본 원칙 adapt to ~에 적응하다 inconsistent 부합하지 않는, 내용이 다른 professional 전문가

Point
♣ 골프를 시작할 때에 역량 있는 지도자를 만나야 함의 중요성을 설명하는 글이다.
♣ 빈칸은 글의 맨 마지막에 있으며 골프를 시작할 때에 누구에게 지도를 받는 것이 중요한지, 즉 <u>주제를 다시 풀어 쓴 말</u>을 찾도록 유도하고 있다.
♣ 맥락에 따른 의미 변화 없이 전형적으로 중심 내용이 정답이 되는 유형이다.
  → 첫 문장: 골프를 시작할 때 역량 있는 지도자를 만나는 것은 중요하다.
  → 나머지 문장: 처음에 제대로 지도를 받지 못하면 나중에 문제를 고치느라 더 많은 고생을 한다.
  → 빈칸의 정답: (시작할 때에 자질이 있는 골프 전문가로부터) 지도를 받는 것이 중요하다.

전략 2 빈칸의 앞과 뒤를 잘 살펴서 전체 중심 내용과 빈칸의 맥락을 연계시킨다.

Australian honey fungus is one of the main fungal diseases present in the gardens. It does not move through the soil with the water. Rather, it proliferates by root to root contact. It causes death in almost all the woody shrubs and trees that it infects. It harms the plant roots during the cooler months. There is a way to manage this fungus. The parts affected are left fallow for two or three years and the mulch eliminated. Furrows that are 3-4 meters deep are dug around the affected the parts and root barriers are installed. This is to contain the disease and to stop _____.

(a) preventing the root infected
(b) getting rid of the affected area
(c) the affected root getting more worse
(d) it spreading by the growth of roots

해석 뽕나무 버섯은 정원에서 존재하는 주요한 진균성 질병의 하나이다. 그것은 수분이 있는 토양을 통해 옮겨지지 않는다. 오히려 뿌리의 접촉을 통해 퍼져 나간다. 그것은 감염된 거의 모든 목질 관목과 나무들을 죽음에 이르게 한다. 그것은 추울 때에 식물의 뿌리에 해를 입힌다. 이 진균을 다스리는 방법이 하나 있다. 해를 입은 부분은 2, 3년 휴작을 하고, 뿌리 덮개는 제거해 준다. 감염된 부분 주위에 3~4미터 깊이의 도랑을 파고, 뿌리 장애물을 설치해 준다. 이는 병원체를 봉쇄하여 <u>뿌리의 성장에 따라 감염이 퍼지는 것을</u> 방지하기 위한 것이다.

(a) 감염된 뿌리를 막는 것을
(b) 감염된 부분을 제거하는 것을
(c) 감염된 뿌리가 더 심해지는 것을
(d) 뿌리의 성장에 따라 감염이 퍼지는 것을

어휘 fungal 균류[곰팡이]에 의한 proliferate 확산하다 shrub 관목 infect 감염시키다 fallow (농지를) 놀리는, 휴한하는 mulch 뿌리 덮개 eliminate 없애다, 제거하다 contain 방지[억제]하다 get rid of ~을 없애다

Point
♣ 주제는 뽕나무 버섯에 감염된 식물의 증상과 관리법이다.
♣ 빈칸 문장의 맥락은 '이러한 방법을 쓰는 이유는 병원체를 봉쇄하여(to contain the disease) 뿌리의 성장에 따라 (감염이) 퍼지는 것을 막기 위한(to stop)' 것이다.
♣ 관리법에 대한 부분이 빈칸으로 출제되었고, 빈칸 앞에 stop이라는 동사가 있으므로 이러한 맥락(무엇을 막아야 하는가)을 충분히 반영하여 답을 골라야 한다.
♣ 빈칸을 채우기 위해서는 <u>주제 + 맥락의 이해</u>가 필수적이다.

전략 3   패러프레이징된 선택지를 통해 빈출 표현 패턴을 정리한다.

패턴 1   소재에 대한 의견이나 설명이 여러 개로 나눠지는 지문

Peter Baraga, a radical writer, _____. He was a prolific writer, writing a number of books of poetry besides of plays, both fiction and non-fiction. Though much of his work focused on civil rights, in later years Baraga criticized the pacifist Civil Rights movement, preferring more radical movements instead. He was a co-founder of the Black Arts Movement, a drastic literary wing akin to the Black Power Movement. Some people hailed his works as innovative, but others severely criticized his radical writings for their heavy-handed political stances.

(a) remains a controversial figure
(b) captured the spirit of his age
(c) didn't revolutionize poetry
(d) did not follow political movements

해석   급진적인 작가 피터 바라가는 논쟁이 되는 인물로 남아 있다. 그는 픽션, 논픽션을 통틀어 희곡 이외에도 많은 시집들을 낸 다작 작가였다. 그의 작품 대부분이 시민권에 집중하고 있으나, 후에 그는 평화주의적 시민운동을 비판하고 대신 좀 더 급진적인 운동을 선호하였다. 그는 흑인 권력 운동과 비슷한 급진적 문학 계파인 흑인 예술 운동의 공동 창시자였다. 몇몇 사람들은 그의 작품을 혁신적이라며 환호했지만 다른 이들은 작품들의 강한 정치적 입장 때문에 그의 급진적 작품들을 심하게 비판했다.

(a) 논쟁이 되는 인물로 남아 있다
(b) 시대정신을 포착해 냈다
(c) 시를 혁신하지 않았다
(d) 정치적인 운동을 따르지 않았다

어휘   radical 급진적인   prolific 다작하는   fiction 픽션, 소설   civil rights 시민[공민]권   criticize 비판하다   pacifist 평화주의자   akin to ~와 유사한   innovative 혁신적인   stance 입장, 자세

Point
- ♣ 주제에 대한 사람들의 의견이나 설명이 여러 가지로 나뉘는 경우 이 내용이 빈칸의 내용이 된다.
- ♣ 작가에 대한 사람들의 의견이 긍정적인 경우도 있고, 비판적인 경우도 있다. 따라서 결론은 '논쟁이 되는 인물로 남아 있다'가 되는 것이다.
- ♣ 이 패턴의 빈출 표현: be disagreed/be controversial/be disputed/not reached consensus

패턴 2   문제 상황이 존재하는 지문

> To whom it may concern,
>
> I have recently placed an order for a new pair of soccer cleats from your website on August 8. I received the order on the 11th. Bafflingly, when I opened it, I found that the cleats were used. The cleats had grime all over it and there was a small tear on the area where the right toe would go. I'd like you _____ for the amount charged for my cleats. I've already bought a new pair of cleats at a local store, so please don't bother to send another to me. Thank you for taking the time to read my letter. I have been a loyal customer of your company for years and this is the first time I have encountered a problem. If you want to contact me, you can reach me at 555-3384.
>
> Sincerely,
> Jimmy Ray

(a) to exchange them for new ones
(b) to pay attention to the matter
(c) to reimburse me for the damage
(d) to swiftly credit my account

해석 관계자께

최근 8월 8일에 당신의 웹 사이트에서 축구화를 한 켤레 구매했습니다. 주문한 것을 11일에 받았습니다. 당황스럽게도, 상품을 열어 보니 축구화가 누군가 신었던 것임을 알았습니다. 여기저기에 때가 묻어 있었고, 오른쪽 발가락 부분에 작은 구멍도 나 있었습니다. 축구화의 금액을 신속히 제 계좌에 입금해 주기를 바랍니다. 이미 동네 상점에서 축구화를 샀으므로 새로운 다른 축구화를 보내실 필요는 없습니다. 이 편지를 읽어 주셔서 고맙습니다. 수년간 그쪽 회사의 충실한 고객이었고, 문제를 경험한 것은 이번이 처음이네요. 저에게 연락하고 싶으시면 555-3384번으로 연락하시면 됩니다.

지미 레이

(a) 새로운 것으로 교환해 주기를
(b) 그 문제에 관심을 갖기를
(c) 제게 손해를 배상해 주기를
(d) 신속히 제 계좌에 입금해 주기를

어휘 place an order 주문하다   soccer cleat 축구화   bafflingly 당황스럽게   grime 때   tear 찢어진 곳, 구멍   loyal 충실한   encounter 맞닥뜨리다   exchange 교환하다   reimburse 배상하다   swiftly 신속히   credit ~에 입금하다

Point
♣ 지문에서 어떤 문제를 제시한다면 이 문제에 대한 '해결책'이 빈칸이나 중심 내용이 된다.

♣ 누군가 신었던 축구화가 배달됨 → 다른 곳에서 축구화를 구매했으니 새 신발은 필요 없음
→ 신발 금액을 계좌로 입금해 달라고 요청 (해결안: 빈칸의 정답)

Ex1 주제   제시한 방안은 너무 비용이 많이 들어서 비현실적이다.
정답   비용이 적게 드는 방안을 마련해야 할 것이다.

Ex2 주제   제때 문제를 해결하지 않아 문제가 커지고 있다.
정답   문제 해결을 미루지 않도록 주의해야 한다.

패턴 3 통념에 대한 반론을 제기하는 지문

People often think that one can catch a cold just by being cold. Yet doctors say "not necessarily." Viruses can be vigorous even when it's cold, and just staying warm won't prevent you from catching a cold. Experts say that you could get a cold from staying inside in cold weather, especially if the place is packed with other people. This is because when it turns chilly outside, people tend to crowd indoors and turn up the heat. And this makes the mucous membranes in our nose get dry and cracked, making us even more susceptible to germs being passed around by people around us. It is important that you exercise and _____.

(a) stay inside to keep you warm when it's cold
(b) crank up the heat to stop viruses from being active
(c) avoid staying inside for long where it's dry and heated
(d) be alone outside whenever you can in cold weather

해석 흔히 사람들은 춥게 있는 것만으로 감기에 걸릴 수 있다고 생각한다. 그러나 의사들은 '꼭 그렇지는 않다'고 말한다. 바이러스는 심지어 추울 때 더 활동적이 될 수는 있지만 단지 따뜻하게 유지하는 것이 당신이 감기에 걸리는 것을 막아주지는 않을 것이다. 전문가들은 추운 날씨로 인해 실내에서 머무는 것 때문에 감기에 걸릴 수 있다고 하는데, 그 장소가 다른 사람들로 꽉 차 있을 경우 특히 그럴 수 있다고 말한다. 이는 실외가 추워지면 사람들이 실내로 몰려들고 따뜻하게 하려는 것 때문이다. 그리고 이는 우리 코의 점막을 건조하고 갈라지게 만들어 우리가 사람들 주위를 돌아다니는 세균에 더 약하게 만든다. 운동을 하고, 건조하고 데워진 실내에 오랫동안 머무는 것을 피하는 것이 중요하다.

(a) 추울 때에는 따뜻하게 하기 위해 실내에 머무르는
(b) 바이러스가 활동적이 되는 것을 막기 위해 온도를 높이는
(c) 건조하고 데워진 실내에 오랫동안 머무는 것을 피하는
(d) 추운 날씨에 당신이 가능한 언제든 혼자 밖에 있는

어휘 vigorous 활발한, 활기찬   be packed with ~로 붐비다   chilly 쌀쌀한, 추운   crowd 가득 메우다   mucous membrane 점막   susceptible to ~에 걸리기 쉬운   crank up ~을 돌아가게 하다, 더 세게 돌리다

Point
♠ 주제에 대해서 사람들의 통념에 대한 반론을 제시하는 글이라면, 이 반론이 중심 내용이거나 빈칸의 내용이다.

♠ 일반적으로 '따뜻한 실내에 머무는 것이 감기 예방을 할 것'이라고 생각하는 통념에 대한 반론의 글이다. 즉, '따뜻하고 건조한 실내에 머무는 것이 감기를 막는 게 아니라 오히려 걸릴 수도 있게 만드는 것'이 반론이자 결론이고, 빈칸의 정답이다.

♠ 이 패턴의 빈출 표현:
Many people usually[often] think that ~
Most people commonly say[believe] that ~
It is commonly believed that ~
It has been commonly thought[said] that ~

Practice Test

1. In the past ten years, more cities have taken steps to _____. Austin and San Francisco no longer allow stores to give plastic bags to shoppers. As a result, more people carry re-usable bags. In the same vein, people receive discounts when they change their homes to run on less power. Adding solar panels or low-energy appliances is now cheaper than ever.

   (a) decrease the amount of trash
   (b) care for the environment
   (c) lower the cost of electricity
   (d) help people save money

2. Even though electronic devices become more exciting each year, many customers are getting frustrated. With each improved phone or computer, companies make changes to features that all gadgets share, like battery and accessory connections. This means older power-cords and wire connections can no longer be used and new ones have to be purchased, _____ and causing irritation.

   (a) making new phones useless
   (b) lowering companies' sales
   (c) creating new consumer trends
   (d) increasing what customers spend

3. After years of rising obesity rates among children and teenagers, health advocates are _____. A study published in the journal *Pediatrics* shows young people are exercising more, consuming more fruits and vegetables, and eating less sugar. This may mean anti-obesity messages are having the intended result. Still, many young people aren't avoiding junk food or exercising as often as they should.

(a) starting to see small signs of change
(b) curious about teen eating habits
(c) afraid the situation is worse than ever
(d) developing new health education plans

4.
Dear Mayor Denson,

I was displeased to learn your office approved a repeal of the noise protections for the Allendale neighborhood. While I understand this will allow nearby bars and clubs to increase revenue by bringing in larger and "more exciting" musical acts, this increase in noise late into the night will completely disrupt the quiet and safety of our neighborhood. There will be greater traffic on our roads as the bars attract more patrons, and we expect to see an increase in the violence and theft often associated with such recreation. I hope you will _____.

Sincerely,
Matthew West

(a) consider reversing your decision to take down noise barriers
(b) switch course and place the residents above businesses
(c) apply this same decision to other neighborhoods in the city
(d) widen roads and add new stop lights to reduce the traffic

Unit 02 빈칸에 적절한 연결어 고르기

1. 접속사와 부사에 대한 이해

Part 1의 9번~10번 총 2문제로, 지문 속 빈칸의 앞뒤 문맥을 파악하여 적절한 접속사나 부사를 고르는 문제이다. 문맥 파악이 가장 중요하나 우선 다양한 연결어의 의미를 알고 있어야 한다. 연결어의 의미는 단순한 뜻에 한정하지 않고 어떠한 논리적인 틀에서 사용되는지도 함께 알아 두는 것이 좋다.

2. 연결어의 출제 경향

예전에는 빈칸의 앞뒤 문장만 읽으면 문제를 풀어낼 수 있는 경우가 많았지만, 점차 전후 내용만 보고는 논리적 연결성을 알기가 쉽지 않고 전체적인 내용을 파악해서 적절한 연결어를 골라야 하는 경향이 두드러지고 있다.

3. 선택지 우선 파악

연결어를 빠른 시간 내에 정확하게 풀기 위해서는 선택지를 먼저 살펴본 후 지문을 읽는다. 또한, 선택지에 모르는 단어가 있을 경우 확실한 오답은 제외시킨 후 남은 선택지 중에서 정답을 찾는다. 비슷한 의미를 가진 선택지가 있다면 각각의 선택지를 빈칸에 대입시켜 논리적 흐름이 더 자연스러운 선택지를 고른다.

전략 1   빈칸 앞뒤 문장의 논리적 관계를 정확히 따진다.

Some abortions happen due to societal pressures. This happens when one gender of a baby is preferred or when population control programs are implemented by governments, such as China's one child policy. Many countries in Asia have cultures where male children are preferred. In some cases, women often have to resort to illegal and dangerous abortions because abortion may be outlawed in those countries. _____, nations that restrict abortions by laws have more women that seek unsafe abortions. Unsafe abortions happen when they are performed by individuals without qualified medical skills or in an unhygienic environment. Such tragedies occur globally, and result in millions of maternal disabilities a year worldwide.

(a) That being said
(b) As a result
(c) Additionally
(d) Meanwhile

해석   일부 낙태는 사회적 압력 때문에 일어난다. 이것은 한 가지 성(性)이 선호되거나 중국의 '한 자녀 정책'과 같이 나라에 의해 인구 통제 프로그램이 실시되는 경우 일어난다. 아시아의 많은 국가들이 남아를 선호하는 문화를 가지고 있다. 일부의 경우, 낙태가 이들 국가에서는 불법이기 때문에 여성들은 위험한 시술에 기대야 하는 경우가 자주 있다. 따라서 법으로 낙태를 통제하는 국가에서는 위험한 낙태를 찾는 여성들이 더 많아진다. 제대로 된 의학 기술을 갖지 못한 자에 의해 시술이 행해지거나 위생적이지 못한 환경에서 일어나는 경우, 위험한 낙태가 발생한다. 그러한 비극은 세계적으로 발생하며, 매년 전 세계 수백만 명의 임산부 장애를 발생시키고 있다.

(a) 그럼에도 불구하고
(b) 따라서
(c) 게다가
(d) 한편

어휘   abortion 낙태   due to ~ 때문에   societal 사회의   implement 시행하다   resort to ~에 의지하다   outlaw 불법화하다   restrict 제한하다   unhygienic 비위생적인   tragedy 비극   maternal 어머니의, 모성의

Point
- ♣ 전체 내용은 '사회적 압력에 의한 낙태의 발생과 그 결과'에 대한 설명이다.
- ♣ 빈칸의 앞 문장은 사회적 압력에 의해 낙태를 받는 여성들이 법적인 수술을 받기 어려운 경우가 많다는 설명이다.
- ♣ 빈칸의 뒤 문장은 법으로 낙태를 규제하는 경우 더 많은 여성이 불법적 수술을 받게 된다는 내용이다.
- ♣ 논리적 연결 구조를 보면, '여성들이 사회적 압력으로 낙태를 해야 하는 상황에 내몰린다. 그런데 법적으로는 수술을 받기 어렵다. → 따라서 불법적인 시술을 받게 된다'는 배경+원인 → 결과의 논리적 구조를 가지고 있다.
- ♣ 전체적인 내용의 틀 속에서 각 문장의 역할을 파악하고, 그 사이의 논리적인 연결 고리를 찾아내어 정답을 파악한다.

 **전략 2** 단순히 의미만으로 따지기보다 연결어가 사용되는 논리적인 틀을 이해한다.

Minimum wage means the legally lowest amount paid to workers per hour of labor. Since modern-day minimum wage laws were first enacted in the late 1800s, the vast majority of countries in the world have followed suit. This policy was initially established to help relieve poverty. Establishing a minimum wage was effective in doing away with exploitative wages at sweatshops and making sure that people are paid fairly for their work. Minimum wage also helps protect younger and underage workers from being paid less than others. It ensures that workers on the low end of the pay spectrum are not underpaid because of their gender or race. _____, these minimum wage laws have sometimes been blamed for deteriorating conditions in the workplace because they cut into profits.

(a) Besides
(b) Ironically
(c) Particularly
(d) Rather

해석 최저 임금은 근로자에게 근로 시간당 지급되는 법적인 최소 금액을 말한다. 현대의 최저 임금이 1800년대 후반 처음 법령화된 후, 많은 다른 나라들이 그 선례를 따랐다. 이 정책은 처음에 가난을 구제하는 것을 돕기 위해 만들어졌다. 최저 임금을 지정하는 것은 저임금 노동의 현장에서 임금 착취를 없애고, 사람들이 그들의 일에 대해 공정하게 돈을 받도록 하는 데에 효과가 있었다. 또한, 최저 임금은 어리고 미성년자인 노동자들이 다른 사람들보다 돈을 적게 받는 것을 막는 것도 도왔다. 최저 임금은 임금 범위의 낮은 쪽 가장자리에 있는 노동자들이 그들의 성별이나 인종 때문에 필요보다 더 적은 임금을 받지 않도록 한다. <u>모순되게도</u>, 이 최저 임금법은 이윤을 줄이기 때문에 노동자들의 근로 환경을 악화시킨다고 때때로 비난 받았다.

(a) 게다가
(b) 모순되게도
(c) 특히
(d) 오히려

어휘 minimum wage 최저 임금 labor 노동, 근로 enact 제정하다 majority 다수 follow suit 전례를 따르다 relieve 완화하다, 줄이다 poverty 빈곤 exploitative 착취하는 deteriorate 악화되다 cut into (이익, 가치를) 줄이다

Point
♣ 빈칸의 앞 문장에서 최저 임금제가 노동자들의 권익(임금적인 면)에 기여하는 바를 알리고 있다.
♣ 빈칸의 뒤 문장에서는 이러한 최저 임금제가 의도와 다르게 근로 환경을 악화시키는 경우도 있음을 서술하고 있다.
♣ 앞 문장에서는 최저 임금제 도입의 의도와 긍정적인 효과를 설명하고 있고, 뒤 문장에서는 그 의도와는 모순되는 결과가 발생할 수도 있음을 말한다.
♣ (d) Rather(오히려)는 앞 문장에서 'A는 ~가 아니다', 뒤 문장에서는 '(그게 아니라 오히려) …이다'의 문장 구조에서 쓰인다.

앞뒤 문장의 논리적인 구조를 완성하는 연결어

in addition moreover furthermore besides also on top of that what's more	**게다가** World Mart has raised its dividend every year for the past 41 years. **Furthermore**, the company continued its progression of dividend raises even during the Great Recession. 월드 마트는 지난 41년 동안 매년 배당금을 높여 왔다. 게다가, 그 회사는 대침체 기간 동안에도 배당금 증가를 계속 진전시켰다.
in fact in effect	**❶ 실제로** (자세한 내용을 덧붙여 강조해서 쓸 때) The demand for printed newspapers has been decreased since the emergence of online newspapers. **In fact**, the survey shows the number of people who read an online newspaper was twice as high as printed version. 인쇄된 신문에 대한 수요가 온라인 신문의 등장 이후로 감소해 왔다. 실제로, 조사 결과 온라인 신문을 읽는 사람의 수가 인쇄된 것을 보는 사람보다 두 배 많다는 것이 드러났다. **❷ 실제로는** (앞의 내용과 다른 견지의 내용을 강조해서 쓸 때) Many people think it the most important thing to work out when wanting to lose weight. **In fact**, it is of utmost importance to eat properly. 많은 사람들이 살을 빼려고 할 때 운동이 가장 중요하다고 생각한다. (그러나) 실제로는, 제대로 먹는 것이 가장 중요하다.
meanwhile at the same time	**❶ (그리고) 동시에; 그 동안에** (앞 문장에 대한 순접의 내용이 뒤 문장에 연결되고, 동시에 발생하는 경우) They should try to be respectful and still a fan **at the same time**. 그들은 존중하려고 노력하는 동시에 팬이 되려고 노력해야 한다. **❷ (그러나) 동시에; 반면에** (앞 문장에 대한 역접의 내용[대조되는 내용]이 뒤 문장에 연결되고, 동시에 발생하는 경우) Though her acts are understandable, it is **at the same time** pathetic to watch her strive to win love. 그녀의 행동을 이해하면서도, 동시에 사랑을 쟁취하려는 그녀를 바라보는 것은 애처롭다.
likewise similarly	**마찬가지로** (앞 문장에 대해 뒤 문장의 논리는 같고 대상은 다를 때) Some have little power to do good, and have **likewise** little strength to resist evil. 어떤 이들은 이롭게 할 힘도 거의 없고 마찬가지로 악에 저항할 강인함도 거의 없다.

however still nevertheless despite even so that (being) said for all that	그럼에도 불구하고 (앞 문장의 의도에 반대되는 결과가 뒤 문장에 올 때) If you are looking for fine dining, you're in the wrong place. **That being said**, there are plenty of spots around Wrigley Field that can get you serviceable bar-type food. 당신이 고급 레스토랑을 찾고 있다면 당신은 잘못된 장소에 있습니다. 그럼에도 불구하고, 리글리 필드 주변에 쓸 만한 바 형태의 음식을 먹을 수 있는 장소가 많이 있습니다.	
conversely on the other hand in contrast	역으로, 그와는 반대로 (내용이 대조적일 때) **Conversely**, the value of the Korean won is expected to continue falling over the next few weeks. 역으로 한국 원화의 가치 다음 몇 주간 지속해서 떨어질 것으로 예상된다.	
after all	❶ 결국에는 (앞서 말한 것을 다시 언급하거나 내용을 추가할 때) **After all**, even native speakers don't always write grammatically correct sentences. 결국 원어민들 조차 문법적으로 올바른 문장을 항상 쓰는 것은 아니다.	
	❷ 왜냐하면 (뒤 문장에서 이유를 강조하여) You shouldn't talk about him like that; **after all**, he is your father. 너는 그 분에 대해서 그렇게 얘기하면 안 돼. 왜냐하면 그 분은 너의 아버지잖아.	
initially	처음에는 (뒤 문장의 상황이 나중에 변하는 경우) **Initially**, the new measures rarely seemed to have any impact on sales. 처음에는 그 새로운 조치가 판매에 거의 아무런 영향을 끼치지 않는 것 같았다.	
instead rather on the contrary	오히려 They never abandoned the idea; **rather** they searched for the possible funding sources. 그들은 절대 그 계획을 포기하지 않았다. 오히려 가능한 재정 자원을 찾아보았다.	
in any case anyhow at any rate	어쨌든 (앞 문장에서 A라는 상황과 그렇지 않은 상황이 있을 수 있다는 설명 + 뒤 문장에서는 그 모든 상황과는 관계없이 발생하는 결론적 상황에 대한 설명) It may rain or may not. **In any case**, we have to hit the road. 비가 올 수도 있고 오지 않을 수도 있다. 어쨌든 우리는 출발해야 한다.	

PRACTICE TEST

1. For the past few decades in the West, the Eastern practice of acupuncture was considered "alternative," or outside the realm of acceptable medicine. Only recently has acupuncture become more acceptable. Now a number of Western doctors use it to treat patients experiencing muscle and joint pain or nausea after surgery. However, they do not embrace all of its aspects. _____, Eastern practitioners incorporate concepts of Yin and Yang into the treatment, while Western doctors have a more limited view. They typically only consider the superficial effects of the needles on the nervous system.

(a) For this reason
(b) Meanwhile
(c) For instance
(d) Although

2. Visit one of Ireland's most famous attractions! Just a short drive south from Dublin, at Kilkenny Castle, you'll discover what life was like eight centuries ago, both for the wealthy and the many peasants who kept the castle running. You'll hear the fascinating story of how the castle was constructed without the help of modern tools. And you'll learn about the art of the period as you view lavish tapestries and paintings. _____, a trip to Kilkenny is like a trip back in time. Our expert tour guides truly bring history alive. Call today to book your tour: 555-2297.

(a) Moreover
(b) Indeed
(c) Nevertheless
(d) Likewise

Unit 03 문맥상 어색한 문장 찾기

1. 관련 없는 문장을 골라내는 문제

Part 2의 11~12번까지 총 2문제로, 지문의 전체 다섯 문장 중에서 문맥상 어색한 문장을 골라내는 유형이다.

2. 문제 접근 방법

다섯 문장 중 첫 문장은 선택지가 아니라는 점에 주목하자. 첫 문장은 지문의 주제 문장일 가능성이 높다. 즉, 문맥상 관련 없는 문장을 골라내는 데 첫 문장이 커다란 힌트가 될 수 있다. 그리고 앞뒤 문장의 연결성이나 지시어의 사용에 현혹되지 말아야 한다. 연결어만 봤을 때 자연스러워도 실제 내용은 지문 전체의 일관성에서 벗어날 수 있다. Part 2 문제를 푸는 기본은 지문의 중심 내용을 기준으로 해야 한다는 것을 명심하자.

3. 문제 풀이 시간 배정

독해 시간 총 40분 동안 35문제를 푸는 것은 영어 실력이 뛰어난 사람도 커다란 부담이 된다. 누구나 시간에 쫓기게 되는데, 그래서 Part 2 문제를 제대로 풀지 못하고 찍는 수험자도 많다. 하지만 독해 고득점을 위해서는 이 문제를 끝까지 놓지 말아야 한다. 문제당 1분 내외로 시간을 할당하여 풀고 시험을 마치도록 한다.

전략 1   지문의 중심 내용을 먼저 파악하자.

It's time to admit that the average consumer has changed significantly from years before. (a) Consumers today are extremely knowledgeable about your products and services. (b) In this change of environment, the paradigm of how to let your customers know about what you do has flipped. (c) Changes in recent marketing strategies also force you to reflect this new reality in your own advertisement planning. (d) Now buyers walk in the shop being aware of precisely what they want and the approximate cost they should pay for it.

해석 보통의 소비자들이 수년 전과는 상당히 변화했다는 것을 인정해야 할 때입니다. (a) 오늘날의 소비자들은 귀사의 상품과 서비스에 대해서 그 어느 때보다도 잘 알고 있습니다. (b) 이러한 환경의 변화에서, 귀사가 하는 일을 고객에게 알리는 방법에 대한 패러다임이 확 바뀌었습니다. (c) 최근의 마케팅 전략의 변화 또한 귀사로 하여금 홍보 계획에 그것들을 반영하도록 합니다. (d) 이제 고객들은 자신들이 무엇을 원하는지, 그리고 지불해야 하는 예상 비용은 얼마인지 정확히 인지하고 가게에 들어섭니다.

어휘 consumer 소비자   significantly 상당히   extremely 극도로, 극히   paradigm 패러다임, 전형적인 예   flip 뒤집히다   reflect 반영하다   be aware of ~을 알다   approximate 대강의, 근사치인

Point
- ♠ 지문의 중심 내용은 소비자의 변화에 따른 홍보 패러다임의 변화이다.
- ♠ 첫 문장에서 소비자의 변화를 언급하고 있고, 이후의 문장에서는 소비자의 변화에 대해 보충 설명을 하면서 그에 따른 기업의 패러다임의 변화를 설명하고 있다. (c)는 소비자의 변화가 아닌, 마케팅 전략의 변화로 인한 홍보 계획의 변화를 이야기하고 있으므로, 지문의 중심 내용에서 벗어난다.
- ♠ 지문의 키워드인 change를 교묘하게 쓰면서 지문과 유사한 소재를 언급하는 함정이다.

전략 2　　논리적 연결성이 충분하더라도 중심 내용과는 무관할 수 있다.

The Smurfs initially made their appearance as characters in the Belgian animated film *The Flute with the Six Holes*. (a) At that time they still looked like gaunt little gnomes. (b) The story with the charming blue goblins was so well received that the father of the Smurfs decided to make them main characters in their own comic strips. (c) These adorable creatures were called "Schtroumpf (smurf)," which was loved by countless children in many countries. (d) Finally, a Walibi Schtroumpf theme park was opened in France, which is now the Walygator Parc.

해석 스머프는 원래 〈여섯 개의 구멍이 있는 플룻〉이라는 벨기에 애니메이션 영화의 등장인물이었다. (a) 당시 그들은 아직 수척한 작은 괴물로 보였다. (b) 그 매력적인 파란 괴물들이 나온 이야기가 매우 반응이 좋아서 스머프들의 아버지(작가)는 그들을 자신의 만화에서 주연으로 만들 결심을 하게 되었다. (c) 이 사랑스러운 생명체들은 '스머프'라고 불리게 되었으며, 많은 나라에서 수많은 아이들의 사랑을 받았다. (d) 마침내 그들은 왈러비 슈트라움프 테마파크를 프랑스에 개장했으며 지금은 왈리게이터 파크가 되었다.

어휘 make one's appearance 등장하다　gaunt 수척한, 아주 여윈　gnome 땅속 요정　goblin 도깨비, 괴물　comic strip 연재 만화　adorable 사랑스러운　creature 생물, 생명체　countless 무수한

Point
♣ 지문의 중심 내용은 스머프가 어떠한 과정을 통해 사랑받는 만화 캐릭터가 되었는지에 대한 것이다.

♣ (d)의 Finally는 앞 문장들의 내용, 스머프의 탄생과 성공, 그리고 테마파크 개장을 자연스럽게 연결하고 있어 자연스러워 보일 수 있으나 팬들을 위한 스머프 테마파크의 개장은 스머프가 어떠한 과정을 통해 사랑받는 주인공이 되었는지에 대한 중심 내용에서 벗어난다.

PRACTICE TEST

1. German-born British artist Lucian Freud is famous for his portrait paintings that create a discomforting psychological atmosphere. (a) Freud never glamorized the human subject, depicting the body naturally in a domestic environment and revealing its flaws. (b) Many of the people Freud selected to paint were his close friends, family members, and lovers. (c) In his later portraits, many of his subjects appeared partially or completely nude in poses that suggest indifference and even hopelessness. (d) Often the subjects are gazing directly at the viewer, revealing a kind of psychological vulnerability.

2. Though few people still honor this tradition, it's always appreciated if you write a handwritten thank-you note after receiving a gift. (a) It may seem simple, but a few key elements will make your notes seem thoughtful and meaningful. (b) Always mention something specific you enjoy about the gift, like how it's enriched your life, even in a small way. (c) Take the time to appreciate the gift giver, noting a memory or appreciating the benefits of your relationship. (d) Paying attention to a friend's concerns is extremely important in responding properly to a correspondence.

3. Robotics is a complex field which combines electronics, computer science, and mechanical engineering. (a) The field is expected to increasingly replace human labor with robots in some areas. (b) The number of scientists working in the field of artificial intelligence is relatively small though demand is high. (c) Equipped with visual and tactile sensors, robots can work in assembly plants and other places where precision movements or heavy lifting is required. (d) Additionally, robots can potentially withstand extreme temperatures and radiation levels and so can perform jobs that are too dangerous for humans.

Unit 04 지문의 주제/요지/목적 찾기

1. 독해 영역 기본 중의 기본
지문의 주제/요지/목적을 묻는 문제는 단순히 문장 하나하나 해석하는 식의 독해 방식으로는 정답을 고르는 데 한계가 있다. 지문의 첫 문장, 핵심어, 연결어를 집중하여 읽어서 글의 주제와 흐름을 파악한다.

2. 문장의 이해에 대한 접근법
글쓴이가 각 문장을 어떠한 의도로 쓰고 있는지 문장의 역할에 따라 논리적인 독해를 해야 한다. 즉, 주제를 강조하는 문장(핵심 문장)인지, 주제에 대한 예시를 들어주거나 세부 사항을 설명하거나 강조하는 문장(부수적 문장)인지, 앞의 내용에 대한 반론을 제기하는 문장(핵심 문장)인지, 배경이나 전제를 설명하는 문장(부수적 문장)인지, 지금까지의 내용에 새로운 내용을 더해서 설명하는 문장(핵심 문장)인지를 생각해야 한다.

3. 문장의 역할 중심 독해
이렇게 문장의 역할 중심 독해를 하면 자연스럽게 주제를 정확하게 잡아낼 수 있게 되는데, 이러한 과정에서 핵심 문장과 부수적인 문장을 걸러낼 수 있다. 그 결과 걸러진 핵심 문장의 내용을 취합하면 지문의 전체적인 주제를 도출할 수 있다.

전략 1   문장의 역할 중심의 논리 독해를 하자.

If there is a paucity of resources, we are forced to make choices. These choices entail "tradeoffs" and require us to weigh the consequences of such tradeoffs. For instance, imagine that you've got $25 to spend and have narrowed your options down to seeing a movie or buying a music CD. Your limited money hinders you from purchasing both and requires you to make a tradeoff. Either choice has its pluses and minuses. The movie might enable you to enjoy a cinematic masterpiece, and the music CD might let you keep your favorite songs. At any rate, you cannot have both of them and have to make a choice after comparing the two scenarios.

Q: What is the main idea of the passage?
(a) Tradeoffs are useful for enhancing the value of something.
(b) Knowing all the options makes for a wiser decision.
(c) Shortage of resources causes us to make choices.
(d) When making choices, you should narrow down the options.

해석 자원이 부족하다면 우리들은 선택을 해야 한다. 이러한 선택들은 '트레이드오프(맞교환, 기회비용의 개념 포함)'를 수반하고, 우리에게 그러한 트레이드오프의 결과들을 따져 보기를 요구한다. 예를 들어, 쓸 돈이 25달러가 있고 당신은 그 돈을 쓸 선택으로 영화를 보거나, 혹은 음악 CD를 사는 것으로 범위를 좁혔다고 하자. 제한된 금액 때문에 당신은 둘 다 사지 못하고, 영화 또는 음악 CD에서의 트레이드오프를 강요받을 것이다. 각 선택은 장단점이 있다. 영화는 당신이 영화적 경험을 누리게 해 줄 것이고, 음악 CD는 당신이 좋아하는 노래를 간직하게 해 줄 것이다. 어쨌거나, 당신은 둘 다 가질 수는 없고, 두 가지 시나리오를 비교하여 선택을 해야 한다.

Q: 지문의 주제는?
(a) 트레이드오프는 어떤 것의 가치를 높일 때 유용하다.
(b) 모든 선택 사항들을 알면 더 현명한 결정을 하게 된다.
(c) 자원의 부족은 우리로 하여금 선택을 하게 만든다.
(d) 선택을 할 때에는 선택 사항들의 범위를 줄여야 한다.

어휘 paucity 소량, 부족   entail 수반하다   consequence 결과   tradeoff 거래, 교환   narrow down to ~으로 좁히다   hinder 방해하다   at any rate 어쨌든

Point
♣ 핵심 내용의 일부만을 포함하는 오답 유형으로 구성되어 있다.

♣ 오답 분석
  (a) 주요 어휘(tradeoffs)는 포함되어 있으나 중심 내용과 관련이 없다.
  (b) 부족함이 있는 경우, 결과를 비교하여 선택을 해야 한다는 내용이 빠져 있다.
  (d) 선택 사항들의 결과와 기회비용을 따져서 결정해야 한다는 게 핵심이며 범위를 줄이는 것이 포인트는 아니다.

♣ 지문의 핵심이 분명할지라도 선택지에 미묘한 함정들이 있을 수 있으므로 선택지를 꼼꼼하게 비교해야 한다.

 **전략 2**　도출한 주제가 어떻게 정답에서 패러프레이징되는지 파악한다.

Healthy Life Clinic offers help in managing diabetes through our qualified dietician and certified diabetes educators. Diabetes affects people of all ages and, if not properly managed, can lead to complications such as cardiovascular disease, diabetic retinopathy (which can lead to blindness), and nerve damage. Proper diet and physical activity are the first steps in staying healthy, but if your blood glucose is not controlled through lifestyle changes, oral or injectable medication may be needed. Meet with Healthy Life Clinic's specialists to get some consultation on your situation, ask questions, and learn how to live well with diabetes.

Q: What is the purpose of the passage?

(a) To promote a health education center intended for diabetics
(b) To stress the importance of consultation with diabetes educators
(c) To inform diabetics that they should manage diabetes with educators
(d) To advertise a health care center for those who have complications

해석　헬시라이프 클리닉에서는 자격 있는 저희 영양사들과 보증된 당뇨병 교육가들을 통해 당뇨병을 관리하는 데 도움을 제공합니다. 당뇨병은 모든 나이대의 사람들에게 영향을 미칩니다. 만약에 제대로 관리가 되지 않는다면 심장 질환과 당뇨망막병증(실명을 초래할 수도 있는), 신경 손상과 같은 합병증을 일으킬 수 있습니다. 적절한 식단과 신체적 운동이 건강하게 유지하는 첫 단계들이지만, 생활 방식의 변화를 통하여 당신의 혈당을 통제하는 것을 하지 않는다면 경구약 혹은 주사제가 필요하게 될지도 모릅니다. 헬시라이프 클리닉의 전문가들을 만나서 귀하의 상황에 대해 조언도 듣고, 질문도 하며, 당뇨병을 가지고도 잘 살아갈 수 있는 방법을 배워 보세요.

Q: 지문의 목적은?
(a) 당뇨병 환자들을 위한 건강 교육 센터의 홍보를 위해
(b) 당뇨병 교육 담당자들과의 상담의 중요성을 강조하기 위해
(c) 당뇨병 환자들에게 교육 담당자들과 함께 당뇨병을 관리해야 함을 알리기 위해
(d) 합병증이 있는 사람들을 위한 건강 관리 센터의 홍보를 위해

어휘　diabetes 당뇨병　dietician 영양사　lead to ~로 이어지다　complication 합병증　cardiovascular 심혈관의　retinopathy 망막증　blood glucose 혈당　oral 구강의　injectable 주사 가능한　medication 약　consultation 협의, 상의

Point
♣ 글의 목적은 '당뇨병 환자들에게 필요한 식단과 생활 방식의 변화를 위해 헬시라이프 클리닉을 홍보'하는 것이다.

♣ 이 문제의 경우 중심 내용이 비교적 명확하게 드러나고 목적도 분명하지만 선택지에서 명확하게 잘된/잘못된 패러프레이징을 따져서 정답을 선택해야 한다.

♣ 오답 분석
(b) 당뇨병 교육 담당자들과 상담을 받으라고 광고하는 것이지 중요성을 알리는 게 목적이 아니다.
(c) 광고에 목적이 있지 교육가들과의 상담을 받으라는 당위적 측면을 강조하지 않는다.
(d) 대상이 합병증 환자들이 아니고, 합병증의 유무와 관계없이 당뇨병 환자들이 대상이다.

전략 3 대상이 포괄적인 오답의 유형에 주의한다.

Hip hop appeared in New York City when DJs began isolating the percussion break from funk, or rock songs for people to dance to. The initial duty of an MC was to introduce the DJ and to keep the audience excited by occasionally talking or joking with them. Eventually, the elements of hip hop became fixed with the DJ spinning the music and the MC singing and rapping. By the early 1980s, hip hop music had grown commercially and started to enter the mainstream popular culture. Even through its many incarnations and evolutions, it continues today to garner popularity and stay a staple of popular music charts.

Q: What is the main idea of the passage?

(a) The cultural message of hip hop music
(b) The history of mainstream pop culture
(c) The reasons why hip hop became popular
(d) The origins and development of hip hop

해석 힙합은 뉴욕에서 DJ들이 펑크나 록 음악에서 사람들이 춤을 출 수 있는 타악기 연주 부분을 빼 오면서 등장하였다. MC의 최초의 임무는 DJ를 소개하고 경우에 따라 얘기와 농담으로 관객들의 기분을 북돋아 주는 것이었다. 마침내 이러한 힙합의 요소는 DJ가 음악을 회전시키는 것과 MC가 그의 노래와 랩을 하는 것으로 고정되었다. 1980년대 초반이 되자 힙합은 상업적으로 성장했고 주류 대중문화의 일부가 되기 시작했다. 힙합은 많은 형태와 진화를 통해 오늘날 계속해서 인기를 얻고 지금까지 팝 음악 차트의 주요 분야로 자리 잡고 있다.

Q: 지문의 주제는?
(a) 힙합 음악의 문화적 메시지
(b) 주류 대중문화의 역사
(c) 힙합이 인기를 얻게 된 이유
(d) 힙합의 기원과 발전

어휘 isolate 분리하다, 격리하다 percussion 타악기 initial 초기의 occasionally 가끔 fixed 고정된 commercially 상업적으로 mainstream 주류 incarnation 형태, 전형 staple 주요소, 주성분

Point
♣ 주제는 '힙합의 등장과 주류가 되기까지의 역사'이다.

♣ 오답 분석
 (b) 힙합의 역사를 설명한 글이지, 주류 대중문화의 역사를 설명한 글이 아니다.

♣ 핵심 개념(history)은 적절하지만 대상이 너무 포괄적인 오답의 유형으로, 구체성을 띤 선택지를 정답으로 골라야 한다.

PRACTICE TEST

1.
> Dear Mr. Swanson,
>
> We have repeatedly requested payment of $1,355 on your overdue account. Our demands for payment have been ignored. Accordingly, we shall turn this account over to a collection agency within the next ten days unless the outstanding balance is paid, or an acceptable proposal for payment is obtained. Enforced collection on this obligation by an agency may result in additional legal or court costs to you and may impair your credit rating.
>
> Peggy Ryan

Q: What is the purpose of this letter?

(a) To remind a customer about various payment methods
(b) To offer free legal services to a person with no money
(c) To threaten legal action against a delinquent customer
(d) To offer an installment plan to pay for a purchase

2. When artists use computers to make animated films, they can produce in a short time what would take months or even years to draw by hand. A computer can automatically render objects in great detail and from different points of view. It can create realistic images and movements that would be beyond the abilities of hand-drawn animation. Indeed, the most exciting changes in the world of animation have come about through the use of computer graphics in films.

Q: What is the passage mainly about?

(a) The history of computer animation
(b) The versatility of modern computers
(c) The meaning of computer literacy
(d) The strengths of computerized animation

3. Though the terms are sometimes used interchangeably, Hispanic and Latino have some divergence in their semantic nuance. Hispanic refers more to Spanish or Portuguese traditions of culture and language while Latino is more the indigenous cultures of South America. In a continent of over 380 million people, there is considerable overlap between these two concepts in addition to national differences. Bolivia has the highest percentage of Amerindian population with only about half speaking Spanish as their first language. Meanwhile, over 90% of Uruguay's 3.4 million are of European ancestry and only about 1% are of indigenous origin.

Q: What is the main idea of the passage?

(a) Using the term Hispanic is not as accurate as using the term Latino.
(b) Different South American countries can exhibit widely varying cultures.
(c) Bolivia should be called Latino and Uruguay should be labeled Hispanic.
(d) South American countries blend Spanish, Portuguese, and Amerindian traditions.

4. The Ventura City Council approved a controversial new plan for rebuilding Norris Pier late Tuesday night. It was the culmination of nearly two years of debate on what to do with the oceanfront made available after the Durran factory closed in 2011. The decision came at the final meeting of the council before recessing until January next year. Alderman Jim Quintero commented that the plan will finally allow for examining some of the lingering issues with the downtown area. But opinions remain divided on certain points of the development scheme, including rebuilding the docks and parking garages.

Q: What is the main topic in this passage?

(a) Controversy threatening the success of a Council resolution
(b) A City Council proposal for redeveloping a section of town
(c) A deficiency of money to fully implement a building project
(d) Popular support waning for redoing the downtown area

Unit 05 세부 내용 찾기

1. 일치하는 것을 묻는 문제

선택지가 지문의 세부 내용과 일치하는지(correct) 여부를 파악하는 유형이다. 선택지에 언급된 내용을 지문에서 일일이 확인해야 하므로 시간이 가장 많이 걸리는 유형이며 독해에서 차지하는 비중도 크다.

2. 문제 접근 방법

세부 내용 찾기 유형에서 고득점을 올리기 위해서는 우선 지문의 표현이 선택지에서 패러프레이징된 것을 알아보는 능력이 필요하다. 그리고 지문의 진술과 선택지 간의 미묘한 차이를 빠르게 간파하여 정답과 오답을 판단할 수 있어야 한다. 그러기 위해서는 시험에 자주 등장하는 오답 패턴을 익힐 수 있는 문제를 많이 풀어 보아야 한다. 문제를 풀고 난 후에는 그것으로 끝이 아니라, 정답과 오답의 근거를 노트에 따로 정리해 두면 독해 실력 향상에 큰 도움이 될 것이다.

3. 문제 풀이 시간 배정

이전 유형은 문제당 40~50초 정도를 할애해도 무방하지만, 세부 내용 찾기 문제는 문제당 1분 10초에서 1분 20초 정도로 시간 안배를 하도록 한다. 간혹 문제 해결이 안 되었다고 같은 문제를 계속 잡고 있는 수험자가 있는데, 그런 문제는 과감하게 포기해야 한다. 그 한 문제로 인해 남아 있는 문제들을 제대로 못 풀 수도 있기 때문이다.

전략 1 오답 및 함정의 유형을 익히자.

패턴 1

Cells are considered as basic building blocks of organisms. Some organisms consist of a single cell. Others are composed of millions of cells that operate together in order to perform the more complex functions which a single-celled organism such as bacteria cannot do. It is hard to envision that humans are descendants of single-celled organisms, but this is the commonly held belief in the scientific world. Different types of cells have their own distinctive structures. Single-celled creatures and multi-celled ones have dissimilar cell structures. And plant cells have different structures from animal cells. These variations point to differences in the functions that each of these classes of cells is supposed to perform.

Q: Which of the following is correct according to the passage?

(a) Multi-celled organisms have more complex cells than single-celled ones.
(b) Human beings are proven to have originated from bacteria.
(c) The composition of cells reveals the type of things they do.
(d) Single-celled and multi-celled organisms perform in similar ways.

해석 세포는 유기체의 기본적인 구성 요소로 여겨진다. 어떤 유기체는 단세포로 구성된다. 다른 유기체는 박테리아와 같은 단세포적인 유기체가 할 수 없는 복잡한 기능을 수행하기 위하여 함께 작동하는 수백만의 세포들로 구성되어 있다. 인류가 단세포 유기체의 후손이라는 것을 상상하기는 힘들지만, 이것은 과학계에서 일반적으로 받아들여지는 생각이다. 각기 다른 종류의 세포들은 각자의 독특한 구성을 갖는다. 단세포 생물들과 다세포 생물들은 서로 다른 세포 구성을 갖는다. 그리고 식물의 세포는 동물의 세포와 다른 구조를 갖는다. 이러한 다양함은 세포들의 이러한 종류들이 각각 수행하게 되어 있는 기능에 차이가 있음을 말해 준다.

Q: 지문 내용과 일치하는 것은?
(a) 다세포 유기체는 단세포 유기체보다 복잡한 세포가 더 많다.
(b) 인간은 박테리아에서 비롯되었음이 입증되었다.
(c) 세포들의 구성은 그들이 어떤 종류인지를 나타낸다.
(d) 단세포와 다세포 유기체들은 유사한 방식으로 작용한다.

어휘 building block 구성 요소   organism 유기체, 생물   consist of ~로 구성되다   be composed of ~로 구성되다
envision 상상하다   descendant 자손, 후예   distinctive 뚜렷한   dissimilar 같지 않은

Point ♣ 오답 분석
(a) 복잡한 기능을 수행하는 것이지 복잡한 세포가 더 많다는 의미는 아니다. → 혼동을 주는 오답 유형
(b) 인간이 단세포에서 비롯되었다는 것이 일반적인 믿음이지만, 박테리아에서 진화했다는 내용은 없다.
    → 가능성에 기댄 오답 유형
(d) 마지막 문장에서 세포들의 종류가 다양하다는 것은 기능에도 차이가 있음을 의미한다고 했다.
    → 일부만 맞는 오답 유형

♣ 믿어지는 것(be thought to/be believed to/be considered to/be said to), 혹은 그럴 수 있다는 것(can, could, may, might)은 사실도 아니고 증명된 것도 아니다. 즉, '믿어진다' 혹은 '가능하다'라고 한 지문의 내용을 선택지에서는 '진실이다', '증명되었다'라고 표현한다면 오답이다.

패턴 2

These days people commonly associate the sonnet form with good reason and with romantic love; the sonnets initially written in thirteenth- and fourteenth-century Italy celebrated the poets' feelings for their patrons. These lines were dedicated to rich noblemen, who provided poets with money and other things, usually in return for adoration in print. Different from the tradition, Shakespeare addressed almost all sonnets of his to an unnamed young man. Dedicating sonnets to a young man was a peculiar style of Shakespeare. Moreover, he also penned his sonnets to explore the nature of love, comparing the idealized love shown in poems with the confusing, complex love spotted in real life.

Q: Which of the following is correct according to the passage?

(a) Sonnets were penned only in 13th and 14th century.
(b) Shakespeare's sonnets diverged from traditional ones.
(c) Sonnets were originally written to show romantic love.
(d) Shakespeare addressed all his sonnets to a young man.

해석 요즘 사람들은 보통 소네트를 대의나 낭만적인 사랑과 연관 짓는다. 13, 14세기의 이탈리아에서 처음 쓰였던 소네트는 후원자들에 대한 시인들의 감정을 노래하였다. 이러한 시들은 부유한 귀족들에게 헌정되었는데, 귀족들은 보통 활자로 된 숭배의 대가로 시인들에게 돈과 기타의 것들을 제공해 주었다. 그러한 전통과는 다르게 셰익스피어는 이름이 알려지지 않은 한 젊은이에게 자신의 거의 대부분의 소네트를 헌정하였다. 소네트를 한 젊은이에게 헌정한 것은 셰익스피어의 독특한 방식이었다. 게다가 그는 시에서 보여지는 이상화된 사랑과 현실에서 발견되는 혼란스럽고 복잡한 사랑을 비교하면서 사랑의 본질을 탐구하는 소네트를 썼다.

Q: 지문 내용과 일치하는 것은?
(a) 소네트는 13세기와 14세기에만 쓰였다.
(b) 셰익스피어의 소네트는 전통적인 소네트에서 벗어났다.
(c) 소네트는 원래 낭만적인 사랑을 보여 주기 위해 쓰였다.
(d) 셰익스피어는 자신의 모든 소네트를 한 젊은이에게 헌정했다.

어휘 associate A with B A와 B를 결부짓다 sonnet 소네트, 14행시 celebrate 기념하다, 찬양하다 patron 후원자 address 보내다, 향하다 unnamed 무명의 peculiar 특이한 pen ~을 펜으로 쓰다 idealize 이상화하다

Point

♣ 오답 분석

(a) 소네트가 13, 14세기 이탈리아에서 처음 쓰였다고 하지만, 그 시기에만 쓰였는지 여부는 알 수 없다.
→ only가 사용된 오답(내용을 제한한 오답 유형)

(c) 소네트는 원래 후원자들에 대한 찬양을 위해 쓰였다. 낭만적인 사랑과 소네트를 연관시키는 것은 요즘 사람들이 소네트에 대해 갖고 있는 생각이다. → 용어와 설명의 짝짓기가 잘못된 오답 유형

(d) 모든 소네트를 한 젊은이에게 헌정한 것이 아니고, 거의 모든(almost all) 소네트를 헌정했다고 한다.
→ all, every, always를 잘못 사용한 오답 유형(almost all ≠ all)

♣ 원인과 결과를 서로 바꾸거나, 능동과 수동으로 관계를 바꾸는 오답 함정이 있다. 또한 잘못된 시간과 장소를 이용한 오답이 나오기도 한다.

PRACTICE TEST

1. Academic standards for plagiarism are in some sense stricter than legal standards. By law, only copyrighted materials are restricted from use without prior consent. But in schools and universities, failure to cite any source at all, copyrighted or not, common domain or not, is academic plagiarism. The exact policy can vary slightly with the school or instructor. The general principle, however, is that any false representation of one's work can be cause for failure or expulsion. Going further, even with proper citation, academic papers which consist mostly of other's ideas and wording can still be deemed plagiarism.

Q: Which of the following is correct about academic plagiarism according to the passage?

(a) Plagiarism laws do not always apply in academic works.
(b) Students are never plagiarizing if they cite their sources.
(c) No copyrighted material can be used in a university setting.
(d) What is not plagiarism in common law can be in academia.

2.

Dear Nolan,

Have you read *The Radiant Sea* yet for the book club? Can you believe I sat down and finished it last night? It's the fastest I've read any book in a while. Tell me what you think of it so far? I liked it and have a bunch of stuff to say about it at our upcoming meeting. You're coming, right? If you still want me to pick you up, I'll swing by around 7:30 so that we'll have plenty of time. Hope to hear from you and have a good rest of the week. Bye!

Kaley

Q: Which of the following is correct according to the letter?

(a) Kaley is willing to go with Nolan to the club.
(b) Nolan is less enthusiastic about the book than Kaley.
(c) Kaley usually reads her books quicker than Nolan.
(d) Nolan and Kaley met each other at the book club.

3. The criteria for determining the level of social welfare in a country encompass many things. In the broadest sense, they attempt to measure the overall quality of life in a society. The condition of the physical environment can be one criterion. Others include the amount of crime or drug abuse that goes on. Access to education and other services is also to be accounted for. And whether it's called public aid or social programs, financial assistance to the less fortunate constitutes the governmental contribution to social welfare. Religious groups, charities, foundations also count towards the social welfare of a country.

Q: Which of the following is correct about social welfare according to the passage?

(a) How well the people in a society live is assessed by it.
(b) Government is the biggest component of social welfare.
(c) The levels of individual philanthropy are not counted.
(d) It does not count the general opportunities for education.

4. The agricultural revolution of the Neolithic period, while having the merit of sustaining more people, was marked by at least one drawback. Though the hunting and gathering lifestyle may have been feast or famine, grain-based foods seem to have worsened the dental health of humans. The more carbohydrates people ingested, the more acids form in their mouths and the more tooth decay. This is substantiated by the skeletal records of early man. Neolithic skulls exhibit a higher incidence of dental cavities compared to their earlier Paleolithic counterparts. More access to sugar cane in the Middle Ages also exhibited this trend.

Q: Which of the following is correct about dental cavities according to the passage?

(a) They are a small price to pay for civilization.
(b) Switching to agriculture introduced more of them.
(c) Hunters and gatherers took better care of their teeth.
(d) Paleolithic people had no grain or sugar in their diets.

Unit 06 추론 가능한 정답 찾기

1. 지문에서 추론할 수 있는 것을 묻는 문제

지문에서 직접적으로 언급하지 않은 내용을 추론하는(infer) 유형이다. 문제의 수준이 높아서 수험자가 가장 큰 부담을 갖는 유형으로 문제를 푸는 데 비교적 시간이 많이 걸리므로 시간 배분을 잘해야 한다.

2. 문제 접근 방법

지문에 직접적으로 언급되지는 않았으나 가장 그럴듯한 추론을 고르는 유형이므로 누가 봐도 타당한, 객관적으로 납득이 가는 선택지를 골라야 한다. 지문을 자의적으로 해석해서 오답을 고르지 말아야 한다는 것이다. 추론 문제이지만 결국 지문의 주제와 관련이 있음을 명심하자. 따라서 세부 내용 찾기 문제를 풀듯이 지문의 지엽적인 부분에 매달린다면 시간만 낭비하기 쉽기 때문에 지문의 전체적인 내용을 이해한 후 접근하는 것이 좋다.

3. 문제 풀이 시간 배정

세부 내용 찾기 문제와 비슷하게 풀이 시간을 문제당 1분 10초에서 1분 20초 정도로 잡는다.

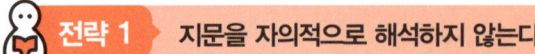
전략 1 지문을 자의적으로 해석하지 않는다.

Things in outer space move by the laws or rules of physics, just as things on our planet do. They also observe the laws of inertia as we do on Earth, which means that they move in a straight line unless there is a physical intervention that makes them stop or change. The movement of objects in space is affected by gravity. Gravity is an influential force that can alter the course of bodies in space or pull them off of one course, or even cause them to crash together. While some bodies in outer space move in either straight or irregular paths, most of them tend to travel in stable orbits around stars and planets. The orbits are often called circular even though they are almost always ellipses.

Q: What can be inferred from the passage?

(a) Not all the things in outer space move in a regular orbit.
(b) Inertia forces bodies in space to revolve around the sun.
(c) Gravity is the only force that can change the path of objects.
(d) The orbits have in fact circular patterns rather than oval ones.

해석 우주 공간에 있는 개체들은 지구의 개체들이 그러는 것과 마찬가지로 물리적인 법칙과 규칙에 따라 움직인다. 그것들은 또한 지구의 우리처럼 관성의 법칙을 따르는데, 이는 그것들의 움직임을 멈추게 하거나 변화시키는 물리적인 개입이 없으면 직선으로 움직인다는 것을 의미한다. 우주 공간에 있는 개체들의 움직임은 중력의 영향을 받는다. 중력은 영향력 있는 힘인데, 우주 개체들의 진로를 변화시키거나 진로에서 벗어나게 하고 심지어는 서로 충돌하게 할 수도 있다. 우주 공간의 일부 개체들이 직선 또는 불규칙적인 진로로 움직이는 동안, 대부분은 별이나 행성들 주변의 안정된 궤도를 도는 경향이 있다. 궤도는 거의 항상 타원형임에도 불구하고 종종 원형으로 불린다.

Q: 지문에서 추론할 수 있는 것은?
(a) 우주 공간의 모든 개체들이 항상 규칙적으로 움직이는 것은 아니다.
(b) 관성이 우주의 개체들로 하여금 태양 주변을 공전하게 만든다.
(c) 중력이 개체의 경로를 변화시키는 유일한 힘이다.
(d) 궤도는 실제로 타원형보다는 원형의 패턴을 갖는다.

어휘 physics 물리적 현상 observe 지키다, 준수하다 inertia 관성 intervention 개입 gravity 중력 influential 영향력 있는 stable 안정된 orbit 궤도 ellipse 타원 revolve 공전하다 oval 타원형의

Point ♣ 오답 분석

(b) 관성으로 인해 직선 운동을 한다고 했으므로, 사물의 관성 때문에 공전하게 되는 것은 불가능하다.
→ 내용이 불일치하는 오답 유형

(c) 중력은 개체의 진로를 변화시키는 힘이지만, 이 내용만으로 중력이 개체의 경로를 변화시키는 유일한 (only) 힘이라는 결론을 내릴 수는 없다. 다른 힘이 존재할 수도 있는 것이다.
→ 자의적 해석을 유도하는 오답 유형

(d) 지문의 마지막 문장에서 공전 궤도가 실제로는 약간 납작한 타원형이라고 했으므로 반대로 설명한 것이다.
→ 반대 내용으로 바꾼 오답 유형

전략 2 핵심 내용이 드러난 선택지가 정답이 될 수 있다.

People tend to think animal abuses are merely a short time problem of an individual. However, animal abuses reveal not just a slight psychological defect in the abuser; they are symptomatic of a severe mental illness in the person. Recent studies demonstrate that those who commit animal abuses tend not to desist there—a high portion of them tend to commit crimes against other people. A research of people with psychiatric disorder who had repeatedly tormented puppies and birds pointed that all of them had strong degree of aggression toward people as well. Another study found that all of sexual murderers surveyed had some experiences of animal abuses.

Q: What can be inferred from the passage?

(a) People with psychiatric disorders always commit animal abuse.
(b) Cruelty to animals is considered a serious matter by the public.
(c) Aggression towards animals makes people aggressive towards humanity.
(d) An inclination to abuse animals may be an indication of becoming murderers.

해석 사람들은 동물 학대가 단지 개인의 일시적인 문제라고 생각하는 경향이 있다. 그러나 동물 학대는 학대한 사람이 갖고 있는 약간의 심리적 문제만 드러내고 마는 것이 아니다. 동물 학대는 심각한 정신병의 징후인 것이다. 최근의 연구들은 동물 학대를 한 사람들이 거기에서 멈추지 않고, 그들 중 상당수가 다른 사람들에게 범죄를 저지르는 경향이 있음을 보여 준다. 강아지나 새들을 반복적으로 괴롭힌 정신 이상자들에 대한 연구는 그들 모두가 인간에게도 강한 공격성을 갖는다는 것을 나타냈다. 또 다른 연구는 조사된 성범죄 살인자들 모두에게 동물 학대의 경험이 있다는 것을 발견했다.

Q: 지문에서 추론할 수 있는 것은?
(a) 정신 질환이 있는 사람들은 항상 동물 학대를 저지른다.
(b) 동물 학대의 행위는 일반인들에게 심각한 문제로 여겨진다.
(c) 동물에 대한 공격성이 사람에 대한 공격성을 야기한다.
(d) 동물 학대의 경향은 살인자가 될 수 있다는 암시일 수 있다.

어휘 abuse 학대 individual 개인 reveal 드러내다 psychological 심리적인 defect 결함 symptomatic 징후를 나타내는 demonstrate 입증하다 commit 저지르다, 범하다 desist 그만하다, 단념하다 psychiatric 정신 의학의 torment 고통을 주다 aggression 공격성 inclination 경향, 성향

Point ♣ 오답 분석
(a) 정신 질환과 동물 학대 사이에 어느 정도의 상관관계가 있으나, 모든 정신 질환자가 동물 학대를 한다고 볼 수는 없다.
→ 자의적 해석을 유도하는 오답 유형. always, all, every 등 엄격한 표현에 의한 오답 유형
(b) 첫 문장에서 사람들은 동물 학대가 단지 개인의 일시적인 문제라고 생각하는 경향이 있다고 하므로, 일반인들이 동물 학대를 심각한 문제로 여기지 않는다는 것을 알 수 있다.
→ 내용이 불일치하는 오답 유형
(c) 동물에 대한 공격성과 사람에 대한 공격성의 상관관계를 설명하고 있지만, 인과 관계에 있는 것은 아니다.
→ 인과 관계의 혼동을 유발하는 오답 유형

♣ 추론 문제의 정답은 지문 전체의 요지와 밀접한 관련이 있다.

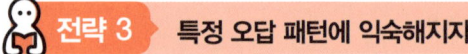

전략 3   특정 오답 패턴에 익숙해지자.

Korea's Ministry of Science and Technology is working out a new set of preventative measures as smartphone addiction among teens has rapidly increased. A recent research revealed that 12 percent of surveyed teens could be categorized under the "addiction risk" group for excessive use of smartphones. Their smartphone use is considered to negatively affect their everyday lives and eventually could bring about problems in the country's economy. Moreover, 26 percent of surveyed subjects were found to have withdrawal symptoms with regard to smartphone use. The number of teens suffering from withdrawal symptoms has doubled since the year before last, indicating that the issue has become more severe among teens.

Q: What can be inferred from the passage?

(a) The government surveyed on the degree of teens' smartphone addiction.
(b) The government is aware of the seriousness of teens' smartphone addiction.
(c) The severity of smartphone addiction has not been studied until recently.
(d) Everyday lives of 26 percent of those surveyed are negatively affected.

해석 한국의 과학기술부는 십 대들의 스마트폰 중독이 최근 더욱 빠르게 증가함에 따라, 새로운 예방책을 고안 중이다. 최근 한 연구에서 연구 대상이 된 십 대의 12퍼센트가 스마트폰의 과도한 사용으로 인한 '중독 위험군'으로 구분될 수 있음이 드러났다. 그들의 스마트폰 사용은 그들의 일상생활에 부정적으로 영향을 주는 것으로 여겨졌고, 결국에는 국가 경제에 문제를 야기할 수도 있다. 게다가, 조사 대상의 26퍼센트는 스마트폰 사용과 관련된 금단 현상을 겪는 것으로 나타났다. 금단 현상으로 고생하는 십 대들의 수는 재작년 이래로 두 배가 되었고, 이는 이 문제가 십 대들 사이에 더 심각해지고 있음을 드러내는 것이다.

Q: 지문에서 추론할 수 있는 것은?
(a) 정부가 십 대들의 스마트폰 중독의 정도에 대해 조사하였다.
(b) 정부는 십 대들의 스마트폰 중독의 심각성을 인지하고 있다.
(c) 스마트폰 중독의 심각성은 최근에서야 연구되었다.
(d) 조사 대상의 26퍼센트가 일상생활에 부정적인 영향을 받는다.

어휘 preventative measure 예방책   addiction 중독   categorize 범주로 나누다   excessive 과도한   bring about 야기하다   withdrawal symptom 금단 현상   indicate ~을 가리키다   severe 심각한

Point ♣ 오답 분석

(a) 첫 문장에서 정부 기관이 예방책을 고심하고 있다고 했지, 조사를 했다고 하지는 않았다.
→ 시제 혼동을 유도하는 오답 유형

(c) 마지막 문장에서 재작년과 올해를 비교하여 재작년에 연구된 바 있음을 시사하고 있으므로 최근까지 연구가 없었다고 볼 수 없다. → 내용이 불일치하는 오답 유형

(d) 일상생활의 부정적 영향을 받는 그룹은 중독 위험군(12퍼센트에 해당)에 대한 설명이다. 26퍼센트는 금단 현상이 있는 그룹으로, 일상생활에 부정적인 영향을 받는다는 설명은 이 그룹에 대한 내용이 아니다.
→ 수치와 개념 설명을 잘못 짝지은 오답 유형

PRACTICE TEST

1. The modern notion of bureaucracy formally begins with Max Weber; indeed, many of his concepts helped shape public administration as practiced in governments throughout the world today. Prior to Weber's idea of rational and efficient bureaucracy in government or business, bureaucracy was linked with monarchy and was seen as incompatible with representative democracy. While his formulation originally applied to both public and private organizations, today we mostly use the term only for public organizations.

Q: What can be inferred from the passage?

(a) The concept of bureaucracy did not exist before Weber invented it.
(b) Bureaucratic governance has spread widely since Weber's time.
(c) Weber's idea of bureaucracy was restricted to public organizations.
(d) The contemporary definition of bureaucracy was coined by Weber.

2. Having been commissioned in 1160 to replace an older church from the 300s, the cathedral of Notre Dame in Paris has seen partial destruction or the threat of it during the religious wars of the Huguenots, the rebellions of the French Revolution, and aerial bombings of World War II. Paris saw the completion of its cathedral nearly 200 years after its initiation. If this seems long, we only need to look at Gaudi's Sagrada Familia cathedral in Barcelona, still under construction today since 1882. Cathedrals are not architectural projects in the usual sense but rather ecclesiastical and community enterprises.

Q: What can be inferred from the passage?

(a) The Sagrada Familia is a second Notre Dame.
(b) France is still building ancient cathedrals.
(c) Building the Sagrada Familia will take a long time.
(d) Barcelona learned the lessons of Notre Dame.

3.
> Dan! You know, I wasn't sure when I first received your email. I thought, I only know a Dan Cohen. But I knew him a long, long time ago, when I was just a kid. It took a long time to figure it out, until I finally realized that, yes, indeed, this must be the same guy as from all those pictures from my past; the same guy who went to Sapalo Island; the same guy who dissected chicken legs in junior high. The same guy who hung out with Felix and had bottles of fermenting apples stored in his basement.

Q: What can be inferred from the email?

(a) The writer is replying to a childhood friend.
(b) The writer is answering a letter from an admirer.
(c) The writer recently met an old friend by accident.
(d) The writer's friend took a lot of photos.

4. We need to take a serious look at the traffic situation faced by residents of South Florida as well as the woeful lack of public transportation. A recent study ranked the Miami area fifth-worst nationally for urban traffic congestion. The Fort Lauderdale area was 15th and West Palm Beach-Boca Raton was 32nd. South Florida's population is now about 5 million. It is projected to grow by 50 percent, to 7.5 million, by 2030. Imagine three cars on the roads for every two today. Travel times are increasing by 17 percent a year. Delays have doubled since 1986. Five years from now, if current trends continue, a trip that used to take 30 minutes will take 56 minutes.

Q: What can be inferred about South Floridians?

(a) They should stop the influx of new residents to the area.
(b) They are some of the rudest drivers in the country.
(c) They should build more and larger parking lots.
(d) They desperately need a better public transit system.

Unit 07 | 1지문 2문항

1. 뉴텝스 신유형 문제

26번부터 35번까지 총 5개 지문에서 각 2문항씩, 총 10문항이 출제된다. 세부사항, 주제, 내용 일치, 그리고 내용 추론 문제들이 출제된다. 최소 15분 정도의 시간 확보가 필요하므로, 1~25번까지 최대한 빠른 시간 내에 문제를 풀고, 15분을 남기고 장문 지문에 접근하는 것이 중요하다. 고득점자의 경우 장문 독해에 익숙해지게 되면, 장문 독해를 15분 이내에 먼저 끝내고, 앞 부분 문제풀이를 하는 것도 좋다.

2. 문제 접근 방법

문장 단위의 세부 독해 능력과 더불어 단락, 지문 전체의 흐름을 이해하는 능력을 확인하는 파트로서 폭넓은 범위에 해당하는 글의 지문으로 문제가 출제되어 수험자가 까다롭게 느낄 수 있다. 평상시 신문/잡지, 학술지 등 다양한 분야의 글을 읽고 전문적인 지식과 관련 용어를 자연스럽게 익히면 큰 도움을 얻을 수 있다. 또한 긴 지문 속에서 정답을 찾아야 하므로, 속독 연습을 통해 빠르게 글의 내용을 인지하고 문제 및 선택지와 비교하는 훈련이 필요하다.

3. 문제 풀이 전략

먼저 지문이 어떤 유형에 해당하는 글인지 파악을 하고, 문제와 선택지의 내용을 파악하여 지문을 읽으면서 핵심적인 사항에 밑줄을 긋거나 따로 표시하여 중요 사항을 찾아낼 수 있도록 한다. 지문이 일반적으로 길어서 문제가 요구하는 것이 무엇인지 쉽게 놓칠 수 있으므로 지문 전체가 아닌 한 단락씩 끊어 읽으면서 문제의 내용을 상기하며 정답을 찾는 것도 하나의 좋은 전략이 될 수 있다.

지문유형

신문 기사 News Article	발생한 사건 사고를 다루는 신문 기사가 출제된다. 특정한 사건 및 사고의 발생 원인, 현황, 그리고 결과에 대해 파악하는 것이 중요하다.
독자 투고 Opinion	특정한 사설 및 신문 기사에 대해 평가하고 의견을 제시하는 독자 투고가 출제된다. 내용을 파악한 이후, 이에 대한 글쓴이의 입장을 파악해야 한다.
사설 Editorial	특정한 주제에 대하여 편집자가 쓰는 사설이 출제된다. 정부 정책, 사회적 이슈 등에 대한 내용이며, 편집자의 입장에서 비판적인 접근이 주로 제시된다.
채팅 메시지 Chat Messages	두 사람 사이의 채팅 메시지가 출제된다. 첫 번째 메시지에서는 메시지를 보내는 이유를 파악해야 하며, 두 번째 메시지에서는 그에 대한 답장으로 내용을 파악한다.
편지 / 이메일 Letter / Email	편지글에서는 주로 일정 확인, 불만 및 요구 사항의 내용을 다룬다. 발신인이 글을 쓴 목적과 이유를 정확히 파악해야 하며 수취인이 취해야 할 행동 등을 예측할 수 있어야 한다.
구인 광고 Wanted	특정한 분야에서 사람을 찾는 구인 광고이다. 직책, 자격 요건, 업무, 지원 절차 등에 대한 세부 사항을 파악해야 한다.
리뷰 (도서, 연극, 영화 등) Review	새로운 도서, 연극, 그리고 영화 등에 대한 리뷰가 출제된다. 각 작품의 특징에 대해 파악해야 하며, 사회적 영향력까지 파악해야 한다.
전문적인 주제	다양한 주제의 전문적인 내용을 다루는 지문이 출제된다. 제목과 함께 제시되며 세부적인 사항을 제시하므로 구체적인 내용을 파악하는 것이 중요하다.

유형 1 전문주제 – 문학

Questions 1-2

William Shakespeare: Authorship

For a long time, there has been a dispute about who actually wrote William Shakespeare's works. Though the dispute has attracted less public interest, some Shakespeare scholars and literary historians still consider the question a controversial one to solve. Shakespeare's authorship was first questioned in the middle of the 19th century, when the estimation of him as the greatest writer in the English literature had already become accepted around the world. His humble origins and obscure life were considered incompatible with his reputation as a genius.

The controversy has since spawned a range of authorship candidates, including Sir Francis Bacon, Edward de Vere, Christopher Marlowe, and William Stanley. The opponents of Shakespeare himself claim that the other writers' authorship is more plausible, since their education, aristocratic sensibility, and familiarity with the royal court are believed to have been beyond Shakespeare's comprehension. In fact, many Shakespeare plays and poems exhibit considerable breadth of learning and intimate knowledge of the Elizabethan and Jacobean court and politics. Moreover, no accurate documentary evidence exists to support Shakespeare's authorship.

Q1. What is the main idea of the passage?

(a) The authorship of Shakespeare's works has been disputed in the literary establishment.
(b) Shakespeare deliberately used pseudonyms to hide his real identity.
(c) Shakespeare's poems and dramas are incompatible with his long-standing reputation.
(d) Shakespeare's authorship has been evidenced by historical documents.

Q2. Which of the following is correct according to the passage?

(a) The dispute about Shakespeare's authorship has interested many readers.
(b) Whether Shakespeare is a great writer or not was questioned from the beginning.
(c) Several factors to be a great writer were deemed to be incompatible with those of Shakespeare.
(d) Shakespeare's works had nothing to do with political situations at that time.

해석 윌리엄 셰익스피어: 원작자론

오랫동안 윌리엄 셰익스피어의 작품들은 그의 작품들의 실제 작가가 누구인지에 관하여 논란이 되어 왔다. 비록 그 논쟁은 대중들의 관심을 끌지는 못했으나, 몇몇 셰익스피어 학자들과 문학 역사가들은 여전히 그 문제를 해결해야 할 논쟁거리로 여긴다. 셰익스피어의 원작자론은 19세기 중반에 처음으로 의문시되었으며, 그때 영국 문학에서 가장 위대한 작가로서의 셰익스피어에 대한 평가는 이미 전 세계적으로 받아들여졌다. 그의 미천한 출신과 잘 알려져 있지 않은 삶은 천재로서의 그의 명성과 일치하지 않은 것으로 여겨졌다.

그 논쟁은 프랜시스 베이컨 경, 에드워드 드 비어, 크리스토퍼 말로우, 그리고 윌리엄 스탠리를 포함하여 다양한 원작자 후보들을 낳았다. 셰익스피어의 반대론자들은 다른 작가들의 원작자론이 더 있을 법한 일이라고 주장하는데, 왜냐하면 그들의 교육, 귀족적 감수성, 그리고 궁정과의 친밀성 등이 셰익스피어의 이해를 넘어선 것이라고 믿어지고 있다. 실제로, 많은 셰익스피어의 희곡과 시는 상당히 광범위한 학습과 엘리자베스 및 자코뱅 왕가의 궁정과 정치에 대한 친밀한 지식을 보여준다. 또한, 셰익스피어의 원작자론을 뒷받침하는 어떠한 정확한 증거 문서도 존재하지 않는다.

Q1. 지문의 주제는 무엇인가?
(a) 셰익스피어의 작품들의 원작자론은 문학계에서 논쟁이 되어 왔다.
(b) 셰익스피어는 의도적으로 그의 실제 신분을 감추기 위해 필명을 이용했다.
(c) 셰익스피어의 시와 드라마들은 오랜 명성에 부합하지 않는다.
(d) 셰익스피어의 원작자론은 역사적 문서로 입증되어 왔다.

Q2. 지문에 따르면 옳은 것은?
(a) 셰익스피어의 원작자론에 대한 논쟁은 많은 독자들에게 흥미를 주었다.
(b) 셰익스피어가 위대한 작가인지 아닌지는 처음부터 의문시되었다.
(c) 위대한 작가가 되기 위한 몇 가지 요소들은 셰익스피어의 요소들과 부합하지 않는 것 같았다.
(d) 셰익스피어의 작품들은 그 당시의 정치적 상황과 전혀 관계가 없었다.

어휘 dispute 논쟁 attract 끌어당기다 controversial 쟁점이 되는 authorship 원작자 estimation 평가 humble 초라한 obscure 잘 알려져 있지 않은 incompatible with ~와 양립할 수 없는 spawn ~을 낳다 candidate 후보 plausible 타당한 것 같은 exhibit 보이다, 드러내다 breadth 폭넓음 intimate 정통한, 조예 깊은 pseudonym 필명

Point (1) 문학과 관련된 전문 주제 내용임을 파악한다.
- 전문주제 유형은 문학, 과학, 의학, 공학, 예술, 정치 분야 등 다양하게 출제된다.
- 최소한의 배경 지식을 통해 전문 주제 영역을 파악한다.

(2) 문학작품 내용인지, 작가에 대한 설명인지, 비평론인지를 파악한다.
- 문학작품 내용은 특정한 작품의 내용을 설명한다.
- 작가에 대한 설명은 작가에 대한 전기적 관점에서 접근하는 지문이다.
- 비평론은 작가 및 작품에 대한 평가와 사회적 영향력에 대한 설명이다.

♠ 정답 분석
Q1. 셰익스피어의 작품들의 원작자 논쟁에 대해 설명하는 지문이므로, 셰익스피어의 작품들의 원작자론이 문학계에서 논쟁이 되어 왔다는 것이 글의 주제라는 것을 알 수 있다. 따라서 정답은 (a)이다.

Q2. 셰익스피어의 작품들에 대한 원작자론이 논쟁이 된 이유는 작품들 속에 등장하는 내용이 셰익스피어의 삶의 궤적과 달랐기 때문이다. 특히 "their education, aristocratic sensibility, and familiarity with the royal court are believed to have been beyond Shakespeare's comprehension"이라는 구문을 통해 이 점을 지적하고 있으므로, 위대한 작가로서의 자격이 셰익스피어와 부합하지 않았다는 것을 알 수 있다. 따라서 정답은 (c)이다.

Questions 3-4

THE COURT DAILY

Data Breach Lawsuit

Stanley & Anthony has announced that on behalf of more than 3 million users they filed a class action against online credit rating platform Credit Rating Agency over a series of data breaches, including usernames, passwords, email addresses, and phone numbers. They said they will help obtain justice for those who have relied on Credit Rating Agency to protect their information.

Credit Rating Agency has more than 20 million account holders around the country, who refer to the company's credit rating reports. The problem is that for the past 5 years those users' personal information has been exposed without any notice — even, perhaps, without the company realizing it had been hacked. The pioneering credit rating agency, founded in 1978, encountered data breaches in 2014 and 2017, which were not reported until recently.

This breach case is estimated to put users at risk of a form of identity theft. IT experts anticipated that the company's data breaches could lead to another case of hacking, considering the scale of the data leak. Stanley & Anthony also filed a negligence lawsuit against Credit Rating Agency for both failing to protect user data and neglecting to inform users of the breaches.

Q3. Which of the following is correct about the class action according to the article?

(a) It was filed on behalf of Credit Rating Agency.
(b) It is expected to prevent personal information from being breached.
(c) It initially began at the request of more than 20 million account holders.
(d) It will hold Credit Rating Agency responsible for their negligence.

Q4. What can be inferred from the article?

(a) The company once seemed not to be aware of information leakage.
(b) Information breaches are relatively new in the IT industry.
(c) Clients usually offer limited information to Credit Rating Agency.
(d) The class action is expected to accelerate another incidence of information leak.

해석   데이터 누출 소송

스탠리 & 앤소니 로펌은 3백만 명 이상의 이용자들을 위하여, 온라인 신용 평가 플랫폼인 '신용 평가 기관'에 대하여 일련의 데이터 누출에 대한 집단 소송을 제기했다고 발표했다. 그것들은 이용자의 이름, 비밀번호, 이메일 주소, 그리고 전화번호를 포함하고 있다. 그들은 정보를 보호하기 위해 '신용 평가 기관'에 의존해 왔던 사람들에게 정의를 얻도록 도울 것이라고 말했다.

'신용 평가 기관'은 전국적으로 2천만 명 이상의 계정 소유자들을 보유하고 있으며, 그들은 그 회사의 신용 평가 보고서를 이용하는 사람들이다. 문제는 지난 5년 이상 동안 그 이용자들의 개인 정보가 아무런 공지 없이 노출되었다는 것이며, 심지어 아마도 회사도 해킹을 당했다는 것을 몰랐던 것 같다는 점이다. 1978년에 설립된 선도적인 신용 평가 기관은 2014년과 2017년에도 데이터 누출에 직면했으며, 그것은 최근까지 보고되지 않았다.

이 누출 사건은 이용자들을 일종의 신원 도용의 위험에 빠뜨릴 것으로 평가된다. IT 전문가들은 그 회사의 데이터 누출이 데이터 누출의 규모를 고려해 볼 때, 또 다른 해킹 사건을 유발할 수 있다고 예상했다. 스탠리 & 앤소니 로펌은 또한 이용자들의 데이터를 보호하지 못하고 이용자들에게 누출에 대해 공지하는 것을 소홀히 했다는 이유로 '신용 평가 기관'에 대해 업무 과실 소송을 제기했다.

Q3. 기사에 따르면 집단 소송에 대해 옳은 것은?
(a) 그것은 '신용 평가 기관'을 대리하여 제기된 것이었다.
(b) 그것은 개인정보가 누출되는 것을 막을 것으로 예상된다.
(c) 그것은 최초에 2천만 명 이상의 계정 보유자들의 요청으로 시작되었다.
(d) 그것은 '신용 평가 기관'에 대해 업무 소홀에 대한 책임을 물을 것이다.

Q4. 신문기사에 따르면 추론할 수 있는 것은 무엇인가?
(a) 그 회사는 한때 정보 누출에 대해 몰랐던 것 같다.
(b) 정보 누출은 IT 산업에서 비교적 새로운 사건이다.
(c) 고객들은 일반적으로 '신용 평가 기관'에 제한된 정보를 제공한다.
(d) 집단 소송은 정보 누출의 또 다른 발생을 가속화할 것으로 예상된다.

어휘   on behalf of ~을 대신하여   file a class action 집단 소송을 하다   data breach 데이터 누출   rely on ~을 의지하다   expose 노출하다   pioneering 개척[선구]적인   identity theft 신원 도용   anticipate 예상하다   negligence 태만, 과실   leakage 누출   accelerate 가속화하다

Point   (1) 신문기사와 관련된 내용은 특정한 사안에 대한 기사문이라는 것을 파악해야 한다.
- 2문단으로 제시되기도 하며, 2단형으로 4–5개의 문단으로 제시되기도 한다.
- 최근에 발생한 사건에 대해 설명하므로, 지문에서 제시한 특정한 사건에 대해 파악해야 한다.

(2) 사건의 원인, 현황, 결과 그리고 향후 전망에 대한 내용을 파악해야 한다.
- 신문기사에서 제시하는 사건이 무엇인지 파악한다.
- 사건의 원인, 현재 상황, 결과 그리고 향후 전망을 구체적으로 구분한다.

♣ 정답 분석

Q3. 신용 평가 기관에 대한 집단소송 제기에 대해 보도한 기사문이며, "failing to protect user data and neglecting informing users of the breaches"라는 구문을 통해, 집단 소송의 이유 중의 한 가지는 회사의 근무태만이라고 할 수 있으므로, 정답은 (d)이다.

Q4. 신용 평가 기관의 정보 누출에 대해 설명하는 과정에서, "even, perhaps, without the company realizing it had been hacked"라는 구문을 통해, 회사에서 정보 누출에 대해 인지하지 못하고 있었다는 것을 알 수 있다. 따라서 정답은 (a)이다.

Questions 1-2

Assistant Director of Training Wanted

International Language Education Group (ILEG) is an award-winning global language educator that delivers high-quality educational programs by responding to student needs. We have been offering a range of language programs to international students from more than 120 countries since 1995.

We are looking for an assistant director who can design programs and support teachers. He or she will be responsible for working with the director in order to provide quality student support services and facilitate optimal student performance.

Essential Qualifications and Attributes:

- BA degree (in Business or Education preferred)
- Training experience with international students
- Excellent communication and interpersonal skills
- Passion for language and culture education

Work Experience Required:

- At least three years of managerial experience

Contact Information:

- Please email your résumé, CV, and reference letter to recruitment@ILEG.com.
- The deadline is Thursday, April 28th.

Q1. What is the main purpose of the announcement?

(a) To promote a training program for assistant directors
(b) To notify people of required qualifications to hire a language teacher
(c) To employ a middle-level staff in the management
(d) To advertise an international language institute

Q2. What are the mandatory requirements for the application?

(a) Graduate degree in Business or Education
(b) Working experience with foreign students
(c) Excellent linguistic ability in several languages
(d) Teaching experience in languages and culture

Questions 3-4

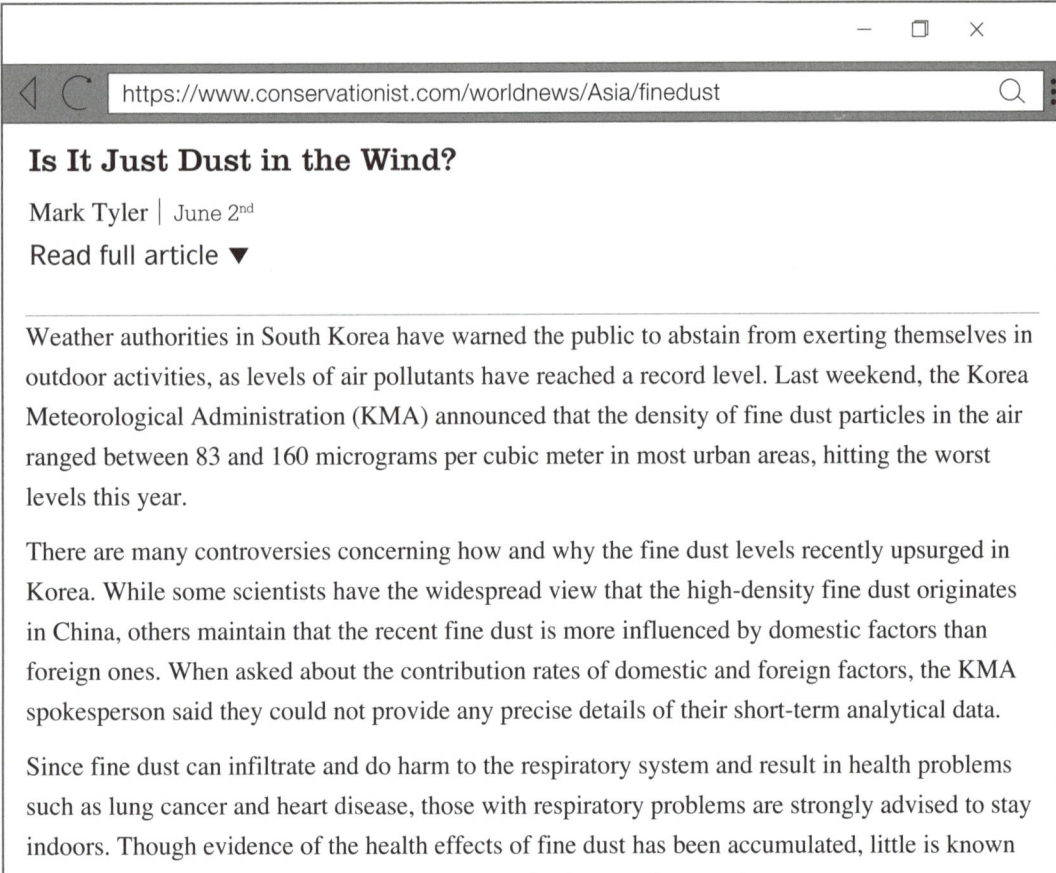

Is It Just Dust in the Wind?

Mark Tyler | June 2nd

Read full article ▼

Weather authorities in South Korea have warned the public to abstain from exerting themselves in outdoor activities, as levels of air pollutants have reached a record level. Last weekend, the Korea Meteorological Administration (KMA) announced that the density of fine dust particles in the air ranged between 83 and 160 micrograms per cubic meter in most urban areas, hitting the worst levels this year.

There are many controversies concerning how and why the fine dust levels recently upsurged in Korea. While some scientists have the widespread view that the high-density fine dust originates in China, others maintain that the recent fine dust is more influenced by domestic factors than foreign ones. When asked about the contribution rates of domestic and foreign factors, the KMA spokesperson said they could not provide any precise details of their short-term analytical data.

Since fine dust can infiltrate and do harm to the respiratory system and result in health problems such as lung cancer and heart disease, those with respiratory problems are strongly advised to stay indoors. Though evidence of the health effects of fine dust has been accumulated, little is known about specific dust-related problems through medical experts' research.

Q3. What issue has been raised as an environmental problem in Korea?

(a) Increase of lung cancer and heart disease
(b) Soaring fine dust levels for unknown reasons
(c) Unexpected meteorological fluctuations
(d) Air pollution caused by foreign countries

Q4. Which statement would the writer most likely agree with?

(a) There is a consensus about the actual cause of recent high fine dust levels.
(b) The government authorities have not taken any measures to solve the problem.
(c) The KMA has concealed much information about fine dust levels.
(d) For those vulnerable to dust, indoor activities seem safer than outdoor ones.

Questions 5-6

Difficulties in Probing Outer Space

Although scientists have attempted to search for a wide range of rocks and soils that hold clues to past water activity on Mars, the missions to explore Mars have failed several times because of the challenge and complexity. Experts call it the "Martian Curse." The first two probes were sent to Mars in 1988 by the USSR as part of the Phobos program only to fail due to deactivated attitude control thrusters and the malfunction of an on-board computer. Just a few years later, the Mars Observer was launched by NASA, but failed to approach Mars. Despite a series of partial successes of the Global Surveyor and Pathfinder, a spate of failures occurred for another few years.

Subsequently, a robotic space mission called Mars Exploration Rover Mission was designed by NASA in 2003 involving two Mars rovers, Spirit and Opportunity. NASA succeeded in launching and landing the two rovers so as to explore the Martian surface and geology. While the rover Spirit deactivated in 2010, the rover Opportunity remains active and has sent information about Mars to Earth. Powered by a bank of solar cells on their upper surface, they had advanced communication capabilities that enabled them to keep in touch with orbiting probes and Earth. They also carried an array of seven tools to explore the surface of Mars.

Q5. What is the main idea of the passage?

(a) Evidence of water activities newly discovered in Mars
(b) The failure and success of Martian explorations
(c) Reasons for why Martian explorations have failed several times
(d) NASA's two space rovers sending information about Mars

Q6. Which of the following is correct according to the passage?

(a) Scientists have accumulated enough information about Martian rocks and soils.
(b) The USSR was the first country to successfully send a spacecraft to Mars.
(c) NASA landed Spirit and Opportunity to investigate the atmosphere of Mars.
(d) The space probes to Mars were powered by solar cells equipped on their upper surface.

II

NEW TEPS
주제별 필수 어휘

A. 철학, 역사, 교육

B. 문학, 심리

C. 정치, 경제, 사회, 법률

D. 과학

E. 환경, 의학

F. 여행, 교통, 쇼핑

G. 회사, 사업

H. 학업, 학교

I. 일상생활

NEW TEPS 주제별 필수 어휘

A. 철학, 역사, 교육

- abdicate 퇴위하다
- abscond 종적을 감추다
- accede (왕위에) 오르다; 동의하다
- address 문제를 다루다
- adhere 고수하다
- aggravate 악화시키다
- aggress 공격하다
- antecedence 앞섬, 선행
- anticipate 예측하다
- articulate 명확하게 말하다
- ascend the throne 왕위에 오르다
- ascertain 알아내다, 확인하다
- auspicious 상서로운, 길조의
- axiom 원리
- base 기반을 두다, 기초하다
- calculated 계산된, 계획적인
- capitulate 굴복하다
- cease 중지하다
- cessation 중단
- confrontation 대립
- congregate 모이다
- connive 묵인하다
- constraint 제약
- convert 바꾸다
- cover (~ 부분을) 다루다
- damage 타격
- dated 구식의
- debunk (어떤 생각이) 틀렸음을 드러내다
- debut 소개하다
- decimate (전염병 등으로) 많은 사람을 죽게 하다
- demise 종말, 망함
- demographic 인구 통계학의
- dethrone 퇴위시키다
- dialect 방언
- diatribe 비판
- discretion (자유) 재량
- down the drain 수포로 돌아간
- dubbed 별명이 붙은
- dwell on ~을 깊이 생각하다
- eject 쫓아내다, 분출하다
- eminent 저명한
- equate A with B A와 B를 동일시하다
- equivalent to ~에 상당하는
- expulsion 축출, 추방
- extend 늘리다, 연장하다
- extension 연장, 내선
- exterminate 몰살시키다
- extraneous 외부의
- fallacy 틀린 생각, 오류
- fathom 이해하다
- firm 확실한
- foist 떠넘기다
- forefront 중심, 선두
- foresight 선견지명, 예지력
- fundamental 근본적인
- furtive 은밀한
- futile 헛된
- gauge (특성을) 간파하다, 판단하다, 측정하다
- grab 잡다
- hail 일컫다, 부르다
- highlight 강조하다
- highly regarded 높이 평가받는
- improve 더 좋게 하다
- incessant 끊임없는
- incisive 예리한
- incite 선동하다
- inculcate 되풀이하여 가르치다

- incur 발생하다
- indelible 잊을 수 없는
- induce 유발하다
- initiate 개시하다
- innate 타고난
- instill 서서히 가르쳐 주다
- intrusion 침공
- intuitive 직관적인
- irreparably 돌이킬 수 없을 만큼
- irretrievable 돌이킬 수 없는, 회복할 수 없는
- irreversible 뒤집을 수 없는, 취소할 수 없는
- jargon 어려운 전문 용어
- mandate 지시하다, 권한을 주다
- margin 차이
- mediocre 평범한, 비범하지 않은
- misconstrue 오해하다
- morale 사기
- motley 잡다하게 (마구) 섞인
- nomadic 유목민의
- nonsensical 터무니없는
- nostalgic 향수를 불러일으키는
- observe 관찰하다; 준수하다
- obsolete 쓸모없는
- occult 불가사의한, 초자연적인
- occur to ~에게 (생각이) 떠오르다
- opportune 시의 적절한
- oust 몰아내다, 축출하다
- outlook 인생관
- pass over ~을 무시하다
- permit 허락하다
- persecuted 박해[탄압]받는
- pinnacle 정점
- plunder 강탈하다
- pragmatic 실용적인

- precipitate 촉발시키다
- precursor 선구자
- prematurely 너무 이르게
- prick 찌르다
- primitive 원시의, 원초적인
- pugnacious 호전적인
- quantify 수치화하다
- refer 참조하다
- relevant 관련된
- render 어떤 상태가 되게 만들다
- replica 복제품
- rove 방랑하다, 헤매다
- ruthless 무자비한
- set a precedent 전례를 세우다
- shabby 낡은, 초라한
- span 지속되다
- spark 일으키다
- statement 진술
- stay the course 끝까지 버티다
- stipend (특히 성직자의) 급료
- substantiate (allegations) (혐의를) 입증하다
- succeed (왕위를) 계승하다
- swagger 으스대며 걷다
- tangible 명백한
- trace 거슬러 올라가다
- transitory 일시적인
- translate 옮기다, 번역하다
- tyranny 전제정치; 횡포
- vacillate (의견, 생각 등이) 흔들리다
- validate 정당성을 입증하다
- vanish 사라지다
- vast 거대한, 막대한
- versed 조예가 깊은
- wage (전쟁 등을) 벌이다, 계속하다

NEW TEPS 주제별 필수 어휘

B. 문학, 심리

- aloof 떨어진; 무관심한, 냉담한
- abridged 요약된
- acclaim 찬사
- adamant 단호한
- admirable 경탄할 만한
- adverse 부정적인
- affected (태도 등이) 가장된, 꾸민
- affinity 좋아하는 마음
- akin to ~와 흡사한
- ambiguous 애매한
- ambivalence 양면 가치, 모순
- ambivalent 반대 감정이 병존하는
- animosity 반감, 적대감
- annoyance 짜증스러운 것
- anonymous 익명의
- aplomb 침착함
- appease 달래다, 누그러뜨리다
- applaud 갈채를 보내다, 박수를 보내다
- appreciate 감사하다
- appropriate 적절한
- arbitrary 제멋대로인, 독단적인
- ardent 열렬한
- audacity 대담함
- auspices 원조, 보호; 길조
- aversion 혐오감
- avid 열렬한
- baffled 당황한
- banal 진부한
- be carried away 열중하다, 넋을 잃다
- be fed up with ~에 진저리가 나다
- boil down to 요약하면 ~이다
- bold 용감한, 대담한
- bowl over 강한 인상[충격]을 주다
- brash 건방진, 경솔한
- candor 솔직함
- canny 영리한
- castigate 혹평하다
- cathartic 카타르시스의
- chagrin 유감, 분함
- chastise 꾸짖다
- cloak 가면, 은폐하는 수단
- cohesion 응집력
- complaisant 남의 말을 잘 듣는
- composure 평정(심)
- compunction 죄책감
- concern 우려
- concession 양보, 인정
- concise 간결한
- conscientious 양심적인
- consistently 일관되게
- conspicuous 뚜렷한, 눈에 띄는
- content 만족하는
- contrite 깊이 뉘우치는
- credulous 속기 쉬운
- crucial 필수적인, 중요한
- cryptic 수수께끼 같은
- curt 퉁명스러운
- daze 눈부시게 함, 멍한 상태
- deceive 속이다
- decry 매도하다
- denouncing 비난하는
- depict 묘사하다
- deprecate 비난하다
- derogatory 경멸적인
- despondent 낙담한, 의기소침한
- devastated 절망한
- devoted 헌신적인
- devout 독실한
- diffident 조심스러운
- discourage 낙담시키다
- disheartened 낙담한, 실망한

- disparage 헐뜯다
- disparate 이질적인, 전혀 다른
- dispirited 사기가 저하된
- dissemble (진짜 감정을) 숨기다, 가식적으로 꾸미다
- docile 유순한
- droll 우스꽝스러운
- dupe 속이다
- ecstatic 황홀해하는
- elated 마냥 행복해하는
- engrossed 몰두한
- enigmatic 수수께끼 같은
- enthralled 매혹된
- entice 유도하다, 꾀다
- envision (마음속으로) 그리다, 상상하다
- ephemeral 단명하는, 덧없는
- epicurean 향락의
- epitomize 전형이다
- evanescent 쉽게 사라지는, 무상한
- exaggerate 과장하다
- exasperate 몹시 화나게 하다
- exhilarated 고무된, 기쁜
- extol 크게 칭찬하다, 격찬하다
- facetious 익살맞은
- fade (색깔이) 흐릿해지다
- favorable perception 호의적 인식
- favored 총애 받는
- featuring 특징으로 하여
- flatter 실물보다 낫게 하다; 아첨하다
- fragmented 단편화된
- frustrating 좌절시키는
- genial 상냥한
- gloomy 우울한
- gratitude 감사
- grimace 찌푸린 표정
- grudge against ~에 대한 원한
- gullible 잘 속아 넘어가는

- hardship 역경, 고난
- haughty 거만한
- haven 피난처, 안식처
- hold back one's tears 눈물을 참다
- hunch 예감, 느낌
- hypocritical 위선적인, 위선의
- impatient 안달하는
- impressed 깊은 인상을 받은
- improvise 즉흥연주하다
- inclined 기운, 경사진
- indifferent 무관심한
- indignant 분개하는
- infatuated 혹한, 열중하는
- ingenious 독창적인
- inkling 낌새
- insatiable 만족할 줄 모르는
- insinuate 넌지시 비추다, 암시하다
- insolent 무례한
- intimidating 겁을 주는
- irascible 화를 잘 내는
- irritable 화가 난
- isolated 고립된
- jocular 익살스러운
- lionize 스타 대접을 하다
- loathe 몹시 혐오하다
- lure 매력, 유혹(적 요소)
- lurk 도사리다, 숨어 있다
- marvel 경탄하다
- master 숙달하다
- maudlin 감상적인, 넋두리하는
- mawkish (지나치게) 감상적인
- meek 온순한
- monotonous 단조로운
- monumental 엄청난
- moody 기분 변화가 심한
- moot 논란의 여지가 있는

NEW TEPS 주제별 필수 어휘

- morbid 병적인
- mournful 슬픈
- nimble 날렵한
- oblivious 의식하지 못하는
- occur 발생하다
- omen 징조
- ominous 불길한
- optimistic 낙관적인
- ornery 성질 더러운
- out of sorts 언짢은
- ovation 박수
- over the moon 너무나 황홀한
- overwhelmed 압도되는
- pacify (화난 사람을) 달래다
- patron (예술의) 후원자
- peeved 짜증이 난
- pejorative 경멸적인
- perceive 감지하다, 인지하다
- pernicious (거짓말 등이) 악의에 찬, 치명적인
- perplexed 당혹한
- plagiarize 표절하다
- plausible 그럴듯한
- pleased 기쁜
- poise 침착함
- posthumously 사후에
- pounce (공격하려고) 덮치다
- predilection 매우 좋아함
- preference 선호
- prevarication 얼버무림, 발뺌
- prolific 다작의
- prominent 유명한
- put somebody on the hard situation
  ~을 난처하게 하다
- questionable 미심쩍은
- quiescent 조용한, 잠잠한
- rapt 완전히 몰입한
- raving 극찬하는
- recall 기억해 내다
- reek 악취를 내다
- refrain 후렴구
- regret 후회하다
- reminiscent 연상시키는
- renowned 유명한
- repulsive 혐오스러운, 역겨운
- resonate 반향을 일으키다
- reticent 과묵한, 자신에 대해 잘 얘기 안 하는
- riveting 흥미로운
- rousing (환호 등이) 열렬한
- sappy 감상적인
- satiate 만족시키다
- skeptical 회의적인
- skewing 왜곡하는
- smug 의기양양한, 우쭐해하는
- snap (화난 목소리로) 딱딱거리다
- snub 무시하다
- spurious 거짓된
- steadfast 변함없는
- stigma 오명
- stigmatized 낙인찍힌
- sully 더럽히다, 가치를 훼손하다
- superficial 피상적인, 천박한, 가벼운
- superfluous 불필요한
- sway 마음을 흔들다
- tacit 암묵적인, 무언의
- taint (평판을) 더럽히다
- tangential 관련이 없는
- tawdry 번쩍거리는, 저속한
- temper 완화하다, 부드럽게 하다; 기질, 화
- tenuous 막연한; 미약한, 보잘 것 없는
- tepid 뜨뜻미지근한
- thrill 황홀하게 하다, 열광시키다
- trait (성격상의) 특성

- trembling 떨리는
- trepidation 두려움
- unabashed 부끄러운 줄 모르는, 뻔뻔한
- unconventional 색다른, 독특한
- unscrupulous 비양심적인
- upstanding 강직한, 정직한
- vapidity 생기 없음
- vent (속의 이야기 등을) 터뜨리다, 분출하다
- vernacular 방언, 토착어
- vexed 짜증나는, 속이 타는
- vigilant 방심하지 않는
- villain role 악역
- virtuoso 거장
- volatile disposition 변덕스러운 기질
- volition 의지
- zealot 광신도, 열성 당원
- zealous (종교나 믿음에) 지나치게 열심인

C. 정치, 경제, 사회, 법률

- aberrant 정도를 벗어난, 일탈적인
- abolish 폐지하다
- absorb 받아들이다
- accolade 포상
- acquiesce 묵인하다
- adopt 채택하다
- aftermath 여파
- agitated 불안해하는, 동요된
- allay (걱정을) 누그러뜨리다
- alleviate (고통·가난 등을) 덜다, 완화하다
- alternative 대안
- animosity 반감
- argue 주장하다
- assimilate 동화하다
- assist 돕다
- associated 연관된
- attest 증명하다

- austerity 긴축; 엄격
- authorized 공인된, 인정받은
- backlash 격렬한 반발
- ballot 투표용지
- bank on ~에 의존하다
- bar 못하게 하다, 막다
- bog down 교착 상태에 빠지다
- bolster 지지하다
- breach 침입, 침해
- burn one's bridge 배수진을 치다
- cache 은닉하다, 몰래 숨겨놓다
- churning 휘젓기
- clout 영향력
- coincide 부합하다
- commission 임명하다, 임관시키다
- commit 범하다, 저지르다
- common practice 일반적인 습관
- compliance 준수
- compromise 합의하다
- confidential 기밀의
- confiscate 압수[몰수]하다
- conform to ~에 순응하다
- conscripted 징집된
- consensus (의견의) 일치
- constitute 구성하다, 설립하다
- construct 조립하다
- contention 주장, 논쟁
- contingent 부수하는
- contribution 기부
- conviction 유죄 선고
- coordinate well 조화를 잘 이루다, 통합되다
- corrupt 부패한, 타락한
- counterfeit 위조품
- curtail 축소시키다
- custody 구류
- cut down on ~을 줄이다

NEW TEPS 주제별 필수 어휘

- **dearth** 부족, 결핍
- **decision** 결정
- **defamation** 명예 훼손
- **defy** 도전하다
- **delegate** 위임하다
- **demean** 품위를 떨어뜨리다
- **deposit** 예치금, 보증금
- **devolve into chaos** 혼란에 빠지다
- **dire** 심각한, 비참한
- **discriminatory** 차별적인
- **disparity** 불균형, 격차
- **dispatch** 보내다
- **divulge** 누설하다
- **do away with** 제거하다
- **document** 문서화하다
- **dominate** 우위를 차지하다
- **domineering** 지배하는, 군림하려 드는
- **dwindle** 감소하다, 줄어들다
- **eliminate** 제거하다
- **emancipate** 해방시키다
- **emblematic** 상징적인
- **embrace** (종교 따위를) 받아들이다, 수용하다
- **enlist** 입대하다
- **entail** 수반하다
- **entree** 진입, 입장 (허가)
- **eradicate** 근절하다
- **erect** 건립하다, 세우다
- **estimate** 추정하다
- **evade** 교묘히 피하다
- **evict** 쫓아내다
- **exempt** 면제시키다
- **exonerated** 무죄가 입증된
- **exposed** 노출된
- **facet** 양상
- **fake** 가짜의, 모조의
- **famished** 배고파 죽을 지경인
- **feat** 위업
- **fetch** 불러오다, 데려오다
- **feud** (오랫동안의) 불화, 반목
- **fiscal** 재정상의
- **flout** 업신여기다
- **fluctuate** 오르내리다
- **for a paltry sum** 적은 금액으로
- **force one's hand** 강제로 ~하게 만들다
- **forestall** 미연에 방지하다
- **forfeit** 박탈당하다
- **forgery** 모조, 위조품
- **formally** 공식적으로
- **frontrunner** 선두 주자
- **frugal** 검소한, 절약하는
- **govern the issues** 문제를 관리[규제]하다
- **hamper** 방해하다
- **havoc** 큰 혼란
- **hazardous** 위험한
- **heated** 열띤
- **hinder** 방해하다
- **illiteracy** 문맹
- **imminent** 임박한
- **impartial** 공정한
- **impeach** 탄핵하다
- **implication** (행동·결정이 초래할 수 있는) 영향, 파장
- **imposition** 시행, 부과, 짐, 부담
- **impound** 입수하다
- **impunity** 처벌받지 않음
- **in a predicament** 곤경에 처한
- **independent** 독립적인
- **indigenous** 토착의
- **indispensable** 없어서는 안 되는, 필수의
- **infamous** 악명 높은
- **inhibit** 억제하다
- **inundated** 침수된
- **levy** (세금 따위를) 부과하다

- libel 명예 훼손
- majority 성년; 대다수
- make tough sacrifices on ~에 큰 희생을 하다
- mandate 권한을 주다
- mandatory 의무적인
- martyr 순교자
- meddle in affairs 일에 간섭하다
- meliorate (성과를) 개선하다
- milieu (사회적) 환경
- misapprehend 오해하다
- mitigate 완화시키다
- mollify 달래다, 진정시키다
- morals 품행, 도덕률
- mount 점점 늘어나다, 생기다
- nepotism 친족 등용, 족벌주의
- nullified 무효화된
- obedient 순종적인
- object to ~에 반대하다
- obligated 의무가 있는
- obligatory 의무 사항의
- obliged 의무적으로 ~하도록 되어 있는
- obviate (문제·필요성을) 제거하다
- odious 끔찍한, 혐오스러운
- orchestrate 세심히 조직하다
- ordinance 법령, 조례
- outcome 결과
- outlaw 불법화하다
- overshot 더 멀리 가다
- oversight 간과
- parameters 규정
- penalty 위약금
- pending 보류 중인
- perjury 위증
- petition 탄원서
- pitch 내던지다
- placate protesters 시위자들(의 화)을 달래다
- precaution 예방책
- principal responsibility 주요한 의무
- privileged 특권을 가진
- proclaim 선언하다
- prohibit 금지하다
- pronounced 확연히 드러나는
- proponent 지지자
- prospect 전망
- protest 반대하다
- put ~ on a pedestal ~을 완벽한 인물처럼 받들다
- rally 시세를 회복하다, 다시 모으다
- rampant 만연한
- rank (~위에) 오르다; 악취가 나는
- rapport 관계
- rebel 반항하다
- recede 물러나다
- recrimination 비난, 맞대응
- recuperate 만회하다, 회복하다
- reform 개혁하다
- refugee 피난민
- refute 논박[반박]하다
- relinquish (권리 등을) 포기하다
- remnant 잔재
- repeal 무효로 하다
- repeal the law 법을 폐지하다
- report 보고하다, 신고하다
- repudiate (공식적으로) 부인하다
- responsibility 책임
- revamp 개조[개정]하다
- rift (사람들 간의) 균열
- ripple 잔물결, 파문
- rumored 소문이 난
- rural 시골의
- sabotage (고의적) 방해 행위
- segregate 분리[차별]하다
- seize 압수[몰수]하다

- separate 별도의
- shirk 회피하다
- shun 피하다
- sit on the fence 사태를 관망하다
- slump 불황
- soar 치솟다
- standing 순위
- stipulate 규정하다
- subsume 포함[포괄]하다
- succumb 굴복하다
- suffrage 투표권
- surge 급등하다
- surplus 흑자
- suspected 혐의가 있는
- taboo 금기
- take one's pick on ~을 선택하다
- take out (불만 등을) 표출하다
- tardy 느린, 더딘
- testify 증언하다
- throng 인파
- thwart 저지하다
- transgress (도덕적·법적 한계를) 넘어서다
- treaty 조약
- trespass 무단 침입하다
- under way 진행 중인
- unequivocal 명백한, 분명한
- unfettered 규제받지 않는, 해방된
- upheaval 격변
- verdict 평결
- verify 확증하다, 증명하다
- vindicate 변호하다, 결백을 입증하다
- violate (법 따위를) 어기다, 위반하다
- vulnerability 취약성
- vulnerable 취약한
- wane 하락하다
- witness 목격하다

D. 과학

- activate 작동시키다
- breed 번식하다[시키다], 양육하다
- brittle 잘 부러지는
- caustic 부식성의
- condensation 응결, 응축, 물방울
- condition 조건
- contract 수축하다
- contradict 모순되다
- contrast 대조되다
- crevice 균열
- crush 뭉개다
- decay 부패
- dent 푹 들어감
- deplete 소모[고갈]시키다
- dilute 묽게 하다
- dismantle 분해하다
- distinguish 구별하다
- dye 염색하다
- erode 침식하다
- erudite 박식한
- eruption 화산 폭발
- escalating 증가하는
- evaporation 증발
- exfoliate 박피하다, 벗겨 내다
- exude 풍기다
- feasible 실현 가능한, 있음직한
- float 물에 뜨다
- flock 모여들다
- gadget 장치
- generate 발생시키다
- gigantic 거대한
- glare 환한 빛
- glean 모으다
- go off 발사[폭발]하다
- hereditary 유전적인

- hydrated 수분을 유지한
- hypothesis 가설
- ignorant 무지한
- impending eruption 임박한 폭발
- intelligence 지능
- intelligible 이해할 수 있는
- iridescent 보는 각도에 따라 색깔이 변하는, 무지갯빛의
- last 지속되다, 버티다
- migrate (철새 등이) 이동하다
- minute 미세한
- mock up 실제의 모형을 만들다
- modicum 약간
- modified 변한
- mutation 돌연변이, 변화
- observatory 전망대
- offspring (동물의) 새끼, 자식, 후손
- permeate 스며들다
- pesticide 살충제
- potent 강한, 독한
- propose 제안하다
- purify 정화하다, 정수하다
- recharge 재충전하다
- remainder 나머지
- reveal 드러내다, 밝히다
- retrieve (정보를) 검색하다
- rust 녹슬다
- scarce 부족한, 드문
- shed 깃털 갈이 하다, 탈피하다
- shrewd 예리한
- shrink 줄어들다
- soak 젖다
- solid 견고한
- spate 빈발함
- specialty 전문
- spoil 상하다
- sustain (생명을) 유지하다
- synchronize 일치시키다
- synthetic 인조의
- tarnish 변색되다
- toxic 유독성의
- undermine 해치다, 약화시키다
- unforeseen 예측하지 못한
- unfurl (꽃 따위가) 펼쳐지다, 피다
- vicious 사나운
- water 물을 주다

E. 환경, 의학

- abstain 피하다
- abundant 풍부한
- alleviating 완화하는
- ample 충분한
- organ transplant 장기 이식
- appetite 식욕
- arid 건조한
- break out 발진이 나다, 종기가 생기다
- breakthrough 돌파구
- breathe 호흡하다
- bumpy 울퉁불퉁한
- come down with ~병에 걸리다
- condiment 조미료, 양념
- confine to a wheelchair 휠체어 신세를 지다
- conservation (환경) 보존
- contamination 감염
- convalescent 요양의, 회복 중인
- crane 목을 길게 빼다
- craving (음식에 대한) 열망
- cure 치료하다
- decoration 장식
- deficiency 결핍
- degenerative 퇴행성의
- dementia 치매
- desolation 황량함

NEW TEPS 주제별 필수 어휘

- determine 결정하다
- diminish 감소하다
- diminutive 아주 작은
- dull 무디게 만들다
- dwindle 줄어들다
- efficacy 효능
- embryonic 태아의
- engulf 완전히 에워싸다, 휩싸다
- enhance 높이다
- eschew 피하다, 삼가다
- euthanasia 안락사
- evacuate 대피하다
- expansive 광활한, 포괄적인
- fall on (날짜가) ~이다
- fatal 치명적인
- fatigue 피로
- feel weary 피곤을 느끼다
- fend off 막아내다
- fertile 비옥한
- fester 곪아터지다, 심해지다
- forensic 법의학의
- forlorn 쓸쓸해 보이는, 황량한
- fraternal 이란성의
- frost 서리
- gait 걸음걸이
- grow out of 나이 들어 ~을 못하게 되다
- immaculate 티 하나 없이 깨끗한, 흠잡을 데 없는, 완벽한
- immunity 면역
- inhale 들이마시다
- inimical 해로운
- injure 다치게 하다
- intake 섭취
- lapse in memory 기억력 쇠퇴
- latent 잠재하는, 잠복해 있는
- lethargic 무기력한
- lethargy 무기력
- like a log 기절하여
- limp 다리를 절다
- linger 오래 머물다
- marooned 고립된
- pandemic 유행병
- pass out 기절하다
- pester 조르다, 성가시게 하다
- precocious 조숙한
- quarantine 검역소
- quiver 떨다, 후들거리다
- ravaged 황폐해진
- regimen 식이요법
- reinforce 강화하다
- reinstate 회복하다, 복귀시키다
- renew the skin 피부를 재생하다
- repel 쫓아버리다
- screen 검사하다, 확인하다
- secluded 한적한, 은둔의
- sedate 진정시키다, 진정제를 주다
- serenity 맑음, 청명
- shield 보호하다
- smart 욱신거리다
- soggy 질척한
- soil 더럽히다
- sore 아픈
- source 원천
- spacious 넓은
- squalid 지저분한
- stabilize 안정시키다
- stamina 체력
- state 상태
- stingy 쏘는, 날카로운
- strain 무리하게 쓰다
- strict (다이어트가) 엄격한
- subside 가라앉다, 진정되다
- survive 견뎌내다

- swollen 부어오른
- tender 만지면 아픈
- terrain 지형
- trapped 갇힌
- under the weather 몸이 안 좋은
- undergo (변화 등을) 겪다; (수술을) 받다
- unheeded 무시된
- upset 속이 좋지 않은
- urge (먹고 싶은) 욕구
- ward 병동
- wean off 끊게 하다

F. 여행, 교통, 쇼핑
- adjustment (스케줄의) 조정
- allure 매혹, 유혹
- alteration (옷의) 수선
- amenities 편의 시설
- arrive 도착하다
- bald 반들반들해진, 마모된
- bland 맛이 밍밍한
- blow out 촛불 따위가 꺼지다
- boarding 탑승
- book 예약하다
- bustling 북적거리는
- catch 버스 등을 잡아타다
- chance 기회; 가능성
- chic 멋진, 세련된
- chubby 통통한
- circuitous route 빙 돌아가는 길
- claim the baggage 짐을 찾다
- climb the stairs 계단을 오르다
- compartment 객실, 칸
- congested 혼잡한
- cozy (분위기가) 아늑한
- crease 주름
- crew 승무원
- defer 연기하다
- defray 지불하다
- delay 지연시키다
- deluge 폭우
- depart 출발하다
- departure 출발
- detour 우회하다
- direct (항공편) 직항의
- dodge 재빨리 피하다
- dodge the traffic 재빨리 차들을 피하다
- don (옷을) 입다
- dough 반죽
- exceed 용량 제한을 넘다
- excursion 여행
- exorbitant 엄청난
- face 보다, 마주하다
- fare 차비
- flexible 시간이 가능한
- flight 비행편
- ford the river (걸어서) 강을 건너다
- garish 반짝거리는
- garnish 고명을 얹다, 장식하다
- get off (차에서) 내리다
- gratuity 팁
- gridlock (도로 상의 교통) 정체
- hit the road 출발하다
- in distress 조난당한
- in the nick of the time 아슬아슬하게
- inclement (날씨가) 궂은
- indulge 마음껏 즐기다
- jolt 갑자기 흔들리다
- lavish 풍성한, 호화로운
- lining 안감
- maintain (속도를) 유지하다
- navigation 항해
- nippy 살을 에는 듯한, 차가운

NEW TEPS 주제별 필수 어휘

- occupied 주인이 있는, 비어 있지 않은
- packed (일정이) 빡빡한
- pick the day 날짜를 정하다
- postpone 연기하다
- rate 가격
- reach 연락이 닿다
- redirect (교통 흐름을) 다른 곳으로 유도하다
- register 등록부, 예약부
- roundabout 길을 둘러가는
- salvage 구조하다, 구해내다
- seared (검게) 탄
- seat 자리를 만들다
- settle fees 요금을 내다
- shake a leg 서두르다
- sinuous 구불구불한
- slot (일정 상 들어갈 수 있는) 시간, 틈
- sojourn 체류
- spend lavishly (돈을) 물 쓰듯 쓰다
- splurge 돈을 펑펑 쓰다
- stitching 꿰매기
- stranded 오도 가도 못 하게 된
- suitcase 가방
- sumptuous 호화스러운
- swerve 방향을 바꾸다
- switch (예약 시간을) 바꾸다
- table 미루다
- taken 예약이 된
- terminate 종점에 닿다
- tier (케이크의) 층
- tow 견인하다
- transient 한 곳에 오래 머무르지 않는
- traverse 가로지르다, 횡단하다
- turbulence 흔들림
- veer 방향을 틀다
- zesty 강한 풍미를 가진; 자극을 주는

G. 회사, 사업

- accommodate 적절[적합]하다
- accompany 동반하다
- accrue 축적하다
- adroitness 수완
- advance (월급을) 선불로 주다, 가불해 주다
- agenda 의제
- aim 목표로 하다
- amass 축적하다
- announce (계획을) 발표하다
- apply 지원하다
- appointment 예약, 약속
- arduous 몹시 힘든, 고된
- array 집합체, 모음, 무리
- assemble 조립하다
- attire 복장
- augment 늘리다, 증가하다
- available 시간이 되는
- be overloaded with ~ 일이 너무 많다
- beef up 강화하다
- berate 질책하다
- brand 제품 종류
- break even 본전치기를 하다
- break one's back 등골이 부러질 정도로 열심히 일하다
- broach (힘든 이야기를) 꺼내다
- bulk 대량
- burden 짐, 부담
- calling 천직
- carry 팔다, 취급하다
- circulate 돌리다, 배부하다
- collaborative 공동의
- colleague (직장) 동료
- combine 합병
- come into a lot of money 돈벼락을 맞다
- commodity 원자재, 상품
- company outing 회사 야유회

- compensation 보상, 배상
- competitive 경쟁력 있는
- complete 끝마치다
- complimentary 무료의
- consolidate 통합하다
- consumer 소비자
- credential 자격, 적격
- cut one's teeth 경험을 쌓다
- cut out for ~에 적합하다
- demote 강등시키다
- discount 할인
- diversify 다양화하다
- eligible 자격을 갖춘
- embezzle 횡령하다
- employ 고용하다
- encounter 마주치다
- endorse 지지하다, 보증하다
- engaged 약속이 잡혀 있는
- ensure 보장하다
- exception 예외
- exclude 제외하다
- expedite 신속히 처리하다
- expeditious 신속한
- experience 경력, 경험
- expiration 유통 기한
- expire 만기가 되다
- exploit 착취하다
- fall through ~를 실패하다, 그르치다
- fill in for ~를 대신해 주다
- finalize 확정짓다
- flyer 광고 전단지
- forte 강점
- found 설립하다
- funding 예산, 기금
- good deal 싸게 잘 산 것
- guarantee 보증하다
- haggle 흥정하다
- head 향하다
- hold on (좋은 제안을) 기다리다
- impediment 장애물
- in over one's head 감당할 수 없는
- incentive 장려책
- innovative 혁신적인
- insolvent 파산한
- inspection 점검
- instruction 설명서
- joint 공동의
- laden 잔뜩 실은
- layoff (정리) 해고
- legitimate reason 타당한 이유
- liquidate 없애다, 정리하다
- manufacture 제조하다
- means 수입
- measure 측정하다
- merge 합치다
- monetary 금전의
- multilateral 다각적인, 다변의
- negligent 업무상 태만한, 부주의한
- niche 틈새
- notice 공지
- on the house 무료의
- on the up and up 신뢰할 수 있는, 공정한
- overhaul the machine 기계를 정비하다
- pare down expenses 경비를 줄이다[삭감하다]
- pass the buck 책임을 전가하다
- pass up 거절하다, 포기하다
- patronizing 윗사람인 체하는
- perk (급료 이외의) 특전, 혜택
- pile 쌓여있는 것, 더미 (= stack)
- place 가격을 제시하다
- proceed 진행하다
- process 처리하다

NEW TEPS 주제별 필수 어휘

- profitable 이익이 되는
- publicize 알리다, 광고하다
- pull the plug 지원을 끊다
- pursue (~ 방향으로) 직장 경력을 쌓다
- put in for (정식으로) ~을 요청하다
- qualified 자격이 되는
- reasonable price (비싸지 않은) 합리적 가격
- refund 환불
- refurbish 재단장하다
- regular guest 단골 고객
- reject 거절하다
- remuneration 보수, 보상
- reprehensive 비난하는, 견책하는
- resign 사직하다
- restitution 배상
- restock (떨어진 물건을) 다시 채우다
- revenue 수익
- rival 경쟁 상대
- run 운영하다
- run up (부채 등이) 쌓이도록 두다
- scout 영입해 오다
- scrimp 아끼다
- ship 배송하다
- shoddy 조잡한, 부당한; 모조품
- shortage 부족
- shortfall 부족분
- shoulder 책임을 짊어지다
- sort it out 해결[처리]하다
- steer 움직이다, 조종하다
- stock 사서 비축하다
- store 저장하다
- story 층
- stow 집어넣다
- substandard (부품 등에 대해) 수준 이하의, 조악한
- substitute 대신하다
- tailor 맞추다

- talk shop 사석에서 일 이야기를 하다
- talk the talk 말만 번지르르하게 하다
- tamper 간섭하다, 함부로 변경하다
- task (일을) 맡기다, 할당하다
- testimonial (품질에 대한) 추천의 글
- thorough 빈틈없는
- thrifty 검소한
- tight budget 빠듯한 예산
- tout 홍보하다
- trade 바꾸다, 교환하다
- transaction 거래
- turnout 참석자 수
- unanimously 만장일치로
- upkeep (건물 등의) 유지
- usurious (이자가) 고리의
- viable 실행 가능한
- withhold the details 자세한 정보를 주지 않다
- wrap up 마무리 짓다

H. 학업, 학교

- achieve 획득[성취]하다
- acquaint 익히다
- advise 권고하다
- allocate 할당하다
- attain 얻다
- attend 참석하다
- bend over backward 애쓰다
- bestow A on B B에게 A를 수여하다, 부여하다
- bite the bullet 이를 악물고 하다
- caliber 재량, 재간
- carry over 다음까지 ~을 가져가다, 미루다
- catch on 이해하다
- cheat 부정행위를 하다
- check out 대출하다
- chew out ~을 호되게 꾸짖다
- come up with ~을 생각해 내다

- commend 칭찬하다
- concentrate 집중하다
- count (점수로) 인정되다
- decipher 판독하다
- deliver address 연설하다
- delve 파고들다
- demanding 힘든
- distract 집중 안 되게 하다
- drained 진이 다 빠진
- dwell on 곱씹다
- evaluate 평가하다
- exemplary 모범적인
- follow through 끝까지 완수하다
- forewarn 주의를 주다
- get away with ~에 대해 발각되지 않고 넘어가다
- go the extra mile 한층 더 노력하다
- impeccable 흠 잡을 데 없는
- imperative 의무, 책무
- infallible 오류가 없는
- inquire 질문
- intractable 아주 다루기 힘든
- jog one's memory ~의 기억을 되살아나게 하다
- keep it down 조용히 하다
- keep up on ~을 계속 진행하다
- legible (글자를) 알아볼 수 있는
- lessen 줄이다
- lesson 교훈
- look up 찾아보다
- lucid 명쾌한
- matriculate 대학생이 되다
- miss 못 보다, 못 듣다
- mull over 곰곰이 생각하다
- novice 초보자
- nuisance 골칫거리
- omit 빼먹다
- optional 선택 과목의
- outdo 능가하다
- pay off 보상받다, 빛을 발하다
- pedagogue 교사
- post 게시하다
- proficient 능숙한
- pull through 헤쳐 나가다
- pull off (어려운 일을) 해내다
- receptive 잘 받아들이는
- recognize 알아듣다, 알아보다
- recondite 난해한
- record 기록적인
- retain 유지하다
- retentive 잘 잊지 않는
- rough 힘든
- row (~번째) 줄
- rowdy 소동을 벌이는
- rudimentary 기본적인
- rummage through ~을 샅샅이 뒤지다
- run through 연기[연습]하다, 대충 훑어보다
- skim 훑어보다
- step 단계
- submit 제출하다
- talk A out of B 설득해서 A가 B하지 못하게 하다
- thrust 요점, 요지
- tied 동점인
- tome (두꺼운) 책
- train 교육하다
- transfer 편입하다
- transform 변화하다, 변형시키다
- tutor 개인지도 교사
- victorious 승리의
- vie 경쟁하다
- view 바라보다
- vital 필수적인

NEW TEPS 주제별 필수 어휘

I. 일상생활

- adolescence 사춘기
- afford 여유가 되다
- alert 잠을 깨우다
- allow 허락하다
- answer the call 전화를 받다
- arrange 약속을 잡다
- blunder 실수
- boast 자랑하다
- boil (차를) 끓이다
- brag 자랑하다
- breadth 폭, 너비
- break the ice 서먹한 분위기를 깨다
- call off 취소하다
- caper 미친 짓, 못된 장난
- chalk up to ~ 탓으로 돌리다
- coddle 애지중지하다, 지나치게 봐주다
- come to a close 끝내다
- commitment 약속
- condolence 조의, 애도
- condone 용납하다
- confer 상의하다
- confide 믿다
- confuse 다른 사람으로 혼동하다
- contain 담고 있다
- convenient 시간이 괜찮은
- copious 방대한
- correspond 서신을 주고받다
- counsel 상담하다
- curfew 통금
- decline 사양하다
- dedication 헌신
- distinct 다른, 별개의
- drain 배수
- droop 아래로 처지다
- drowsy 졸린
- eke out (이것저것 하면서) 겨우 먹고 살다
- embedded 박힌, 끼워진
- exhibit 나타내다
- expected (~하기로) 되어 있는
- finicky 지나치게 까다로운
- flimsy 잘 찢어지는
- floor 층
- florid 화려한, 장식이 많은
- fortuitous 행운의, 우연의
- forward 너무 스스럼없는
- frugal 검소한
- fundamental 근본적인, 본질의
- furnished 가구가 비치된
- garner 얻다, 모으다
- gentrify 고급으로 바꾸다
- gesture 행위
- get along 잘 지내다
- get along famously 아주 사이가 좋다
- get back at ~에게 복수하다
- get it off one's chest 털어놓다
- glimpse 힐끗 봄
- gnaw 갉아 먹다, 깨물다
- go smoothly 잘 되다
- grant 주다
- grasp 이해하다
- hail from ~ 출신이다
- handy 잘 고치는, 손재주가 있는
- hang over (걱정 등이) 뇌리를 떠나지 않다
- hassle 귀찮은 일
- have a ball 신나게 즐기다[쓰다]
- heirloom (집안의) 가보
- hesitate 주저하다
- hint 넌지시 알리다
- hold one's horses 기다리다
- importune 너무 성가시게 조르다
- inadvertently 부주의하게

- incapable 못하는
- inevitable 필수불가결한
- intense (경기가) 치열한
- intercept (중간에서) 가로막다
- interrupt 방해하다
- leak 새다
- leisure time 여가
- let down 실망시키다
- liaison 연락, 연락 담당자
- liking 취향
- limber up for ~을 대비해 몸을 풀다
- lot 주차장
- lounge 부질없이 시간을 보내다
- mean 의미하다
- mortgage 주택 담보대출
- mundane 재미없는, 일상적인
- on the same page 의견이 같은
- on the spot 즉석에서
- on the tip of one's tongue 혀에서 맴돌다
- pamper 소중히 가꾸다
- pedigree 족보
- plump 통통한
- prank 장난, 농담
- pull a few strings 연줄을 이용하다
- punctual 시간을 잘 지키는
- purchase 구입하다
- put someone up ~을 재워 주다
- put it out 불을 끄다
- put up with 참다
- quaff 벌컥벌컥 마시다
- rake 갈퀴로 모으다, 모아서 치우다
- relation 가족 관계
- renovate 수리하다
- rise and shine 정신 차리고 일어나다
- room in one's budget (돈의) 여유
- sag 축 늘어져 있다

- secure 안전하게 지키다
- serve (손님에게) 내놓다
- set to ~할 준비가 된
- sibling 형제자매
- single 미혼인
- skip (식사를) 거르다
- slip one's mind 잊어버리다
- spare 시간을 내다
- spotless 티끌 하나 없는
- spry 정정하신, 생기 있는
- spur 활성화하다
- stomach 먹을[넘길] 수 있다
- stop 정거장
- give oneself airs 오만부리다
- straightforward 수월한, 간단한
- stroll 산책
- stuffy 답답한
- subscribe to ~을 구독하다
- sufficient 충분한
- take a rain check on ~에 대해 다음을 기약하다
- take after ~을 닮다
- tatter 너덜너덜해진 조각
- terrible 못하는, 아주 서투른
- thoughtful 시려 깊은
- through thick and thin 한결같이, 변함없이, 어떤 고난이 있어도
- trivial 사소한
- truncate 잘라서 길이를 줄이다
- turn up 나타나다
- turn out ~가 되다
- ubiquity 만연
- utensil 기구
- vacate 비우다, 떠나다
- ventilate 환기하다
- void 빈 공간
- wedlock 결혼 생활, 혼인

III

NEW TEPS
실전 모의고사

ACTUAL TEST 1
ACTUAL TEST 2
ACTUAL TEST 3
ACTUAL TEST 4
ACTUAL TEST 5

ACTUAL TEST 1

Reading Comprehension

TEPS

DIRECTIONS

This section tests your ability to comprehend reading passages. You will have 40 minutes to complete 35 questions. Be sure to follow the directions given by the proctor.

Part I Questions 1–10

Read the passage and choose the option that best completes the passage.

1. _____ shows that their ancestor, the mammoth, was not alive during the time of the dinosaurs, as many people thought. Even more surprising, the mammoth originated from a tiny, mouse-sized mammal that lived 65 million years ago. It wasn't until 5 million years after the extinction of dinosaurs that the first primitive elephant appeared on the planet. That creature was a small, pig-like mammal that looked more like a hippopotamus than what we know as a modern elephant.

   (a) New information about dinosaurs
   (b) The study of an mammoth DNA
   (c) The evolutionary history of elephants
   (d) Evidence of several unknown species

2. Years ago, intense public awareness campaigns and widespread vaccinations eliminated a common and crippling disease in the West. Or so it was thought. But four new cases emerged in Minnesota this year, in a small community where residents' religious beliefs isolate them from modern medical practices. Disease experts can't identify where or how the virus resurfaced, and its reappearance demonstrates that _____.

   (a) destroying polio for good may be harder than anyone thought
   (b) vaccinations are largely ineffective at combating the disease
   (c) medical professionals know little about polio's effect on the body
   (d) the spread of information about polio was too limited

3. Many know Jim Henson for his stunning innovation in the world of puppetry. But in a new biography by Brian Jay Jones, Henson fans will see that his best known creations—*The Muppets* and the hit children's education show, *Sesame Street*—grew out of Henson's savvy understanding of the growing TV industry. Henson never compromised in his creative vision but he understood how to make huge profits. But, in this book, his personal life is described in little detail. The result is a biography that _____.

(a) offers insight for those trying to succeed in entertainment
(b) illuminates half of Henson's life but ignores the rest
(c) paints a complete portrait of the artist's work and relationships
(d) provides a critical view of a beloved American icon

4.
Dear Ann,

Why does everyone expect friends and family to spend so much money on gifts during the holidays? For my career, I chose a job helping others rather than making a lot of money. Yet everyone in my family spends hundreds of dollars on gifts we hardly need or use. _____ that my family won't take my low salary into account with our holiday traditions. What should I do?

Sincerely,
Alexander

(a) It is not surprising
(b) I find it very inconsiderate
(c) I don't care about the fact
(d) I am totally unaware

5. Young brains are certainly faster and better with memory, but a new finding shows older brains are _____. Most memory research ignores the fact that a 70-year-old brain has stored more knowledge, memory, and experience than a 30-year-old mind. Therefore, the delay in recall is partly due to the vast amount of data that must be sorted through. Of course, brains do shrink with time and certain diseases have a serious negative effect on memory. Nevertheless, older, healthy brains may be better off than previously thought.

   (a) diminished by aging and mental ailments
   (b) still highly effective and resourceful
   (c) repositories for a lifetime of learning
   (d) younger than scientists believe

6. Our well-cushioned and form-fitting shoes can put an end to your lower back pains! Breathable mesh inserts and a kinetic wedge heel made from extra-soft foam material offer you _____. Additionally, this scientifically proven footwear protects the body and works the deeper muscles at the same time. You can now work out safely and comfortably without worrying about injuring yourself in the process. Try them now and receive a complimentary training guide and workout CD for you and your family to enjoy!

   (a) maximum shock absorption and the best support
   (b) a rigid platform and tight canvass top
   (c) the next generation of style and functionality
   (d) complete water protection for humid regions

7. Viruses can infect plants only by breaking through their individual cell walls. These cell walls are much tougher than those of animal cells. As a result, viruses use movement proteins to modify the small pores, or openings, in the plant cell walls. These movement proteins form a small tube between the walls that allows passage of the virus. Scientists are looking for ways to disable movement proteins. This would allow them to _____.

    (a) stall infection by undermining a virus's progress
    (b) strengthen human resistance to deadly infections
    (c) better understand why certain plants are struggling
    (d) extract the viruses through their own tubes

8. In Harper Lee's novel, *To Kill a Mockingbird*, the children, Jem and Scout, develop from _____ toward a more mature moral perspective. In the beginning of the novel, the children see their mysterious neighbor Boo as a terrifying and taboo subject; something often discussed quietly in passing, but rarely seen. As the book progresses, however, they begin to understand Boo's true character and the decency he exudes, despite his living under terrible circumstances.

    (a) pre-teen, mischievous vandals
    (b) young children with innate goodness
    (c) joyous symbols of freedom
    (d) a state of complete innocence and naivety

9. The job of animal keeper in a zoo once required no advanced education. The primary responsibilities of the keeper were to feed the animals and keep their cages clean. Working with wild animals was not considered a particularly desirable activity. Recently, however, more and more zoos have begun to hire college graduates to fill the role of keeper. In contrast to earlier times, the job of animal keeper has expanded to include more challenging activities, such as presenting educational programs to the public and studying the natural habitats. _____, unlike years ago, zoos are flooded with applications from college graduates interested in working with animals.

    (a) Still
    (b) That being said
    (c) Furthermore
    (d) By contrast

10. Shortly after English settlers arrived in North Carolina in 1587, the colony's governor returned to England to collect supplies. But a war in Europe stalled his return, and the governor couldn't sail home until three years later. By the time he arrived, all of the colonists, including his family, had mysteriously disappeared, leaving no sign of their whereabouts or reason for leaving. Hundreds of historians have tried to find the answer. _____, they recovered no evidence of what had happened to the lost colony.

    (a) Also
    (b) Otherwise
    (c) In the end
    (d) Accordingly

Part II Questions 11–12
Read the passage and identify the option that does NOT belong.

11. With the annoying and itchy bites of mosquitoes and their ability to spread serious disease, it's hard to imagine anything good about them. (a) There are a number of ways to protect yourself from mosquito bites and diminish their chances of being in your surroundings. (b) Mosquitoes lay their eggs in water, where they incubate and turn into larvae that become nourishing food for fish and other aquatic animals. (c) Adult mosquitoes are equally nutritious for birds, bats, and spiders. (d) So, even though we despise these creatures, it's important to recognize the role they play in the larger food chain.

12. Cubism is an art form that emerged in the early 20th Century and breaks apart and reassembles objects to depict them from multiple viewpoints. (a) Pablo Picasso is perhaps the most famous Cubist painter, but the style influenced modern literature as well. (b) Gertrude Stein and William Faulkner both authored novels that used fragmented storytelling and multiple points of view to present a cohesive story. (c) Cubism also influenced architects, who designed structures that utilized simple geometric shapes and combined them in interesting ways. (d) Poets used the same technique of disassociation and recombination to create written works that reflected our disorganized way of finding meaning.

Part III **Questions 13−25**

Read the passage, question, and options. Then, based on the given information, choose the option that best answers each question.

13. Johann Sebastian Bach is said to have only warmed up to the harpsichord later in his life. In the Baroque era, this keyboard instrument and predecessor to the piano was still in its infancy and continually developing. The new concerto form of the era meant that independent melodies on a main instrument played off of a larger background orchestra. This being the case, the sounds of the main instruments needed to be loud enough to be heard. It wasn't true of the earliest harpsichords, but later and more powerful ones were incorporated into his concertos.

    Q: What is the passage mainly about?

    (a) The requirements for composing a Baroque concerto
    (b) How Bach popularized the use of the harpsichord
    (c) The earliest harpsichords and their uses
    (d) Musical innovations of the Baroque era

14. Urban streams are small waterways which bear the effects of urbanization. Sometimes they are done away with altogether in the name of development. The water of an urban waterway may be dammed upstream, so it may reduce or eliminate the once natural flow. The introduction of sewer drains or industrial runoff may bring contaminants. Just the increase in flow from storm drains by itself can erode the banks. Restoration efforts seek to balance the needs of nature with the needs of cities. These can include leaving the natural conditions in place as much as possible.

    Q: What is the main point of the passage?

    (a) Urban streams are sometimes eliminated by cities.
    (b) Cities can modify the streams that run through them.
    (c) Cleaning up urban streams is urgent.
    (d) Cities often convert streams into canals.

15. An estimated 60% of students in California are currently learning English as a second language. The majority of these speak Spanish as their first language, with Asian languages being a quickly rising proportion. Studies indicate that immersion is not as effective as the bilingual approach for beginners. When elementary students whose primary language is not English are placed in an all-English environment, progress is actually slowed due to incomprehension. When they are first taught in their first language at the early grade levels with exposure to English part of the time, they tend to learn the second language more successfully.

Q: What is the main topic of the passage?

(a) Second language instruction and learning in California
(b) Support for gradual instruction in a second language
(c) The most effective way to spread English as a first language
(d) Policy changes due to changing demographics in a US state

16. People have skied on flat land in Norway since before historical times as a means of traveling over the snow in winter. Even into early modern times, it was a common practice for ordinary Norwegians when hunting deer or simply getting around. Cross-country skiing became a competitive event in the Olympics in 1924. The classic style uses the poles for movement on flat terrain and side stepping to go uphill. A more vigorous style of skate skiing, resembling how ice skaters move, became popular in the 1980s. Now there are separate competitions for these two different techniques.

Q: What is the main idea of the passage?

(a) Skiing cross country in compctition
(b) Cross-country skiing versus skating
(c) Why skiing became an Olympic event
(d) The ancient origins of two skiing styles

17. The decades-long war on drugs in American society has contributed to its enormously high prison rates. Of the US prison population of more than 2 million inmates, by far the largest in the world, a substantial proportion are jailed for drug offenses. This is propelled by obligatory prison sentences for drug possession at the federal level. These include 5 to 10 years for a first offense and 25 years for a third. Harsher sentences for smoking crack cocaine, prevalent among minorities, in contrast to using powder cocaine invite accusations of racism in drug enforcement policy.

Q: What is correct about the war on drugs according to the passage?

(a) Repeat offenders constitute the largest portion of prison inmates.
(b) Cocaine in all its forms is the main target of drug enforcement.
(c) It mandates relatively severe punishments for drug possession.
(d) Success in curbing illegal drugs largely stems from imprisonment.

18. For several years up until the formal dissolution of the Soviet Union in 1991, the people of the Baltic states of Estonia, Latvia, and Lithuania formed human chains, at times up to two million people, in a peaceful bid for independence from Soviet rule. The so-called Baltic Chain came after nearly fifty years of Soviet occupation starting from 1940. People held hands and sang national songs as well as religious hymns, leading the non-violent protests to be dubbed the Singing Revolution. These were only a part of the tumultuous events in the Eastern Bloc countries that eventually led to the fall of the Warsaw Pact.

Q: Which of the following is correct according to the passage?

(a) Some independence movements of Baltic States were peacefully carried on.
(b) This event single-handedly led to the fall of Soviet communism.
(c) Singing was banned under the Soviet Union occupation.
(d) The Soviets cracked down on the Singing Revolution.

19.

Dear Staff,

The new schedule is going to take effect July 1.

- All employees who are working in the main assembly plant are to start at 7:30 A.M. instead of 8:00.
- The first shift is set to end at 3:30 P.M. Employees in the sales, training, and administration departments are going to follow the old shift schedule from 8:00 A.M. to 4:00 P.M.
- Carla Nielson is in charge of supervising the schedule.

If you have any questions about your time or assignments, you should call Ms. Neilson at ext. 421.

Andrew Jensen
Vice President

Q: Which of the following is correct according to the notice?

(a) In the new schedule, all the employees start at 7:30.
(b) In the old schedule, the first shift ends at 4:00.
(c) People have to contact Andrew Jensen about the new schedule.
(d) In the new schedule, employees work 30 minutes less than before.

20.

Warning!

Be wary of requests for personal information, especially online. You might have received fake warnings claiming that if you do not update your records, your accounts may be closed. When you get this kind of message, always call the 800 number found on your bank statement, credit card, or phone bill to check if this is a valid request. It can be a trap from a mysterious hacker who intends to use your name and other information for illegal use. Please keep in mind that banks and Internet providers never ask for Social Security numbers, passwords, or ATM PIN numbers.

Q: Which of the following is correct according to the passage?

(a) The 800 numbers are toll-free for checking those messages.
(b) Some accounts can be closed if their data are not updated on request.
(c) Banks often ask for personal records for confirmation.
(d) Requesting personal information online could be for identity theft.

21.

Business News

Known as one of the oldest family farms in the country, the Tuttle farm of New Hampshire recently made news with their decision to sell the family business. Recent economic downturn conditions have made the 378-year-old enterprise no longer feasible for the family. And the latest generation has scant interest in weathering through the tough times.

And so it goes for many a family farm in the last decades, their numbers dwindling to a third from an estimated six million after the war. The march of development, commercial and residential, and the rise of agri-business may be cited as some of the realities that face the small farmer. But the last family members to work the fields will not move far.

Q: Which of the following is correct about the family farms according to the passage?

(a) There are no plans for continued use of the land for farming.
(b) Approximately two million family farms still exist in America.
(c) The Tuttle family will continue to farm the land as tenants.
(d) American Independence in 1776 pre-dated this farm.

22. The ancient Maya thought of each division of time as a burden carried by divine bearers throughout eternity. These burdens were the different numbers of a particular date, and were born on the backs of bearers with a *mecapal*, which was supported on their foreheads. As an example, December 31st, 1997, had four bearers: the god of number 31 carries December 31, the god of number one the thousands, the god of number nine the centuries as well as the heavy burden of the decades, and the god of number seven the individual years.

Q: Which of the following is correct according to the passage?

(a) The ancient Maya believed that all four gods carry each division of time.
(b) According to the Maya, eight different gods carry the burden of time.
(c) In the ancient Maya, time bearers carry the burden of time on the forehead.
(d) In the example, the god of number nine carries both centuries and decades.

23. Children are to be seen as a precious gift to every family and parents have the responsibility to nurture them as they grow up in the world. This includes spending enough time so that children know that they are loved and treasured. As they are as yet young and sensitive, a gentle approach and mild tone are always encouraged when dealing with children. A wise parent does not necessarily approve of the bad things their children do, and does monitor their child's attitudes at all times with constant communication.

Q: What can be inferred from the passage?

(a) Sensitive children should be allowed to do anything.
(b) Parents should know how their children generally feel.
(c) Offering advice is better than persistently watching children.
(d) Improper behavior should be dealt with swiftly and strictly.

24.

THE BRANTFORD TIMES

International > Economy

The New York Supreme Court ruled out any further restructuring of bond repayments from Argentina. This triggered renewed fears of yet another default later in the year if the Latin American country cannot pay the $1.2 billion it owes by August 30. Creditors currently holding 89 percent of Argentina's bonds had previously agreed to a debt swap in 2005 and 2010. Stock markets in Buenos Aries worsened on the news, though impact on global markets was minimal due to the country's economic isolation after its 2001 default on $100 billion.

Q: What can be inferred from the passage?

(a) The reaction to the news in world financial circles was mixed.
(b) International investors have a long-term view about Argentina.
(c) Another debt swap like in previous years is a likely scenario.
(d) Argentina had been attempting to delay its bond payments.

25. During the Great Depression, people had few resources to pay for recreational endeavors. For these people, Charles Darrow developed a board game called Monopoly, which allowed players to engage in fantasies about dealing properties like Rockefellers and Vanderbilts. Darrow made an attempt to sell his game to Parker Brothers, but they rejected it. Not willing to give up, Darrow manufactured Monopoly sets on his own, which sold like hotcakes in a local department store. With success on his hands, Darrow went back to Parker Brothers, who had to eat their words and admit his game was a hit.

Q: What can be inferred about Monopoly from the passage?

(a) It was the first game a family could play together.
(b) It actually helped some players become rich.
(c) It was one of the most popular games people enjoyed playing.
(d) Darrow could develop the game with some help from others.

Part IV Questions 26—35

Read the passage, questions, and options. Then, based on the given information, choose the option that best answers each question.

Questions 26-27

www.floristryschool.ac.us/main/notice

A FLORISTRY SCHOOL IN THE HEART OF OREGON

How about learning the art and business of floristry at the Oregon Flower School? Even if you're a complete beginner, we'll help you find your own style and become a professional florist. Our flower school is located at the center of Oregon.

Career Course

Our career course is a four-week intensive course that covers all aspects of becoming a florist.
- 1st Week: Begin with fundamental mechanics necessary to create flower arrangements.
- 2nd & 3rd Weeks: Concentrate on a variety of events such as weddings.
- 4th Week: Achieve enough skill to create large installations, such as a flower chandelier.

Additional Benefits

In addition to the regular course, we'll offer advice on how to run a floristry business, how to use social media, and how to photograph arrangements.

Course Details
- Monday to Friday, 9 a.m. – 3 p.m., with a one-hour break for lunch
- You'll be certified after successful completion of the course.

Fees
- Full payment: $5,000
- All necessary materials are included.

26. Q: What is the passage mainly about?

   (a) An innovative program to foster the knowledge of gardening
   (b) An annual conference concerning flower arrangements
   (c) An educational program to make professionals in an industry
   (d) How to start a business by getting a certificate

27. Q: Which of the following is correct according to the announcement?

   (a) The school offers registrants the same classes each week.
   (b) Students can get knowledge on how to apply social media.
   (c) The class lasts for 6 hours every day from Monday to Friday.
   (d) Registrants should spend extra money to purchase materials.

Questions 28-29

Dear conference attendees:

We appreciate your attendance at the annual conference concerning the Alternative Policy for Sustainable Agriculture held by the National Association of Agriculture (NAA). We hope that all of you found the conference informative and worthwhile. The primary goal of our conference is to develop possible strategies on how to ensure the sustainability of food, healthcare, investment, education and outreach. We hope you have obtained in-depth insight into practical tools, and on-going development efforts offered by our diverse group of speakers and panelists.

In order to make next year's annual conference even more informative and successful, we ask you to fill out the enclosed post-event questionnaire. By garnering feedback, we can learn about the needs and expectations of our members and create future strategies. We thank you in advance for your considerate comments and suggestions. We assure you that each of the answers will be taken into consideration so that future conferences and events will be even more of a success.

Edward Brown
Chairperson of the National Association of Agriculture

28. Q: What is the main purpose of the annual conference?

    (a) To petition for governmental funds to hold successful events
    (b) To plan more events that are informative and entertaining
    (c) To ask speakers and panelists to prepare for national events
    (d) To inform participants of insights on agricultural development

29. Q: Which of the following is correct according to the letter?

    (a) The conference has taken place nationally every other year.
    (b) Some participants found the conference impractical and futile.
    (c) The questionnaire was not distributed to attendees in advance.
    (d) The suggestions will be used to determine next year's topics.

Questions 30-31

Battle of Midway Island

About six months after the surprise attack on Pearl Harbor in 1941, the United States defeated the Japanese navy in a battle at Midway Island. As an important turning point in the Pacific War, the U.S. Navy used advanced code-breaking techniques, inflicting permanent damage on the Japanese Navy. The engagement between U.S. and Japanese navies resulted from Japan's desire to destroy American aircraft carriers and assume control of the Pacific Ocean. Japanese Admiral Yamamoto Isoroku made sophisticated plans to crush the American fleet.

Critical to the consequence of the battle were the intelligence operations that began several weeks before the military clash. An American intelligence agency picked up various signals and orders Yamamoto had dispatched to tell his forces about the operation. Several messages that were intercepted indicated some forthcoming military operation and an attack by the Japanese Navy. Based on the deciphered messages, the American Navy devastated Japanese-trained mechanics and aircraft ground crews who sank down with their ships.

30. Q: Which of the following is correct about the Battle of Midway Island?

(a) It broke out right after the sudden attack on Pearl Harbor.
(b) It didn't affect the Japanese military power afterwards.
(c) It resulted from Japan's failure in sending confidential orders.
(d) It resulted in the development of decoding secret messages.

31. Q: What can be inferred from the passage?

(a) The Japanese Navy didn't have advanced code-breaking skills.
(b) Confidential military information can influence the outcome of a battle.
(c) Admiral Yamamoto Isoroku underrated the American fleet.
(d) Intercepting military information could prevent inevitable battles.

Questions 32-33

Deforestation has caused the loss of about 18 million acres of forest for other uses around the world each year. Many causes of deforestation include using half of the trees illegally as fuel, making more land available for housing, harvesting timber for commercial use, creating ingredients for highly prized consumer items such as the oil from palm trees, and creating room for cattle ranching. In particular, slash-and-burn agriculture entails cutting down a patch of trees, burning them and growing crops on the land. Once the soil becomes less nourishing, farmers move on to a new patch of forest and begin the process again.

Deforestation has become a serious concern since forests have complex ecosystems that have an influence on almost every species on the planet. Around 70% of the world's plants and animals live in forests, and some of them are losing their habitats due to deforestation, which can lead to the extinction of species. Deforestation can cause the change of water cycles since trees usually absorb rainfall and produce water vapor that is released into the atmosphere. Furthermore, without trees, the soil in forests is free to wash away, which will lead to flooding and landslide issues. All in all, the above-mentioned adverse elements will cause poor health and life quality in organisms in each forest.

32. Q: What is mainly talked about in the passage?

(a) The illegal and extensive use of forests by a number of countries
(b) The deteriorating impact of deforestation around the world
(c) The abnormal development of agriculture through deforestation
(d) The rapid changes of ecosystems found in forests in many places

33. Q: Which of the following is correct about deforestation?

(a) Its purpose is not limited to getting fuel and commercial items.
(b) It has contributed to the development of agriculture.
(c) It destroys the habitats of approximately 70% of the world's species.
(d) It makes the deforested soil fertile enough to improve the quality of life.

Questions 34-35

Teenage Runaways

By Kate Davis

Approximately 1.6 to 1.8 million teens run away from home every year, according to the National Committee Against Runaways. Some of them are abused outside home physically, emotionally, and even sexually. They sometimes originally run for safety only to end up jumping into a profusion of dangers.

More than 45% of teen runaways surveyed said that they had experienced serious conflicts with their parents or guardians. About half of them reported that they were kicked out of home by their parents. Oftentimes, those with depression might have difficulty controlling emotions.

Oppositional defiant disorder is another mental disorder that may cause teen runaways. They don't usually obey orders from their parents or guardians and refuse to submit to authority or rules. Their impulsive actions can be threatening to their living environment since they refuse to compromise with their parents.

One of the most serious consequences of teenagers running away is that the majority of surveyed street youths abuse drugs and alcohol. The situation results in impulsivity and poor judgment skills among teenage runaways.

Therefore, if parents suspect their teenagers might run away, they should consider several tips such as calling his/her friends to ask about his/her whereabouts and calling the police to report a missing child.

34. Q: Why do some teenagers run away from home?

   (a) They often think the new environment outside home will be safer than at home.
   (b) They go through much more conflicts with their peers before running away.
   (c) They run away from home out of defiance to their teachers.
   (d) They have conformed to regulations in the home excessively.

35. Q: What can be inferred from the passage?

   (a) Teen runaways might occur even when the family relationship is good.
   (b) Teen runaways have nothing to do with mental or emotional disorders.
   (c) It is not easy to rehabilitate teen runaways after returning home.
   (d) It's better to plead for help from acquaintances and authorities.

ACTUAL TEST

2

Reading
Comprehension

TEPS

DIRECTIONS

This section tests your ability to comprehend reading passages. You will have 40 minutes to complete 35 questions. Be sure to follow the directions given by the proctor.

Part I Questions 1—10

Read the passage and choose the option that best completes the passage.

1. In medieval Europe, the wealthy classes used food to show off their social status. On special occasions, the rich and powerful held elaborate feasts and served delicious meats flavored with exotic spices from other continents. But at these large celebrations, not everyone could eat so lavishly. Because food and social status were so closely connected, those of a lower rank _____.

   (a) could not speak to other guests
   (b) were forced to sit on the floor
   (c) refused to attend the celebrations
   (d) were served less appetizing food

2. In some ancient cultures, tattooing was believed to release sacred energy from the body to enrich the spirit. In others, etching an animal into the skin was thought to protect the wearer from that same wild creature. And in Egypt, ink was applied to the body after death to appeal to the spirits that granted entry to the afterlife. Today, tattoos are meaningful only to the people who wear them. But centuries ago, the art form _____.

   (a) enabled people to live richer, more fulfilling lives
   (b) held much greater significance within a community
   (c) was reserved for males and not allowed for females
   (d) lacked the skilled tools used in today's tattoo shops

3. In the mid 19th century in New York City, Charles Burton produced the first baby carriage. Initially, the concept drew criticism from people as they felt that those using the carriages too often bumped into pedestrians. Unshaken by this criticism, Burton continued with his venture and secured some high profile orders from Queen Isabella II of Spain, Queen Victoria of England, and the Pasha of Egypt. With success overseas, he opened a factory in England and later in the US as well. Selling only 75 carriages in the US in the first year, _____.

(a) copy-cat companies began to emulate the product
(b) people had realized its high value
(c) the product was quite slow to catch on
(d) Burton's carriage completely failed around the world

4.
Cuisine.com

Finally, there's an easier way to _____. Cuisine.com is a personalized online comparison shopping site that lets you simply select the features or brands most important to you, and then compares only the models that truly meet your needs, whether you're in the market for a stove, a refrigerator, a dishwasher, or any other kitchen product. We give you unbiased information on hundreds of name-brand products, with independent lab testing directed by the Good Housekeeping Institute. So visit cuisine.com today, and let us do the research for you.

(a) buy the best gourmet ingredients
(b) choose quality furniture and draperies
(c) receive housekeeping service
(d) find the right kitchen appliances

5. For centuries, doctors knew basic anatomy and understood the body's major functions. Without a safe way of keeping a patient unconscious, however, they were limited to simple surgeries. In the 1840s, the discovery of ether allowed doctors to put patients to sleep and to perform complicated operations. Doctors at that time, however, had no knowledge of germs, so they rarely bothered to wash their hands between operations. Patients were saved by the operations, but often died from infections later. In the nineteenth century, when knowledge of anatomy came together with the discovery of ether and an understanding of germs, _____.

(a) doctors could perform less complicated surgeries
(b) sanitary operating procedures were introduced
(c) patients would not trust surgeons anymore
(d) doctors could safely use surgery to treat disease

6. _____ are often mistaken. This is usually the result of immigrants recreating dishes from their home country using a limited set of ingredients available in America. For example, the dough used to make "American" Chinese egg rolls is much heavier than the original. The covering of egg rolls served in China are more delicate and light. Similarly, a true Italian pizza uses fresh tomatoes and slices of mozzarella cheese rather than a spread of tomato sauce and a layer of grated cheese. Yet we believe our version to be authentic.

(a) The techniques used in exotic cooking
(b) Our ideas about iconic foreign foods
(c) Our opinions about appetizing meals
(d) The origins we attribute to certain dishes

7. The idea of raising a chimp may seem like a nightmare, but this is basically what was done in an early attempt to teach a chimpanzee to use human language. In the 1940s, a chimpanzee named Viki was reared by a scientist couple in their own home. These foster parents spent five years attempting to get Viki to *say* English words. Viki eventually managed to produce some *words*, rather poorly articulated versions of "mama" and "papa." In retrospect, _____ since it has become clear that non-human primates do not have a physically structured vocal tract which is suitable for producing human speech sounds.

   (a) Viki had an exceptional memory
   (b) Viki turned out to be a poor student
   (c) more rigorous training was needed
   (d) this was a remarkable achievement

8. Scientists on the cutting edge of technology predict that computers as we know them will _____. According to Moore's Law, which describes trends in hardware development, the power of computers doubles every 18 months. Follow that ten years into the future, and chips will become incredibly tiny and cost as much as a scrap of paper. The laptops and desktops we are used to will fade away, and we will interact with thousands of smaller computerized devices that store information in remote data clouds.

   (a) become so affordable everyone will own one
   (b) function more like multi-purpose robots
   (c) no longer be needed for business transactions
   (d) begin to slowly disappear in the near future

9. Many years ago, a new and curious orange appeared on a single tree in Brazil. One branch of the tree bore oranges that had no seeds. The seedless orange was a valuable new type, but the problem was how to produce more of them. The growers decided to use the method of grafting. A small twig taken from the branch was skillfully fitted into a slit in the bark of an ordinary orange tree. Slowly the parts grew together, and after a time, oranges appeared on the grated twig. _____, they contained no seeds. Today we have millions of grafted orange trees that produce seedless fruit.

(a) Surprisingly
(b) As expected
(c) Coincidentally
(d) On the contrary

10. As recently as the early 1900s, many medical texts claimed that human infants were functionally blind, deaf and impervious to pain for several days after birth; that is, babies were believed to be unprepared to extract any "meaning" from the world around them. Today, we know otherwise. Why the change in views? It is not that babies have become any more capable or bright. _____, researchers have gotten smarter, and developed some ingenious methods of persuading nonverbal infants to "tell us" what they can sense and perceive.

(a) Instead
(b) Nevertheless
(c) Therefore
(d) Incidentally

Part II Questions 11–12

Read the passage and identify the option that does NOT belong.

11. The Tikal National Park in Guatemala contains the largest archeological site in the American continent. (a) It contains the capital of an ancient Mayan kingdom that rose to power beginning in 400 BC. (b) The Mayan civilization spread written language and mathematical concepts throughout the Latin American region. (c) Thousands of structures have been unearthed at Tikal, including temples, residential buildings, and plazas, allowing archeologists to understand the history of this culture. (d) It's believed the kingdom declined in the 10th Century, when palaces were burned, monument construction stopped, and the population decreased.

12. If you're renting your home to multiple vacationers throughout the year, it's important to consider security and property protection. (a) Several websites exist to help you list your property and screen potential guests. (b) Web portals like these streamline the process for scheduling visitors and handling communications. (c) The sites invite other hosts to review vacationers and help you determine whether potential guests will keep your home clean and observe house rules. (d) Some sites even provide a management service to provide digital locks with key codes and routinely check the home for any damages.

Part III Questions 13—25

Read the passage, question, and options. Then, based on the given information, choose the option that best answers each question.

13. The thousands of languages of the world differ greatly in practical importance, depending on the number of people who speak them and the part they play in world affairs. Some are spoken by only a few hundred people, others by hundreds of millions. Some are dying out because the groups who speak them are decreasing. This is why many Native American languages have disappeared rapidly in our time. On the other hand, some languages are growing in importance. English is now one of these expanding world languages.

Q: What is the main idea of the passage?

(a) The number of languages in the world
(b) The various fates of languages
(c) English as a lingua franca
(d) The disappearance of a language

14. The Vietnam War changed Americans' political, economic, social, and cultural life. Vietnam affected the 1968 election, effectively ended the presidency of Lyndon Johnson, and contributed to Watergate. Socially and culturally, it underlined a divide in the country between the affluent, who could avoid the draft, and the sons of the poor and minorities who went to Vietnam. It led to the questioning of old attitudes and conventions, and to new outlooks on race, sex, gender, class, art, music, and intellectual pursuits.

Q: What is the best title for the passage?

(a) Lyndon Johnson's Role in the Vietnam War
(b) The Underlying Conflicts behind the Vietnam War
(c) The Effects of the Vietnam War on America
(d) The Reasons for Losing the Vietnam War

15.

Dear Mr. Hanson,

Please find the attached minutes from last week's meetings. After serious deliberation, the finance committee decided to forego the recommendations of the policy committee to institute new check-cashing policies. Instead, the current policies shall remain in place until such time as it is deemed that new policies will be necessary and beneficial, not just reactionary and stop-gap measures designed to make the current administration look pro-active. Please feel free to send me any comments on this report, as I take full responsibility.

Sincerely,
Chuck Blake

Q: What is the main purpose of the email?

(a) To inform that new policies won't be implemented
(b) To apologize about the mistake the committee made
(c) To obtain feedback on last week's meeting
(d) To save face for the current administration

16. In the Arctic regions of the North American continent live the Inuit, formerly referred to as the Eskimo though presently called a First Nation in Canadian parlance. Along the central northern coast, they can be found using igloos as seasonal winter shelters while hunting for seals. They might also use dog sleds to travel on the snow. They were early users of kayaks to cross the waters for trips or in hunting. The relatively denser populations of the Inuit that live in Alaska have traditionally lived in more permanent subterranean houses in winter and depended mainly on fish for their diet.

Q: What is the passage mainly about?

(a) How the Eskimo get around in the snow
(b) The different populations of the Inuit
(c) Traditions of the Inuit versus the Eskimo
(d) How Canadian and American Inuits get along

17.

InfomationLock.com

We use the latest technology to protect your personal data, including your credit card information, to ensure that every transaction you make with us will be safe. In fact, it is so safe that since our founding in 1997 there have been hundreds of thousands of transactions without a single case of an unauthorized charge being made to a credit card. We are so confident in our system that we guarantee the customer against any loss.

Q: Which of the following is correct about the advertised company?

(a) It has no history of misused credit cards.
(b) It will not compensate customers for any loss.
(c) Its credit card transactions have increased since 1997.
(d) It developed a new technology for customer safety.

18. Measuring the quality of life of a city, region, or country usually involves collecting factual data and perhaps also perceptions about the environment that people live in. Indices commonly used include availability and affordability of housing, education, and health care services. Also surveyed are figures and things related to employment such as commute time, work hours, and pay levels. Personal and family finances are also factored in, as are consumer prices, population density, crime rates, and pollution levels. Subjective rankings such as perceived happiness may be also factored in. Such criteria as these are variously amassed and tabulated into a statistical listing by government census bureaus, research institutes, and even media outlets.

Q: Which of the following is correct according to the passage?

(a) Quality of life measures are only a governmental concern.
(b) The indices used can vary with the agency involved.
(c) Housing, education, and health care are subjective indices.
(d) Poverty levels are not covered by quality of life statistics.

19. Sammy Lee, a second-generation Korean American, has devoted his life to athletic excellence and physical fitness. In 1948, he won the Olympic gold medal for high diving. When he repeated his feat at the Olympics four years later, he became the first male diver to win gold two consecutive times. Lee also won the James E. Sullivan award for outstanding sports achievement in 1958. He now practices medicine and has served on the President's Council on Physical Fitness.

Q: Which of the following is correct about Sammy Lee according to the passage?

(a) He has devoted himself to development of high diving.
(b) He was the first Korean-American to win two Olympic gold medals.
(c) He was awarded for his contributions to Physical Fitness.
(d) Now he is working as a medical doctor.

20. The Grammy Awards is the most famous of the four big music awards in the United States. The Grammies gets its name from the award itself, which is a miniature replica of an old-fashioned gramophone. The award is presented by the Recording Academy, an association of professionals in the music industry. Awards are given in thirty genres, including rock, pop, rap, and gospel. These are further divided into over a hundred categories. Unlike other music awards, the Grammy winners are chosen by voting members of the academy rather than fans.

Q: Which of the following is correct about the Grammy Awards according to the passage?

(a) It is the most infamous music award in the United States.
(b) Awards are separated into four areas: rock, pop, rap, and gospel.
(c) The award is different from other music awards in how the winners are chosen.
(d) The name originated from the sponsor of the Recording Academy.

21. A Sociology professor at Northwestern University believes that democratic participation makes better citizens, although she cannot prove it in an academic sense. She claims the kinds of subtle changes in character and community that come about from active participation in democratic decisions cannot easily be measured with the blunt instruments of social science. Those who have actively participated in democratic governance often feel that the experience has changed them. And those who observe the active participation of others often believe that they see its long-term effects on the citizens' character.

Q: Which of the following is correct according to the passage?

(a) It has been proven that democracy is superior to other political systems.
(b) Research confirmed the beneficial effects of democratic participation.
(c) Some social effects cannot be quantitatively measured.
(d) Sociologists are naturally drawn to democratic governance.

22.

Protect Your Portable PCs

Portable PCs have never been so easy to steal. Luckily, however, there are precautions you can take.

- Let's start with insurance. Safepc (www.safepc.com) offers one of the most popular policies, at about $200 a year, which fully covers lost hardware.

- Alternatively, you could search for your serial number on the Stolen Computer Registry (www.stolencomputers.org) at no charge.

- You can also install tracking software such as Track Signal, a service that costs $45 a year. If the thief uses the stolen PC to go online, hidden software will broadcast his IP address and the police can use it to locate the thief in minutes.

Q: Which of the following is correct according to the passage?

(a) Safepc makes it possible to locate the computer thief online.
(b) Insurance companies offer software for tracking PC thefts.
(c) Tracking software is more expensive than insurance policies.
(d) The Stolen Computer Registry service is free of charge.

23.

THE GRANDVILLE TIMES

World > Environment Issues

The international environmental organization Greenpeace has been a champion against global warming, GMO foods, and protecting rare species around the world. But one need not look only to companies and government agencies around the world to find critics. At least one former high-ranking member of Greenpeace has claimed that activists with their own agendas have co-opted the group for their own gains. Amid calls that Greenpeace actions are hindering economic growth in a non-uniform and biased manner, there are allegations that what seems like environmentalism is really a stand against capitalism and globalization.

Q: What is the writer most likely to agree with?

(a) There is internal conflict and dissent within Greenpeace.
(b) Worldwide support for Greenpeace is in serious danger of decline.
(c) Greenpeace has outlived its usefulness as a protection advocate.
(d) Some think the original purpose of Greenpeace is being clouded.

24. The New England Confederation had a law in 1643 enforcing the return of fugitive slaves, be they white, black, or Native American. Later in the 1700s, New York, Virginia, and Maryland among others of the original 13 colonies offered bounties for returning escaped slaves who might otherwise have fled to places like Canada. Reflecting worldwide sentiment, some Northern states such as Vermont, New Hampshire, Massachusetts, Connecticut began to abolish slavery in 1787. Fearing that runaway slaves would find refuge in those states, the Southern slave states called for and gained in 1793 a controversial Fugitive Slave Act which more strictly enforced the return of slaves.

Q: What can be inferred from the passage about the Fugitive Slave Act?

(a) It was the first American law for the return of runaway slaves.
(b) The states which retained slavery were in favor of it.
(c) Slavery was re-introduced by it back into Northern states.
(d) It led to the US Civil War which eventually abolished slavery.

25. Exhibiting at the Royal Academy's annual art exhibitions was not an altogether easy affair for Thomas Gainsborough, one of the founding members of the now famed institution. Previously he had exhibited with the Society of Arts and gained a wide audience. Moving to London in the 1770s, he continued to attract a fashionable set of clients to sit for his portraits. Even members of the royal family were at one time subjects of his brushwork. Despite his success in this area, the painter is known to have found landscape painting more to his liking.

Q: What does the passage imply about Gainsborough's portrait works?

(a) They were fairly criticized in his time by the establishment.
(b) The earlier works were more for monetary reasons than art.
(c) Finding influential sitters for them served the painter well.
(d) They are today mostly eclipsed by his landscape paintings.

Part IV Questions 26–35

Read the passage, questions, and options. Then, based on the given information, choose the option that best answers each question.

Questions 26-27

Housekeeper for Caribbean Cruise Lines

Caribbean Cruise Lines, the largest cruise line in the Caribbean Sea, is looking to hire several housekeepers. We are looking for ardent employees who are interested in becoming a member in a continuously growing company, visiting unique destinations. Successful candidates will be living and working on one of our cruise ships, making the guests' rooms and company property clean, safe, and attractive. You don't need to have any prior experience, since we will offer all of the training to make sure you attain your highest potential.

Responsibilities

1. Daily guest room maintenance service: Our cruises are luxurious, so we make sure to give each guest a fine and valued experience.

2. Managing public area: Each ship has a variety of public spaces like lounges that need to be handled for clients perfectly each day.

3. Working as a team member: Our work is not typically an individual one. Therefore, every housekeeper is strongly required to contribute to his or her team and coordinate with team members.

Perks (Benefits)

Payment ranges from $800 to $1,000 per week.

All of your living expenses onboard are covered by the company.

You can apply for full-time roles after your rotation.

26. Q: What is one of the housekeeper's duties?

   (a) Making relationship with wealthy clients from other countries
   (b) Preparing all detailed materials for public events every day
   (c) Group cooperation work to maintain rooms and facilities
   (d) Working more than eight hours a day on a daily basis

27. Which of the following is correct according to the advertisement?

   (a) The advertised positions are in-house ones at the headquarters.
   (b) Successful candidates will be trained before being assigned tasks.
   (c) Applicants don't have any legal restrictions when applying.
   (d) Each employee should pay his or her weekly living expenses.

Questions 28-29

> Just as some plays are so powerful that they function as a standard other playwrights follow, Arthur Miller's *Death of a Salesman* has been revived as a Broadway performance. Willy Loman, the protagonist and traveling salesman in the title, has been more than just a character's name. He has become a brand representing socially and financially disenfranchised middle-aged men not only in the United States but also around the world. The characteristics Willy Loman stands for in the play are not just his only invention, but appear in complex and fascinating works of art, called masterpieces.
>
> In order to reach the climax, *Death of a Salesman* uses flashbacks to accentuate Willy's confusion between his memory and the reality. His illusion suggests the past of the United States, featuring the lost pastoral life of the country. Willy's dream to succeed in his life makes him fabricate lies about his and his son's success. The more he is stuck in the illusion, the harder it is for him to face his reality. Refusing to face reality illustrates the idea called the American Dream, which most Americans have.

28. Q: Which of the following is correct about *Death of a Salesman*?

(a) It was initially rejected by the directors and actors on Broadway.
(b) It represents a middle-aged man who can overcome his challenges.
(c) It features flashback techniques to show the protagonist's illusion.
(d) It illustrates the dominant idea of the real American Dream.

29. Q: What is the writer mainly saying in the second paragraph?

(a) The flashbacks became a representative technique in other plays.
(b) Willy's illusion distorts the reality of the American Dream.
(c) The images of the American past are often fabricated.
(d) Willy's American Dream hinders the development of characters.

Questions 30-31

The brown kiwi native to New Zealand's North Island is one of the most common kiwi species. However, its population has steadily been declining and it is estimated to be endangered without enough conservation efforts. It lives closer to human habitation than any other kiwi species and is the main species that is on display in captivity. This proximity to human communities can increase its risks since it consistently keeps in touch with dogs, cats and cars as well as humans. Until recently, the population has plummeted to fewer than 150,000 birds and is expected to fall even further soon.

Fortunately, the communities in the North Island have made efforts to restore its population. Several conservation organizations have improved the situation by setting up a few kiwi sanctuaries such as offshore sanctuaries. In addition, the brown kiwi breeds more quickly than other species of kiwi, producing up to two eggs a clutch, and one to two clutches a year, compared with the more usual one egg per year in other kiwi species. What's more, the Kiwi Recovery Group established by the Department of Conservation has provided high quality technical advice to people trying to save the brown kiwi.

30. Q: What is the main topic of the passage?

(a) A variety of factors accelerating the risks the brown kiwi is facing
(b) National attempts to conserve the population of the brown kiwi
(c) The advantages of the location of the brown kiwi's habitats
(d) The shrinkage and recuperation of the brown kiwi population

31. Q: What can be inferred about the brown kiwi from the passage?

(a) Its high reproduction rate is one of the crucial factors in recovering its population.
(b) It has not been captured or used in any case by human beings.
(c) Most of its sanctuaries are inadvertently created naturally.
(d) It has not been researched yet by ornithologists.

Questions 32-33

Turning to graduates for scholarship funds

by Maria Rodriguez

The Russian government is planning to enact a law that will make sure that all graduates who received scholarships while in college repay a flat fee of 100,000 Russian rubles. The country's Minister of Education said that the money will be used to support current students in need.

The new suggestion will be included in a new higher education law that is expected to be passed in the parliament. The repayment policy will finance underprivileged students who have had difficulty accessing loans to support their studies since student grants were discontinued a few years ago.

However, many experts are doubtful that the law will generate the desired effects since the majority of graduates have failed to get jobs and those who are employed outside the country could disregard the law. The already upsurged tuition fees have made vulnerable students decide on deferments and dropouts.

The National Student Union also said the government should take more practical measures to reduce the current tuition fees and secure more government funding to help increase student enrollment.

32. Q: What is the writer mainly trying to do in the passage?

   (a) To question the feasibility of a new law regarding scholarship funding
   (b) To justify the newly proposed government policy to reinforce higher education
   (c) To point out the difficult economic situation in the country
   (d) To prevent college students from deferring their graduation

33. Q: Why do Russians have doubts about the new law's success?

   (a) Many graduates cannot afford to repay their scholarships.
   (b) Most of the students are not able to be employed abroad.
   (c) The current tuition fees don't burden college students.
   (d) The student union is planning on demonstrations around the country.

Questions 34-35

Romanticism: Social Movement

From the late 17th century to the early of the 18th century, an artistic, literary, and intellectual movement called Romanticism dominated European countries. Although there are many controversies on when it first began, the publishing of William Wordsworth's *Lyrical Ballads* in 1798 is regarded as the beginning of the movement.

The origin of the movement was in response to major social changes in Europe, including the depopulation of the rural areas and the rapid development of industrial cities. In particular, the Industrial Revolution accelerated the enclosure of the land, driving workers off the land and offering them employment in factories and mills.

Therefore, Romanticism can be thought of in part as a reaction to the Industrial Revolution, though it was also a rebellion against traditional deep-rooted social and political evils. The representatives in the movement also criticized the scientific rationalization of nature. In addition, extreme social changes such as the French Revolution were an important influence on the emergence of the movement.

34. Q: Which of the following is correct about Romanticism according to the passage?

    (a) It was a movement found only in the literary world of the European countries.
    (b) Its participants resisted accepting social changes caused by the Industrial Revolution.
    (c) It contributed to improving the rights of agricultural laborers.
    (d) It had nothing to do with contemporary political affairs.

35. Q: What can be inferred from the passage?

    (a) Romanticism began prior to William Wordsworth's *Lyrical Ballads*.
    (b) The Industrial Revolution estranged workers from society.
    (c) Romanticists insisted on a radical break with traditional values.
    (d) Romanticism motivated people to emulate the French Revolution.

ACTUAL TEST
3

TEPS

Reading
Comprehension

DIRECTIONS

This section tests your ability to comprehend reading passages. You will have 40 minutes to complete 35 questions. Be sure to follow the directions given by the proctor.

Part I   Questions 1—10

Read the passage and choose the option that best completes the passage.

1. Primitive people in general were highly superstitious. Often, anything extraordinary occurring around them would be perceived as a spirit trying to communicate with them or the will of a god being carried out. For example, most people throughout history have been right-handed. Thus, left-handedness was regarded as an evil omen and drew unwanted attention. The Latin word for 'left' is sinister, and since many people regarded left-handedness as bad, the word sinister _____.

    (a) was hailed as a powerful spell
    (b) was used to summon evil spirits
    (c) was used to politically segregate tribes people
    (d) came to mean something wicked or wrong

2. Disney has accurately seen the great potential of films based on fairytales to reach a wide audience. Fairytale storylines are simple enough to appeal to children, but the romance in some of the stories, like *Sleeping Beauty* and *Cinderella*, are also of interest to adults as well. This broad appeal to young and old alike is essential for commercial success. If the Disney films had simply been "children's entertainment," many parents might have just dropped the kids off at the theater and then gone to see a different movie. Disney, however, created films _____.

    (a) that included moral lessons
    (b) for the entire family to enjoy
    (c) that were safe for children to view
    (d) that could boost profits

3. Whether English has too many words is a mental teaser. It is supposed that this global language has roughly 500,000 words, excluding scientific and technical terms, the most of any in the world. The linguistic infusion of Norman-French following William the Conqueror in the 11th century, in particular, introduced words that supplemented but also overlapped with the base of Germanic vocabulary. Becoming a colonial power also brought in words from far-flung lands. The argument can be made that all this has over-inflated the language. Conversely, _____.

(a) it is another example of the chicken or egg question
(b) for the survival of the language, steps will be taken
(c) vocabulary from colonies is limited in scope
(d) it can also be viewed as enriching it

4.

Education News

Board of Education Director Dan Larkin says that a special committee plans to _____. This is because more than 40 percent of college students don't complete their education in the traditional four-year period. Larkin says this decreases graduates' earning power and drains university resources. A new plan will increase class size and provide incentives, like reduced tuition, for students who stay on track to secure a diploma on time.

(a) change the requirements for many degrees
(b) demand that universities offer more courses
(c) reduce the time students spend in college
(d) monitor next year's graduate employment rates

5. Cinco de Mayo is a great holiday that Mexican-Americans widely celebrate throughout the United States. However, there is _____. It is not the Mexican Independence Day. Mexico's equivalent of the Fourth of July is not the Fifth of May (Cinco de Mayo), but the Sixteenth of September. Then what does Cinco de Mayo celebrate? It celebrates the Mexican Army's 1862 victory over the French, who invaded the country after Mexico was unable to repay its European loans.

(a) a wide variety of ways of celebrating Cinco de Mayo
(b) a strong consensus that Cinco de Mayo is the Mexican Independence Day
(c) a great deal of confusion about what the holiday celebrates
(d) a heated debate about when Cinco de Mayo was first celebrated

6. In 1938, a promotional gimmick by a wallet company _____.
The company wanted to demonstrate that Social Security cards fit into its wallets. They printed fake cards, put them inside each wallet as a promotion, and shipped them to department stores around the country. The cards carried a company secretary's real Social Security number and thousands of people began using that number as their own. The Social Security Administration advised the public to not use this number. But even forty years later, a dozen people still used that same number.

(a) caused a societal outcry of criticism and controversy
(b) made the public start to carry their cards in their wallets
(c) helped the Social Security Administration improve its system
(d) brought a headache for the Social Security Administration

7. The stories of American fiction writer John Cheever portray the many flaws of suburban life in the 1950s. At the time, many people were moving away from urban centers to live in neighborhoods that insulated them from racial minorities and increasing crime. In this new environment, Cheever's characters, on the exterior, were successful, wealthy, and possessed nice cars, happy marriages, and big backyards. But Cheever's stories _____. His stories subtly picked away at the illusion, revealing the extent to which people sacrificed their individuality and independence for the sake of money, appearances, and status.

    (a) idealized this new trend of living
    (b) critiqued the dangers of large cities
    (c) unraveled this myth of perfection
    (d) detailed the downside of success

8. Pioneering teachers imagined the introduction of science in schools to mean the end of superstition and misinformation, and the beginning of an era of scientific discovery, logic and inductive reasoning. Unfortunately, the way science is offered in many of today's schools couldn't be further from this ideal. Rote memorization and regurgitation have almost become the norm and only a cherished few students are able to breach protocol and actually apply their skills in discovering new information. Therefore, it is incumbent on educators to re-evaluate how science is taught, _____.

    (a) cultivating a less superstitious approach
    (b) acknowledging the failure of teachers
    (c) reminding us to actively learn
    (d) employing retired experts from the field

9. Most cities evolve over the centuries, with old buildings torn down to make way for the new so that part of their history is lost over time. But one ancient city has been preserved for the ages in almost its original condition. _____, Pompeii was both destroyed and preserved by one of the deadliest natural disasters in history. In AD 79, Mount Vesuvius erupted, sending forth hot ash and cinders onto the thriving Italian city of 20,000. The torrent of hot wet ashes buried the city, stifling many in their homes and locking others in ash. These relics enable us to learn about the city more than any other ancient settlement.

(a) Thus
(b) Unfortunately
(c) Ironically
(d) Notwithstanding

10. The National Football League has recently come under scrutiny for the alarming number of head-injuries suffered by players on the field. New protective measures have been implemented, but players continue to suffer severe hits and injuries during games. Some wonder how this violent entertainment will affect the millions of viewers who follow the sport. _____, some argue that it is the audience's thirst for excitement that causes the sport to be so aggressive.

(a) In any event
(b) For all that
(c) Accordingly
(d) In contrast

Part II Questions 11–12
Read the passage and identify the option that does NOT belong.

11. Life & Money Services is an affordable way to receive financial advice, coaching, and assistance with taxes and audits. (a) Regardless of your money concerns, we have advisors with special knowledge about every area of personal finance. (b) Given the uncertain economic climate, now is the time to prepare a family savings plan. (c) Let's face it, the world of money today is more complicated than ever, so don't fear seeking help. (d) We guarantee our services pay for themselves once you take our advice on how to reach financial security.

12. By definition, a free media is decentralized and not subject to censoring of any kind. (a) In this model, the media has more freedom but is left to police itself for mistakes and omissions. (b) More specifically, competing media organizations scrutinize the content of their competitors and inform their viewers of it for comparison's sake. (c) This level of self-regulation in the industry helps journalists and experts to debate an issue and point out gaps or misleading information. (d) As more people turn to the Internet for news, content is produced more quickly and lacks the quality of previous years.

Part III Questions 13–25

Read the passage, question, and options. Then, based on the given information, choose the option that best answers each question.

13. Saturn's moon Enceladus has a surface of ice but also experiences eruptions of water at its surface. However, it is a relatively small moon, too small for much internal activity in its core. Therefore, these surface geysers are explained by the planet Saturn itself. The orbit of Enceladus is not perfectly circular and when the moon gets closer, the pull of Saturn gets larger. Also, the pull on the near side is greater than on the far side. Therefore, the core of Enceladus is heated through friction, the surface is stretched, and eruptions are the result. We call this the tidal force and tidal heating of Saturn upon Enceladus.

Q: What is the main topic of the passage?

(a) The icy moons of Saturn
(b) Geysers and their causes
(c) The tidal force of Saturn on Enceladus
(d) The gravity of Enceladus

14. The old adage that too much of a good thing may be bad for you seems to apply in the realm of dietary supplements. In the strictest sense, any kind of supplement is supposed to be given only to a person with a serious health deficiency or dietary restriction. They are not necessarily recommended as a boost or replacement for the diet of an ordinary person. In fact, there are studies showing the ineffectiveness or even downsides of taking supplements. Yet the many health claims by nutritional supplements continue to tempt the public into thinking otherwise.

Q: What is the main idea of the passage?

(a) Marketing for supplements mostly serves to only confuse the public.
(b) Nutritionists are still debating the risks of taking dietary supplements.
(c) Taking nutritional supplements is good but only in small amounts.
(d) People with no serious condition benefit minimally from supplements.

15. Crowdsourcing is coming into its own in the realm of filmmaking, with fan-based funding for cult projects and individual contributions to movie ideas. In the case of the crowdsourcing for the proposed film, *A Billion Entrepreneurs*, the stories featured are often themselves about crowdsourcing. Filmmaker Jimmy Newson wants to present a motion picture depicting how entrepreneurs make a difference in their own lives and the lives of communities. It's about how, through their own seed money or through fundraising, individuals are using the new Internet economy to gather support for their proposals online.

    Q: What is the main idea of the passage?

    (a) Business projects which rely on crowdsourcing
    (b) A film about entrepreneur communities
    (c) Crowdsourcing as an issue in the media
    (d) Entrepreneurship in the making of movies

16. Thinkers in medieval Europe generally saw the world as in constant decline from an idealized state, either the classical civilizations or the Garden of Eden. Then in the 18th century they began to believe in the progress of society through reason, science, and industry. Darwin's theory of evolution fostered two divergent sociological interpretations. One was that society is the result of natural selection and the "survival of the fittest" and so the results must be accepted. This was the laissez faire attitude of Social Darwinism. Another saw society as working against what was natural. This was the premise of eugenics which advocated actively directing social evolution for the better.

    Q: What is the passage mainly about?

    (a) The evolution of sociology in Europe
    (b) The effects of Social Darwinism on society
    (c) How Darwin's theory of evolution influenced social theory
    (d) How eugenics differs from the theory of evolution

17. The governments of Great Britain and the United States are quite different in several aspects. In the United States, its chief executive, the president, fulfills the functions of both political leader and head of state, while these two functions are separate in Great Britain. That is, Great Britain has both a monarch and a prime minister, but the United States has only a president. Also, the president of the United States may be of a different political party than the majority of Congress; in contrast, the British prime minister is the head of the political party that has the most seats in Parliament.

Q: Which of the following is correct according to the passage?

(a) In Great Britain, the political leader and the head of state are different persons.
(b) The U.S. president should be from a different party than the majority of Congress.
(c) The British prime minister may be of a party other than the majority of Parliament.
(d) The U.S. Congress is equivalent to the British Parliament.

18.
Dear Rhonda,

Do you know how much you hurt me? I think now you do. I know that you've been beating yourself up over what happened, and I don't want you to suffer anymore. So I forgive you. I know that if you had to do it over again, you wouldn't accept the inheritance from my father that he only offered you to spite me. So because I know you're a decent person, and because I care about you, I'm going to let bygones be bygones. Let's put this behind us, and make sure that nothing like this ever happens again.

Elaine

Q: Which is correct according to this email?

(a) The author's father has passed away leaving Rhonda something of value.
(b) The author beat her friend up, watched her suffer, and now forgives her.
(c) The author has now gone to another place away from her old friend.
(d) This is a threatening letter from the author to her friend.

19. As you travel the Grand Canyon Railway from Williams, Arizona, you'll discover an incredibly diverse range of scenery. The county encompassing the National Park is located on the Colorado Plateau of northern Arizona with an average elevation of 5,000 feet above sea level. The Grand Canyon itself is found at 7,000 feet. The plateau reaches its highest peak at 12,600 feet. Passengers should dress in layers since the trip will take them from low-lying arid deserts to high-altitude mountain plateaus which can witness snowfalls. Summer is typically the monsoon season and afternoon rains can occur almost daily.

    Q: What is correct about the Grand Canyon tour according to the passage?

    (a) It travels all the way to the highest point in the plateau.
    (b) Weather patterns can change drastically during the trip.
    (c) The ride spans the states of Arizona and Colorado.
    (d) The journey alternates from mountains to canyons.

20. The intention of copyright laws is to encourage the creation of the arts and sciences. Nonetheless, there is the distinction between idea versus expression. An artistic work describing an idea or theory may be copyrightable as an expression, but that idea or theory itself cannot be copyrighted. Others can express that same idea in their own words without violating copyright law. Failure to cite the source may in some contexts be plagiarism, but copyright law does not require such citation. In the case of movies, the distinction between idea and expression is not as clear-cut and judgments are often made particular to each case.

    Q: What is correct about copyright laws according to the passage?

    (a) They discourage all forms of plagiarism.
    (b) Films are copyrighted mainly as expressions.
    (c) Expressing the same idea in different words is permitted.
    (d) Copyrights of ideas are debated on an individual basis.

21. The exact definition of fluency in a language can be a somewhat subjective call. Some think using the language, even if at times incorrectly, to perform basic tasks is being fluent. Others may define it as the ability to converse at length about any topic and comprehend media in that language fairly well. This higher standard demands grasping unfamiliar meanings through context or further inquiry, excluding technical jargon or difficult grammar. A person who is fluent because the language is their mother tongue would have complete comprehension of word definitions, complex grammar, cultural references, and even dialects.

Q: What is correct about language ability according to the passage?

(a) Fluency requires complete competency with print and video media.
(b) One is called fluent if he or she knows all grammar constructions.
(c) Speaking on topics well can be considered a sign of fluency.
(d) Catching most cultural references is needed to be fluent.

22.

Installing a Home Theater System

It is easier to hook up a home theater system.

First, lay out the contents of the box and make sure you have all the essential parts, like the amplifier, five speakers, speaker wire and cable connectors.

Next, find a well-ventilated spot in your entertainment center and place the amplifier there. Make sure there is nothing blocking the amplifier or it may overheat.

On the back of the amplifier are connections for the speakers. Each speaker wire is color-coded.

Place the speakers in the room where they will contribute to the best sound.

Finally, connect the video and audio cables to the back of your television; these cables are also color-coded.

Q: What is most essential to remember about the amplifier?

(a) It has to be kept clean at all times.
(b) It must be hooked up before anything else.
(c) It needs an open area where it can get air.
(d) It should be placed at the center of the system.

23.

Sports News

Finishing first on Sunday and second on Saturday at the Michigan International Speedway, Josh Thornton and his crew are gearing up for their fourth championship in the Nationwide Series. It didn't come as a big surprise given that drivers using his Thornton engines have won 4 of the last 7 tournaments. As observers note, closing such a technological gap will take some time. Competitors will have about a dozen races in the coming year to tinker with their machines. And the new elimination format to the Series might mean more surprise victories.

Q: What can be inferred from the passage?

(a) Thornton has succeeded mostly due to his driving skill.
(b) The Thornton engine is currently more powerful than any of its competitors.
(c) The Thornton engine may be phased out in the future.
(d) Rival teams may soon adopt the Thornton motor.

24. Some have called it a nature-deficit, a lack of exposure to nature in children which is seen to lead to problems of obesity, depression, and attention shortage. Going so far as calling it a disorder, the causes include the temptation of electronic media forms of entertainment. A secondary contributing factor is parental fears for the safety of children, often fueled by media news reports of crime. One possible consequence of this condition is said to be the increased risk of myopia in young children not exposed to enough bright light at an early age.

Q: What can be inferred from the passage?

(a) The wired generation is losing its taste for environmentalism.
(b) Parents are becoming more media savvy in their child rearing.
(c) Sunlight contributes to the proper development of eyesight.
(d) Most psychologists do not claim a nature-deficit as a legitimate clinical disorder.

THE HAMILTON TIMES

Science > Nature

Large fields of magma, long suspected to exist, have been discovered deep under the North American plate. At these depths of over 600km beneath the surface where the upper mantle transitions into the lower mantle, the water is thought to be fused with the rocks themselves. Magma is known to exist primarily due to the presence of water. It is estimated that if just one percent of the mantle rock at these levels is in fact water, that would represent more than three times the amount in all of the oceans.

Q: What does the passage imply about the newly discovered magma?

(a) It can erupt and cause a catastrophe in the world's oceans.
(b) It holds lots of liquid water which can be used for drinking.
(c) It had been caused by water missing from the world's oceans.
(d) It is evidence for a theory scientists had been attempting to prove.

Part IV Questions 26—35

Read the passage, questions, and options. Then, based on the given information, choose the option that best answers each question.

Questions 26-27

https://www.recruitment.com/p-construction-manager-jobs.html

CONSTRUCTION MANAGER WANTED

At Centum Building Co., we all know that it takes hammers and nails to build a house but it also takes passion, integrity, and commitment to create ideal homes. Everything we always do, including selecting locations, designing the architecture, and integrating all the mandatory conditions into our homes, reflects our veneration for our valued customers.

Our mission is to create flourishing and enduring neighborhoods by constructing innovative homes. Therefore, we are seeking a construction manager as an integral member of Centum Building Co. The successful candidate will lead all aspects of home building processes in accordance with building quality standards, and federal and local building codes.

Job Duties:
- Oversee construction activities at assigned locations
- Plan accurate designs, conduct quality control inspections and ensure schedule adherence
- Maintain construction site equipment and materials

Qualifications:
- More than 3 years' experience in construction sites
- Knowledge of federal and local building codes and practices
- Strong communication and organization skills
- Bachelor's degree in construction preferred.

26. Q: Which of the following is correct according to the passage?

   (a) Knowledge of home construction is most important in the advertised position.
   (b) Traditional methods of constructing homes are preferred by the company.
   (c) A successful candidate will manage all the home building processes.
   (d) The maintenance of construction equipment is not included among the tasks.

27. Q: Which is mentioned as a qualification of the job?

   (a) Three years' career as a construction manager
   (b) Acquaintance with laws concerning building
   (c) Knowledge about communication devices
   (d) A degree in construction or civil engineering

Questions 28-29

From: Davis Williams
To: Team members

I'd like to express my gratitude for everybody working so well as a team and achieving last quarter's targets. Without your contributions and commitments, our goals could not be achieved. In order to discuss next year's work plan and assign each team member's role, we executives have scheduled a meeting on Friday, December 21, in the conference room at 10:00 a.m. Each team leader is required to make a 10- or 15-minute presentation that covers last quarter's achievements and next year's plans. Please acknowledge receipt of this email as soon as possible.

From: Frederick Henderson
To: Davis Williams

Thanks for sending the notice in advance. Unfortunately, I'm afraid I won't be available at the time you've designated. I am scheduled to meet a buyer from abroad on that day. For the customer, something very important seems to have come up and I must deal with his problems. I'm sorry for the short notice, but I couldn't make time to reply. I'd like you to give consideration to my situation. And please keep me updated on any changes regarding the meeting's agendas.

28. Q: Why did Davis Williams write the email?

  (a) To ask employees to attend a meeting for a company's blueprint
  (b) To completely realign all the team members in other departments
  (c) To express gratitude for contributing to a sales increase
  (d) To ask team leaders to prepare a short presentation

29. Q: Which of the following is correct according to the email?

  (a) Each team member will have the same role next year.
  (b) Team leaders have to designate employees to deliver presentations.
  (c) Henderson might be late for the general staff meeting for a personal reason.
  (d) Henderson hasn't had much time to respond to the invitation.

Questions 30-31

Being an English adventurer, writer, and nobleman, Sir Walter Raleigh organized several major expeditions to the Americas during Queen Elizabeth's reign. In 1587, he explored from North Carolina to Florida, labeling the region Virginia in honor of Elizabeth, the "Virgin Queen." After contributing to the victory over the Spanish Armada and succeeding in several raids against Spanish possessions, he returned with a lot of booty. After a few years, he led an abortive exploration to Guiana in search of El Dorado, a legendary land of gold, only to introduce the potato plant and tobacco to England.

After Queen Elizabeth's death in 1603, Raleigh was accused as an enemy of her successor James I and given a death sentence. However, the execution was commuted and he was forced to lead an expedition to the New World again in order to find gold. He invaded and pillaged Spanish territory in South America, only to return to England without booty, and be arrested and sentenced to death again. Eventually, he was executed at Westminster. He has been known to be one of the most notable explorers in the Elizabethan era and was selected as one of the 100 Greatest Britons in the BBC poll in 2012.

30. Q: Which of the following is correct according to the passage?

    (a) He remained faithful to Queen Elizabeth to the end in spite of political persecution.
    (b) He went through political failure despite contributions to explorations in the New World.
    (c) He was the most famous British explorer to the New World.
    (d) He made a great contribution to extorting Spanish territories and possessions.

31. Q: What can be inferred from the passage?

    (a) Walter Raleigh was harshly persecuted by Queen Elizabeth for political reasons.
    (b) England's efforts to conquer Spanish territories were frustrated due to the Spanish Armada.
    (c) Walter Raleigh successfully led his expedition team all the time.
    (d) Some of Walter Raleigh's explorations to the New World were not successful.

Questions 32-33

Applying nanotechnology to medicine is likely to bring about numerous promising possibilities in the healthcare field. In the pharmaceutical industry, even pharmaceutically optimal compounds may often become less suitable objects for development. There has always been a degree of compromise, which may inevitably result in the production of less-than-ideal drugs. However, recent advances in nanotechnology increasingly make it possible to tackle some of the shortcomings associated with traditional drugs. Nanoscale delivery vehicles can lead to the discovery of optimally safe and effective drugs.

Researchers in nanotechnology suggest that it may revolutionize the mechanisms of discovering drugs and alter the landscape of the pharmaceutical industry. Some of the nanotechnology-based therapeutic products have been validated by improving previously developed and approved drugs. In particular, drug discovery is just one of the many fields in healthcare which nanotechnology benefits. The current applications of nanotechnology include not only drug delivery, but also in vitro diagnostics, in vivo imaging, therapy techniques, and tissue engineering.

32. Q: What is the writer's main point about nanotechnology?

   (a) It has successfully led to the production of impeccable drugs.
   (b) It has revolutionized the development of alternative herbal therapy.
   (c) It regrettably doesn't have an influence on previously developed and approved drugs.
   (d) It is expected to ameliorate current limitations of the medical industry.

33 Q: What can be inferred from the passage?

   (a) Some drawbacks still exist in discovering and delivering traditional drugs.
   (b) Nanotechnology has failed to discover drugs without any side effects.
   (c) Accumulated knowledge about medicine opposes nanotechnology.
   (d) There is much to be desired in understanding the nanotechnology.

Questions 34-35

Free Trade Agreement: Pros and Cons

by Jack Baker

Most countries around the world have signed free trade agreements with other countries, which lessen tariffs, taxes, and duties imposed on imports and exports. International free trade agreements among countries have several advantages. Each government estimates that the treaties increase each country's economic growth by 0.7 percent a year. Although prior to the agreements each business was protected by the government, the removal of the protection motivates each business to become an authentic global competitor. A lot of subsidies which have been provided for local industry segments can also be put to better use after the agreements. Moreover, foreign investors will add capital to expand local industries and boost domestic businesses.

However, free trade agreements have been harshly criticized for some reasons. Most of all, reducing tariffs on imports lets companies expand their business to other countries and outsource their major business sectors. Developing countries don't have laws to protect others' patents and inventions, so theft of intellectual property frequently occurs there. In addition, a throng of multi-national companies usually outsource jobs to emerging countries, but poor working conditions there don't offer adequate labor protection. Finally, developing countries often don't have proper environmental protection, which leads to depletion of natural resources.

34. Q: Which of the following is correct according to the article?

   (a) Free trade agreements among countries don't affect each country's economic prospects.
   (b) Many companies were protected by the government before signing free trade agreements.
   (c) Tax reduction in trade encourages more companies to return to their domestic market.
   (d) Outsourcing occupations has contributed to improving working conditions.

35. Q: Which statement would the writer most likely agree with?

   (a) Governments don't want to incite competition among businesses.
   (b) A country's economic growth has nothing to do with a government's economic policies.
   (c) Many businesses might prefer eliminating tariffs on imports and exports.
   (d) Developing countries gain few benefits from free trade agreements.

ACTUAL TEST

4

Reading Comprehension

TEPS

Directions

This section tests your ability to comprehend reading passages. You will have 40 minutes to complete 35 questions. Be sure to follow the directions given by the proctor.

Part I Questions 1—10

Read the passage and choose the option that best completes the passage.

1. Blueberries are now _____. Researchers asked nine adults in their 70s who were experiencing memory lapses to drink about two and half cups of blueberry juice a day for 12 weeks. A comparable group of seniors were given only a placebo for the concurrent period. Study results indicated that the seniors imbibing the blueberry juice showed significant improvement in learning and on memory tests compared to the control group.

   (a) important for seniors that have experienced a stroke
   (b) better than other types of berries
   (c) said to be the bastions of memory
   (d) providing you with the best flavor

2. Logic, which is the basis of rhetoric, comes from culture; it is not universal. Rhetoric, therefore, is not universal either but varies from culture to culture. English logic and English rhetoric, which are based on Anglo-European cultural patterns, are linear—that is, a good English paragraph begins with a general statement of its content and then carefully develops that statement with a series of specific illustrations. A good English paragraph may also use just the reverse sequence; it _____.

   (a) shows a series of illustrations following a general statement
   (b) is a summary of all the ideas in the paragraph
   (c) results in a straight sequence from the first to the last sentence
   (d) may state a series of examples and then summarize them in a single statement

3. As early as the 19th century, scientists _____ in water than it does in the air. Originally building on the knowledge of fishermen and naval personnel, early researchers invented devices that could measure the distances sounds could travel through water using their echoes. First used for military purposes, these devices assisted in the further discovery that variances in water salinity, temperature, and pressure significantly influenced the distances sounds could travel.

(a) discovered that the temperature drops faster
(b) proved that pressure builds up more rapidly
(c) found out that an echo gets reflected more
(d) knew that sound propagates differently

4.
Local News

Lawmakers in Arizona recently authorized the hiring of 1,000 new caseworkers for the state's child protection agency. This followed news that more than 6,000 reports of child abuse had gone ignored. The additional caseworkers may enable the agency to be more responsive, but the same group of lawmakers also reduced funding for parent education programs and child-care rebates for low-income parents. Without addressing the problem at a deeper level, the new measure _____.

(a) is not likely to have the intended impact
(b) still reduces the problem of child abuse
(c) brings greater awareness to the problem
(d) helps children in need find safer homes

5. From 1920 until about 1930 an unprecedented outburst of creative activity among African-Americans occurred in all fields of art. Known as the Harlem Renaissance, this was more than just a literary movement or social revolt against racism. The Harlem Renaissance exalted the unique culture of African-Americans and redefined African-American expression. Black urban migration to northern cities, the rise of radical black intellectuals, combined with trends in American society as a whole toward experimentation during the 1920s contributed to _____.

   (a) this African-American movement against racism
   (b) this dramatic rise of the black civil rights movement
   (c) this unique redefinition of Renaissance intellectuals
   (d) this unprecedented success of black artists

6. School textbooks are the latest battleground in the war between science and religion, and Texas is at the center of the debate. Many education officials there believe the Bible's theory of creation should be described in textbooks, while climate change should be excluded, based on claims it hasn't been scientifically proven. Because Texas purchases more textbooks than most other states, publishers sell the books selected in Texas to school districts across the country. This could mean _____.

   (a) children will have the opportunity to learn competing theories
   (b) a single area of the country will affect education nationally
   (c) schools will include church services as part of the school day
   (d) teachers will be free to teach the theories they believe in

7.
Book Review

Cole's character development in her recent novel is beyond compare. Her sensitivity towards all the characters, but especially the protagonist and antagonist, takes us _____. While Cole makes us sympathize with the main character, Paula, we are left feeling that indeed she brought a lot of problems on herself. And while we do tend to loathe Cassidy, the manipulative half sister of Paula, we also feel sorry for her as she obviously has had to struggle against inner demons Paula never had to face.

(a) to an untrodden world no one has ever travelled before
(b) into the lives of two unusual but very attractive characters
(c) where people live two different lives with one identity
(d) through a psychological tour of the human inner-sanctum

8. Trying to do too many things at once _____. Because we lead such busy lives, we think we should perform several tasks at once or we'll never get anything done. But this prevents us from focusing fully on any single experience, causing feelings of distress and discontent. Consider the advice of Buddhist monk Thich Nhat Hanh, who said being aware in the present moment brought greater peace than "worrying about what just happened or what comes next."

(a) helps us accomplish duties more quickly
(b) has little effect on a person's mood
(c) is the only way to manage heavy workloads
(d) leads to more sadness than success

9. It was first thought King Tut, the ancient ruler of Egypt, was murdered by a rival. But as technology improved, archeologists studying King Tut's remains found evidence to refute that theory. Analysis showed the young ruler broke his leg, while DNA testing indicated he had malaria. _____, even with this new information, it's difficult to know what caused his death. Some think the malaria caused him to fall, break his leg, and develop an infection. Others even think he died from the lethal bite of a poisonous animal.

(a) However
(b) Likewise
(c) Consequently
(d) Otherwise

10. Hemp provides a fiber that can be used for paper, fuel, oils, textiles, food, and rope. Many cultures, over thousands of years, have cultivated the crop and not long ago it was used to make ropes and cables for the sailing ships of early explorers. These days, _____ synthetic fibers have replaced hemp in ropes and cables, proponents of hemp are arguing that four times the amount of paper could be produced from land using hemp rather than trees.

(a) hence
(b) in fact
(c) while
(d) in sum

Part II Questions 11–12
Read the passage and identify the option that does NOT belong.

11. Did you realize you can help the climate by reducing your consumption of meat? (a) Consider that raising animals requires large stretches of land, which must be cleared of oxygen-producing plants. (b) At the same time, animals are fed grains, which require large fields for farming, as well as fertilizer that releases heat-trapping chemicals into the atmosphere. (c) Even labels on meat products can be misleading in terms of sustainable farming practices and the use of antibiotics. (d) Meat preparation uses a great deal of fuel as well, as some producers ship meat across an ocean to be cut, packaged, and then returned.

12. Dance movement therapy assumes that the body and mind are inseparable, and movement can be used to heal and integrate both. (a) Based on this premise, movement has a symbolic function and can reveal unconscious processes that help therapists direct treatment. (b) Dance and body motion can also help clients express difficult emotions nonverbally, which can alleviate psychological burdens. (c) Many people experience tremendous difficulty when asked to discuss damaging experiences they've tried to forget about. (d) By cultivating deeper connections between mind and body, clients can gain more self-awareness, confidence, and comfort.

Part III Questions 13—25

Read the passage, question, and options. Then, based on the given information, choose the option that best answers each question.

13. Having a foothold in southeastern Europe for centuries, the Ottoman Empire had long wielded considerable pressure on the West. Some of this derived from the empire's geopolitical location which linked three continents and up to 28 nations at its height. It controlled Greece and the Balkans, not to mention the North African coast, and European states were not only blocked on land but also at sea from trade with the East. The last major crusade failed to defeat the Ottomans at the Battle of Nicopolis in 1396. It took a world war to see the end of their empire in the 20th century.

    Q: What is the passage mainly about?

    (a) How the West finally defeated the Ottoman Empire
    (b) The historical impact of the Ottoman Empire on Europe
    (c) The invasion of European countries by Ottoman Empire
    (d) The relative military strengths of Europe and the Ottomans

14. Perhaps the most well-known branch of the United Nations is the General Assembly. Here, the member states gather to discuss the affairs of the world. It also passes a budget for the entire UN organization based on fees collected from member countries. Another duty is electing members to the other branches including the UN Security Council, the UN Secretariat, and the International Court of Justice. In turn, the UN Security Council, five permanent and ten elected members, passes enforceable resolutions for maintaining peace and security. The UN Secretariat provides administrative assistance through informative reports.

    Q: What is the main idea of the passage?

    (a) The various branches of the UN work in complementary capacities.
    (b) Only the UN Security Council has any real influence in the world.
    (c) The General Assembly determines what the other branches should do.
    (d) All resolutions by the Security Council are judged by the Court of Justice.

15. Before and even during the Stone Age, bone tools were also likely used along with stone but their archaeological evidence is almost non-existent. Scientists analyze stone implements and stone monuments for their age, method of manufacture, and use. It is critical to note that stone tools do not necessarily define the social organization or technology of the society that left them behind. Stone is simply the most durable part of the fossil record. Whether they were hunters or farmers, whether they cooked their food, or what religious practices they followed must be inferred from other sources.

Q: What is the passage mainly about?

(a) The extent of information gatherable from stone remains
(b) Tools during the Stone Age made from various materials
(c) Early human use of non-stone tools for farming or cooking
(d) The diversity of applications of stone tools in the Stone Age

16. A regional accent, a distinctive way of pronouncing words, comes from learning a language in a particular area. If the accent is from the influence of one's first language, it is a foreign accent. If an accent departs from standard speech too often, it may be difficult for others to understand. However, a dialect is an established accent, which all the locals in a region use and which may also have its own words for certain things. Standard speakers usually can understand a dialect through exposure, even if they are unfamiliar with some of the local vocabulary.

Q: What is the main topic in this passage?

(a) The different kinds of accents and dialects
(b) Learning to define the region of an accent or dialect
(c) Differentiating a regional accent from a foreign accent
(d) Obstacles to speaking a standard dialect without an accent

17. Some universities seek to become research universities where some faculty continually produce original research in their fields. These universities focus on research by offering doctorate degrees to students. The concept originated in Europe and asks professors to both teach and stay productive in their field. While university staff may work year-round, faculty are typically only employed for the nine months of the academic year. Consequently they can use their time off to conduct research and seek external funding from public and private agencies. Occasionally a non-teaching researcher will be given access to a university's resources specifically to do research.

Q: What is correct about university faculty according to the passage?

(a) Universities never directly provide funds for their research.
(b) They are required to be leaders in their academic areas.
(c) Research money can come from governments or companies.
(d) Most faculty in European universities conduct research.

18. Since ancient times, people have noted that the sun and moon appear larger at the horizon than when directly overhead. Of course, logic says that these objects cannot change their size. But the optical experience is curious indeed. This is called the "Moon illusion," and it still contains several possible explanations. One is that our brains expect something at the horizon to be farther away. This expectation makes the moon look surprisingly large. Another explanation is that other objects at the horizon are small and so make the moon appear larger by comparison. Clouds, for example, get smaller at the horizon and make the moon look larger.

Q: Which of the following is correct according to the passage?

(a) The Moon illusion is still an unexplained mystery today.
(b) Several theories help to explain the Moon illusion.
(c) The horizon is responsible for the Moon illusion.
(d) The Moon illusion is a newly discovered concept.

19.

Dear Mr. Anders,

In regards to your offer to have me on board Direct Logic Systems, I would be most pleased to accept the position of Chief of Projects at your Darien location. Thank you for getting back to me so soon after interviewing me. As I mentioned at the interview, I will be available to work starting on the first of June next month. I will need the extra time to wrap up my previous obligations at my present employer. But I am eagerly anticipating working with you and all the staff at the DLS building. If you need to contact me before that date, please do feel free to reach me at 555-1904.

Yours truly,
Wendy Hopkins

Q: Which of the following is correct according to the letter?

(a) The writer is accepting a resignation.
(b) The intended receiver of this letter is Ms. Hopkins.
(c) The job will start after finishing at the old job through June.
(d) The new employer will be Direct Logic Systems.

20.

Effective Sales Strategies

The first step in a sales strategy is to identify the target market and enlarge it if it's too small.

Next is the process of reaching that target market through building and expanding on a network of contacts and creating new ones.

A critical part of any sales meeting is to listen to the client's needs and not just talk about the product.

And when a sale is made, the sale doesn't end there but continues as a relationship with the customer.

The final step to an effective strategy is to evaluate the progress being made and carry out modifications as needed.

Q: Which of the following is correct about sales strategies according to the passage?

(a) It should conform to the customers and their needs.
(b) Evaluation and adjustment are essential elements.
(c) The most critical part is to follow up on every sale.
(d) A target market builds on an existing customer network.

21. Food processing converts foods into usable consumer products. Canning, freezing, juicing, and dehydration are examples. Processed foods, however, are those which are highly engineered for attractiveness, convenience, and long shelf-life. Obvious examples are fast foods and instant foods, but others are not as apparent. Even store-bought foods may contain artificial sweeteners, stabilizers, coloring agents, salt, and chemical preservatives. Processed foods have the advantages of easy distribution, lower costs, and more convenience. Nonetheless, they are deemed by some as less healthy than food that is only slightly processed.

Q: What is correct about processed foods according to the passage?

(a) They are necessary to feed the growing population.
(b) They sacrifice health for purchasing appeal.
(c) Not all instant foods are necessarily processed foods.
(d) Juices, dried fruits, and frozen items are examples.

22. **THE BURLINGTON NEWS**

Society > Education

The common wisdom for good study habits is familiar to parents and students: find a quiet study area, stick to a homework schedule, and set specific goals for study. But research shows that some of the traditional ideas about good studying are simply wrong. Instead of studying only in one location, studying in different locations is shown to improve study. One experiment had two groups of students memorize 40 new vocabulary words. The group that studied in two very different rooms did far better than the group that stayed in one room. The authors of this two-room experiment believe our brains connect what we are studying with the environment we are in. Changing backgrounds may enrich our mental associations.

Q: Which of the following is correct according to this passage?

(a) Studying in a noisy area is better than a quiet one.
(b) Research on studying supports conventional advice.
(c) Studying in different rooms increases endurance.
(d) Some old advice on studying may be incorrect.

23. Despite what fictional television shows may portray, Baltimore is not all criminal conspiracy and anarchy in the streets. The city still retains a semblance of law and order and the loyalty of its citizens, most notably in the culinary department. With steamed crabs and fresh oysters from Chesapeake Bay, the city also has its share of nearby farms and mountains to provide a range of options for diners. Whether it's an old neighborhood crab house or at the Lexington Market, the city remains a seafood lover's delight.

Q: What is the writer most likely to agree with?

(a) Crime and poverty are taking a toll on quality of life.
(b) Seafood is still one of Baltimore's greatest attractions.
(c) The food in Baltimore is second-to-none in the country.
(d) A few select places in Baltimore still offer old-time foods.

24. The indigenous Sami peoples of northern Scandinavia are being increasingly recognized and protected by the modern nation-states that encompass their territory. Also known as Laplanders in the Norwegian language, they are the largest population culturally and linguistically distinct from other groups in Europe. Until as recently as the 1940s, they had faced pressure to culturally assimilate with their more settled neighbors to the south and coasts. But with today's atmosphere of multiculturalism, their social and political rights have become more validated. Legal protection of traditional lands and customs and parliamentary representation are granted to them today.

Q: What can be inferred from the passage?

(a) Governments are compensating for past wrongs.
(b) Contemporary Europe is embracing its indigenous cultures.
(c) The indigenous Sami would like to be left alone.
(d) Multiculturalism requires sacrifice by society.

25. Although the alchemists of long ago are often regarded as superstitious magicians, they did help pave the way for some important scientific discoveries. In their vain search for an elixir of life and a way to turn various metals into gold, they discovered new chemicals that are now common in such products as dye, varnish, medicine, glass, and steel. Alchemists also developed waterproofing, smelling salts, and some painkillers. Of course, some alchemists were undoubtedly frauds. Nonetheless, one early alchemist developed a theory of gas, and others led the way to an understanding of blood circulation and enzymes and hormones. Although their work was limited by a lack of scientific knowledge and rigor, many were dedicated amateur scientists whose discoveries opened new doors.

Q: What can be inferred about alchemists from the passage?

(a) They could be considered very early chemists because of their work.
(b) They were professionally-trained men practicing their art and science.
(c) They found that metals were not unique substances.
(d) They cared more about medicine than making gold.

Part IV Questions 26—35

Read the passage, questions, and options. Then, based on the given information, choose the option that best answers each question.

Questions 26-27

Global Data Protection and Privacy Notice

Russell Software Co. has issued the Global Data Protection and Privacy Notice to inform customers of how we deal with personal information. We honor the privacy of individuals and are devoted to handling their confidential personal information responsibly and legally.

1. We require all customers to provide basic information such as their name, email address, and phone number in order to transact business. We will only use the personal information to fulfill business transactions and achieve other purposes designated in this notice.

2. We may also collect personal information indirectly from third parties, including business partners or third-party providers of marketing lists.

3. We collect information pertinent to fulfilling business transactions on a customer's behalf. But we do not collect sensitive confidential information such as racial or ethnic origin, religious beliefs, political opinions, genetic data, and biometric data.

4. Collected personal information will be retained no longer than necessary with regard to business purposes. In the course of doing so, we are dedicated to ensuring that customers' information is secure. We are trying to safeguard the information we collect so as to prevent unauthorized access or disclosure.

26. Q: What is the main purpose of the notice?

    (a) To ask customers to protect their personal information from disclosure
    (b) To announce collaboration with third parties on dealing with personal information
    (c) To restrict and designate the range of disclosable information
    (d) To explain a company's personal information protection policy

27. Which of the following is correct according to the notice?

    (a) The company can use customers' personal information without any limits.
    (b) The company will garner personal data only through the direct consent of customers.
    (c) Discriminatory information concerning race and religion will be excluded.
    (d) Personal information, once collected by the company, will be kept forever.

Questions 28-29

ANOTHER WORLD: ONE COMPLETE LIE

Melinda Scott is one of *The New York Herald* 's bestselling authors and the author of 10 famous novels, including her bestselling, *Another World*. In the novel, the protagonist has many secrets and lies, which are described with mystery, suspense, crime, a little romance, and lots of drama.

The protagonist Martin Brooks is depicted as a handsome stranger and a fat liar, whose name and résumé prove to be lies. When applying for a teaching position, his charming and eloquent attitude helps him get the job, not just a teacher but also an assistant football coach. He succeeds in ingratiating himself with the students, faculty, and even parents.

Another World seems to leave many readers wallowing in a plethora of emotions. There are so many twists and turns in the novel, which are facilitated not only by Scott's talent to grip them but also by her ability to make every character real and complete. Enthralling and suspenseful, the novel is an emotional thriller and a compelling crime story.

28. Q: What is the passage mainly about?

   (a) A fictional story that causes readers to have a range of emotions
   (b) A mystery which was selected as bestselling by *The New York Herald*
   (c) A novel describing a successful teacher and sports team coach
   (d) An innovative writing style pioneered by a rising novelist

29. Q: What can be inferred about *Another World* from the passage?

   (a) The protagonist has to authenticate his identity to be employed as a coach.
   (b) The protagonist gradually brings to light his secrets and lies to readers.
   (c) The novelist shows her realistic depiction of each character's traits.
   (d) The novelist's autobiographical experience enhances the novel's reality.

Questions 30-31

Roads: Development vs. Deforestation

As an economy develops, more roads are constructed, accelerating deforestation. Under these circumstances, the Global Forest Disturbance Alert System mapping the destruction of forests on a yearly basis has emerged as an alternative solution to deforestation and has been considered more sophisticated than any other system. It uses satellite imagery to detect deforestation whenever it occurs in order to take measures before it expands. Satellite images also reveal the extent to which forests are depleted soon after a road is constructed nearby.

According to the system, more than 90% of forest loss occurs within 4 km of a road newly constructed, which demonstrates that road building is a major driver of deforestation. Therefore, environmental campaigners assert that urgent measures are needed to curtail the construction of roads on land covered by forests. Curbing road construction and protecting forest areas is deemed integral to the fight for preventing climate change, warding off floods, and protecting biodiversity. Eventually, keeping intact forests free of roads is a cost-effective way to tackle many climate-related problems.

30. Q: What is the main purpose of the article?

    (a) To report the actual extent of deforestation in the world
    (b) To warn about the environmental effects of deforestation
    (c) To propose a few methods to protect forests in many areas
    (d) To show that the construction of roads is the cause of deforestation

31. Q: Which of the following is correct according to the article?

    (a) The destruction of forests is documented biannually.
    (b) Satellites are used to take actions to prevent destruction of forests.
    (c) Building roads is a minor cause of speeding up deforestation.
    (c) Road construction has nothing to do with climate change.

Questions 32-33

http://www.chinadaily.com.cn/hkedition

WILL EXTENSION OF RETIREMENT AGE BE BENEFICIAL TO SOCIETY?

Taking into account the suggestions from the Committee for Preparing the Aging Society (CPAS), the state government announced that it plans to encourage extending the retirement age. The state has come to the point where an imminent decision is crucial in addressing the problem of the aging population and in turn the consequence of labor shortages. So the government plans to first extend civil servants' terms of service by five years. The retirement age for all newly hired officials will be raised from 63 to 68. In addition, those already in service will be entitled to postpone their retirement.

The government's policy is expected to have an influence on the whole society. It will encourage more private companies to follow suit and try to retain experienced skilled employees. This can undoubtedly prevent the waste of hiring and training human resources. The committee predicted that those aged 65 and over would increase up to more than half in population in 2042. Consequently, there are many benefits to extend the retirement age; it is beneficial for companies to retain experienced workers, it is to the benefit of employees to able to continue working, and it is eventually favorable to the government to alleviate the burden of social welfare.

32. Q: Which of the following is correct according to the editorial?

    (a) The retirement age is not a concern among state government officials.
    (b) The issue of labor shortage can be solved regardless of the aging population.
    (c) Private companies have been reluctant to retain old-aged employees.
    (d) Extending the retirement age can be helpful to the government's policy.

33. Q: What can be inferred from the editorial?

    (a) The government can compel private companies to follow its policy.
    (b) Hiring and training new employees is considered more cost-effective.
    (c) The current retirement age might put social welfare into danger in time.
    (d) Extending civil servants' terms of service will be applied only to newly employed ones.

Questions 34-35

Pollock and Abstract Expressionism: New Visual Language

The 1940s saw a new art movement in the United States, which had a profound influence on the art world. It was called Abstract Expressionism, but it has been hard to define what it was since individual leading artists had different painting styles. However, the term "Abstract" is deemed appropriate since none of the prominent Abstract Expressionists pursued traditional representational or figurative art. On top of that, the word "Expressionism" is proper in describing the artist-centered nature of the Abstract Expressionist painters. That means, for the first time in the United States, art became more about the artist than the subject matter itself.

Taking Jackson Pollock, for example, who is known for his drip paintings, his painting actions that look like walking or dancing while painting created not only rich abstract works of art but also the artist himself. Therefore, while looking at Pollock's paintings, it is not difficult to bring to mind a few things about Jackson Pollock, including his mood and intensity. Just like Pollock, Abstract Expressionist artists tried to express their individuality, personality, or even their feelings and ideas through emotional and non-representational art.

34. Q: What is the main idea of the passage?

   (a) How Abstract Expressionism begins at first
   (b) What Abstract Expressionism means and what its artists presented
   (c) Why Jackson Pollock chose Abstract Expressionism
   (d) How Jackson Pollock expressed himself in his paintings

35. Q: What can be inferred about Abstract Expressionism?

   (a) It had the tendency to stick to the traditional approach of painting.
   (b) The artists in it held firm to the same or similar painting styles.
   (c) It is not easy to know which artist is responsible for its paintings.
   (d) The artists in it tried to portray their inner world through their paintings.

ACTUAL TEST

5

TEPS

Reading
Comprehension

DIRECTIONS

This section tests your ability to comprehend reading passages. You will have 40 minutes to complete 35 questions. Be sure to follow the directions given by the proctor.

Part I Questions 1–10

Read the passage and choose the option that best completes the passage.

1. Though the Socratic method is rarely used these days, many say it would be an ideal substitute for the current education framework. Modeled after Socrates's own approach, a disciplined questioning process can be used to help students see multiple interpretations of history, philosophy, or literature. The contributions of other classmates are meant to replicate the many competing thoughts of a mind capable of reasoned evaluation. The goal is to train students to _____.

   (a) engage in productive conversations with one another
   (b) study and learn independently through research
   (c) speak to classmates and teachers with respect
   (d) find solutions by studying problems from many angles

2. Some science-fiction writers had imagined inventions long before _____. For example, Jules Verne wrote about submarines and moon rockets in the nineteenth century. H. G. Wells described nuclear weapons in 1914. In *The World Set Free*, Wells describes scientists using a substance similar to plutonium to create a bomb. Dropped from a small plane, this bomb destroys an entire city with a massive release of atomic energy. Wells wrote about this bomb at a time when the armies of Europe relied on horses.

   (a) they published their books
   (b) they became practical realities
   (c) the real war broke out
   (d) readers recognized that they wrote about them

3. The ability to reproduce multiple times and differentiate into various specialized cells is what characterizes the stem cell. These cells are able to generate new tissue and replenish any that are lost or damaged. They even constantly renew tissues such as skin or blood. Stem cells have been used for years in the treatment of illnesses, notably of leukemia through bone marrow transplants. The promise of more applications of stem cell therapy leads some to envision a new panacea, a cure-all for any ailment or even for aging itself. However, _____.

(a) there is a wide range of new possible cures in this area of research
(b) exuberant hopes of miracle cures may prove overly optimistic
(c) researchers will continue to explore the promise of this new field
(d) legislation is still searching for a balance between progress and ethics

4.
Notice

The company has been running at a loss for the past three years, due to the rising cost of production and the fall in demand for our products because of the economic situation. Therefore, we have to announce that _____ over the next month as production will be reduced by forty percent. Those employees affected will be advised within the next two weeks and will receive full severance pay, plus holiday pay.

(a) there will be salary negotiations
(b) one third of the workforce will be cut
(c) the factory will be closed for two weeks
(d) most employees will be relocated

5. Throughout history, world leaders _____. With the advent of photography, this has been increasingly important. Stalin hid a deformed arm beneath his heavy uniforms. Roosevelt disguised the effects of polio during public appearances. He created the illusion that he could walk by leaning on the arm of an aide and using a cane. Kennedy did not wish to be seen smoking his favorite cigars in public. He would slip the lit cigar into his pocket before leaving his car or Air Force One. Kennedy burned many of his suit jackets in this effort to avoid being seen as a cigar-smoking politician.

(a) have been reported to care about their appearance
(b) have usually disguised their physical weaknesses
(c) have been concerned about their public image
(d) have been famous for living on illusions

6. The minimum wage in America has been stuck at the same rate for years. The financial crisis that began in 2008 made it impossible to consider an increase when businesses had to lay off workers. But as the economy stabilizes, an incremental increase in the minimum wage would allow lower-income earners to spend more money immediately, having a positive impact on the nation's overall growth and allowing for more job creation. By enforcing higher wages, _____.

(a) employers will have fewer incentives to increase hiring
(b) workers will have increased opportunity to change jobs
(c) the economic outlook will hold steady for several years
(d) the nation can accelerate recovery and help its citizens

7. Scepter Consulting has worked with energy companies for more than 15 years, helping _____ in their highly-competitive industries. Our consultants begin by carefully reviewing each client's business model and identifying areas to cut costs and increase revenue. We also provide training in sales, marketing, and brand enhancement for your business's employees. Our service has been shown to more than pay for itself upon implementation. Call us today to boost your company's earnings.

(a) maximize their reputation and profits
(b) get the latest sales management software
(c) learn about the latest energy regulations
(d) improve your hiring practices

8. The real culprit in the recent decline of stock markets is the investing public. This includes people like you and me and others, like the analysts and professional money managers, who should know better. How realistic can it be for a company to have a continuous growth pattern of 20 percent or more each year? No one questioned it. No one cared where the company would be 5 years, 10 years, or 20 years from today, either. We were all just interested in instant profit and growth. We diverted from a business plan that provided for profitable operations, a growth pattern, and a continuous investment in our future. It's clear that we have to _____.

(a) press money managers for higher earnings
(b) reduce the pressure to go for instant profits
(c) arrest some of the deceptive money managers
(d) have the government intervene to solve the problem

9. The health council is in favor of requiring food producers to label all foods that contain genetically modified ingredients. Consumers have the right to know what they're purchasing, particularly in food products. Although research and testing hasn't confirmed that genetically modified plants and animals are harmful to the body, it's important not to ignore the possible risk. _____, if food companies are confident about the safety and quality of their products, they should have no reservations about providing complete information to consumers. For the reasons outlined above, the council recommends the Food and Drug Administration implement stronger regulations on the industry.

(a) However
(b) Otherwise
(c) Moreover
(d) Instead

10. Without a doubt the single greatest source of entertainment among children ages 5 to 15 is the television. _____, these "electronic babysitters" occupy more of a child's time during a one-week period than an adult's full-time job. Children watch an average of 5.5 hours of television a day during the week, and 6.7 hours on Saturday and Sunday. Sociologists worry about the effects that massive amounts of television exposure are having on our children's health. Without proper exercise and stimulation, children can quickly become obese and lethargic.

(a) On the other hand
(b) In particular
(c) As a result
(d) On average

Part II Questions 11—12

Read the passage and identify the option that does NOT belong.

11. Today's training program is meant to help you strengthen your sales skills and utilize opportunities to better engage clients in our business. (a) One session will focus on language you can use to exude more confidence and cultivate more trust with your customers. (b) An assessment of recent sales activity shows our pricing isn't in line with market values and we're trying to adjust. (c) You'll also learn how to assess clients' budgets and sell products so buyers feel you understand their limitations. (d) Another key learning element will be how to follow up with clients to enhance their loyalty to the company and encourage future purchases.

12. The philosophy of Epicurus, the Greek thinker who lived in the 2nd Century BC, became known as Epicureanism. (a) Unlike Hedonism, which encouraged unlimited pleasure, Epicureans felt moderation was essential to responsible living. (b) Epicureans believed the purpose of life was to attain happiness, pleasure, and freedom from fear and pain. (c) Moral distinctions about good and evil could be determined simply by asking whether a certain action produced pleasure or pain. (d) They were also unhindered by thoughts of the afterlife, for the gods neither punished nor rewarded humans for their behavior.

Part III Questions 13–25

Read the passage, question, and options. Then, based on the given information, choose the option that best answers each question.

13. Rejecting the smoothness of disco, the sounds and rhythms of hip hop are more harsh and abrupt. The latter can be described as a response or even a backlash to the former. The turntable, the synthesizer, the drum machine, the sampler—all these technologies were part of early hip hop. Then there are elements that came later but are now synonymous with the genre. Examples include rapping, break dancing, and social commentary in the lyrics. These later facets have come to contribute to the hip hop culture. And just as in the past, hip hop continues to evolve today.

    Q: What is the best title for the passage?

    (a) Music Genres Derived from Disco
    (b) Social Background That Gave Birth to Hip Hop
    (c) The Development of Hip Hop
    (d) How New Technologies Influence the Evolution of Hip Hop

14. Most people in Detroit are not aware of the vast network of streets a thousand feet under them. These streets are as wide as four-lane highways. Truck headlights turn the floors, walls, and ceilings of this underground city into a mysteriously shining and dazzling white world. While many Detroiters made cars above ground, other Detroiters dug salt invisibly beneath them. Scientists estimated the Detroit mines would last for millions of years. Surprisingly, the mines closed in 1983 because they were unable to compete with cheaper salt from Canada.

    Q: What is the passage mainly about?

    (a) Salt mines in Detroit
    (b) A network of streets in Detroit
    (c) The car industry in Detroit
    (d) Competition between the U.S. and Canada

15. The Bible helped shape Arab culture even before Islam was founded in 622 AD. The Prophet Muhammad began the Muslim tradition but did not completely alter the Arab culture. He mostly continued the customs of earlier times. For example, for meat to be halal, or fit for eating, the animal must be sacrificed by a Muslim, Christian, or Jew. As another instance, Arabs continue to pronounce God's name before eating or drinking. This was the case before Muhammad as well as after. Among the new traditions were the practice of five daily prayers and the pilgrimage to Mecca.

Q: What is the main idea of the passage?

(a) Daily prayers and pilgrimages are also performed by Christians or Jews.
(b) Muhammad changed many Arab customs but left a few intact.
(c) Islam allows the sharing of the customs of other religions and faiths.
(d) Arab customs derived from Biblical traditions before Muhammad.

16.

Health News

A high-protein breakfast (containing 40 grams of protein) is one key to long-term weight loss, according to new research from David Katz, MD. In his eight-month study, obese individuals who ate a 600-calorie breakfast and a small lunch and dinner lost an average of 40 pounds. The hormones that transform food into energy prevail at sunrise, so a big breakfast with plenty of protein (such as eggs, lean breakfast meats, low-fat cheeses, and protein smoothies) will speed up your metabolism and reduce hunger and cravings later in the day.

Q: What is the main idea of the passage?

(a) A high-protein breakfast results in weight loss.
(b) The hormones are responsible for weight loss.
(c) Some hormones are produced more in the morning than in the evening.
(d) Weight loss is a key to solving the health problem of obesity.

17.

> ## Book Review
>
> The story elements of the novel *We Don't Live Here Anymore* give the impression of overall believability. Readers are sure to feel the story is plausible and true to life. While it entertains us, the book also provides a template for understanding how human interactions work. The characters of the novel go about their normal family lives with their spouses and children. Then small broken promises and forgotten vows test their marriages and friendships. We get a real glimpse into the psyche of each character as the decisions they make bring consequences they must deal with.

Q: Which of the following is correct about the novel according to the passage?

(a) Its characters pursue moral perfection.
(b) The way the story develops is highly realistic and natural.
(c) It shows the dark side of modern society.
(d) The story is mainly about friendship.

18. The onset of the common cold is typically gradual, with symptoms including congestion, coughing, sore throat, runny nose, and a lack of energy. A person can still walk around and even work through a cold. In contrast, a flu often comes on suddenly and is usually accompanied by a fever, headache, dry coughs, and extreme fatigue. In both cases, the body is fighting off a viral infection and getting plenty of rest and fluids is recommended. As always, prevention is best. Avoiding those who are infected and washing the hands helps avoid both.

Q: What is correct about the common cold according to the passage?

(a) People are advised to move around and continue their activities.
(b) Its symptoms differ with the flu but treatment is the same.
(c) The body can better fight it by exercising and drinking fluids.
(d) Good hygiene and staying away from sufferers helps prevent it.

19.

> ## User's Manual
>
> Thank you for purchasing software from Quicksmart Corporation. We are sure you will be pleased with your choice.
>
> Simply place the CD in the CD drive and follow the on-screen instructions.
>
> If you have enough space on your hard drive, we recommend a full installation. This will save times and you will not have to change CDs while running the program.
>
> If space is limited on your hard drive, choose the minimal set-up. You will still get all the great features and online help.
>
> Also, please be certain to register your software after installation so we can keep you updated on new developments and promotions.

Q: Which of the following is correct according to the passage?

(a) Users can sign up for promotions and discounts if there is space on their hard drive.
(b) Users have to choose the minimum installation if they run out of space on their hard drive.
(c) Users have to keep changing their CDs while running the software program.
(d) Users can register the software before they install it.

20. One of the first of its kind planted in Britain, the "Old Lion" maidenhair tree in Kew Gardens dates from about 1762. This was soon after the European debut of the tree species in the early 18th century. The species is originally native to China. It is thought that Old Lion's unusual multiple stems are the result of its transplanting from an unknown location. It is counted as one of the botanical treasures of Britain. It has stood in Kew Gardens adjacent to the Princess of Wales Conservatory for more than 250 years. Other similar trees can be found near the Bamboo Garden area.

Q: Which of the following is correct about the "Old Lion" according to the passage?

(a) It stands inside the Princess of Wales Conservatory.
(b) Britain brought it over from mainland Europe 250 years ago.
(c) It is one of several of its kind in a European country.
(d) The Emperor of China donated it in the 18th century.

21. The demands placed on laundry detergents have been constantly evolving along with trends in clothing materials and washing machines, not to mention the new ways clothes can become dirty. Unlike hand soaps, detergents are required to withstand dissolving in water long enough to get rid of stains. Detergent formulas typically contain water softeners such as sodium tri-phosphate along with small amounts of bleach and enzymes. Phosphates, however, have low biodegradability and so harm the water supply and marine life. Some countries are moving to ban them in favor of more environmental zeolites.

Q: What is correct about laundry detergents according to the passage?

(a) The bleach in laundry detergents is not biodegradable.
(b) Water softeners readily dissolve in the washer.
(c) The fundamentals of cleaning clothes remain constant.
(d) Better detergent technologies are being sought.

22. **THE THOMASVILLE TIMES**

Local News > Disasters

The flood caused by melting snow which struck Thomasville three days ago is continuing to have an effect. Residents Bill and Katherine Marlow were relieved that their home had escaped any damage during the actual flood, but were shocked when they got home from work yesterday; the flood had undermined the stability of the base of the hill upon which their house is built. The soil had given way and half of the house had slid down the hill into the swollen creek below. The Marlows say they don't know for sure what they will do, but they'd like to rebuild on the same land if at all possible.

Q: Which of the following is correct according to the article?

(a) The rebuilding of the Marlows' house has already begun.
(b) The Marlows were relieved that their house suffered minimal damage.
(c) The flood damaged many homes in Thomasville as well as in other villages.
(d) The Marlows' house was not damaged during the initial flood.

23. The arts should be accessible to the general public without diluting its excellence. So goes the official policy of the art ministry since at least the mid-century. Especially in the case of state-backed arts programs, this guideline would particularly hold sway. Art is seen to function as an enricher of society, all the more so when a nation faces difficult times. That's the rationale of public funding for what amounts to a public service. Indeed, it has been argued that the investment in the arts actually yields an economic return better than most other public services.

Q: What is the writer most likely to agree with?

(a) Times of economic distress call for reduced arts spending.
(b) It is financially sustainable for a country to invest in the arts.
(c) There are never important market failures in the arts.
(d) State-backed arts especially should be of excellent quality.

24. Part rocket and part glider, the Spaceship Two by Virgin Galactic is designed to fly its passengers 60 miles above the atmosphere. At that point in the space tour, the spaceship module will detach from its airplane host and accelerate on its own until the blue sky will reportedly turn black. For a few minutes, passengers will be allowed out of their seats to feel the weightlessness of space. Meanwhile, they may gaze out their windows and gain a new perspective on Earth spinning below them.

Q: What does the passage imply about the space tour?

(a) The spaceship module needs external assistance to reach near outer space.
(b) Passengers will feel G-forces as they accelerate upwards.
(c) The sunrise and sunset will be seen from orbit in space.
(d) The tour will start by rocket on land but descend by glider.

25. What the proposed study ought to provide first is scientific evidence on whether or not Multiple Chemical Sensitivities (MCS) really are causally related to the various chemicals that have been singled out for attention. In other words, are the symptoms really caused by exposure to the fumes of a certain paint, or the dust from a particular kind of wood product, or the tiny droplets of a particular perfume, etc.? If MCSlike symptoms are not yet conclusively linked to the suspected causes, then the government should not be rushing into policy-making decisions. As spokespersons for the Advancement of Sound Science Coalition, we believe that you should wait for science to give the definitive answers.

Q: What can be inferred about the Advancement of Sound Science Coalition?

(a) It emphasizes the role of scientific evidence in decision-making.
(b) It endorses strict regulations over chemical products.
(c) It is funded by companies that produce chemical products.
(d) It will wait for the government to make the correct decision.

Part IV Questions 26—35

Read the passage, questions, and options. Then, based on the given information, choose the option that best answers each question.

Questions 26-27

As first-generation Vietnamese Americans, my siblings and I are the product of two distinct cultures blended into one. The unique flavor of home-cooked Vietnamese dishes, parties with traditional Vietnamese singing and dancing, and constant shifts between English and Vietnamese comprised a simple but colorful mosaic of my childhood. Although my parents sought to share their life in Vietnam, we couldn't grasp their past experience since it had stark contrasts with ours in the United States. We had no feeling for the people in our hometown and were not interested in their desperate living conditions.

During my volunteering activity in Vietnam after graduating from medical school, however, I was immersed in the idea of helping my hometown community by tackling social, economic, and political problems. Along with an American medical team, I participated in a nutrition program for children in the province of Danang and volunteered with the medical staff in the local community. I realized that keeping a community healthy hinges on interdisciplinary collaboration and the power of empathy.

26. Q: What is the writer mainly writing about in the passage?

   (a) Her struggle with a new culture and language as an immigrant
   (b) Her conflict with her parents due to the disparity of lifestyles
   (c) Her awakening to the necessity of helping those in need
   (d) Her job opportunities as a doctor in her homeland

27. Which of the following is correct about the writer?

   (a) Her lifestyle in America slightly deviated from that in Vietnam.
   (b) She grew up as a bilingual person during her childhood.
   (c) She volunteered in Vietnam while she was a medical student.
   (d) She thought medical treatments were most important in the local community.

Questions 28-29

◀ Donald Williams

> Hi, Mr. Williams
> On behalf of the Humanities Conference, I'm pleased to invite you to our inaugural conference that will be held on September 23. This conference is to bring together the best brains for some roundtable discussions on the development of humanities. I would be delighted to have you present at this conference to share your ideas and to hear other experts' opinions. Kindly respond to this invitation before August 31 to secure a place for you.

me

> Hello, Ms. Thomson.
> I'm really pleased to confirm that I'll be attending the conference. It is my honor to be invited by you, and I'm grateful for this wonderful suggestion. I assure you that you will always have my support. Moreover, if there is anything I can do to assist you, please don't hesitate to contact me. I will make sure that no stone is left unturned to make the conference successful. Thanks again for this honorable invitation.

28. Q: Why did Cecilia Thomson send the message?

   (a) To invite Donald Williams to the first conference of an organization.
   (b) To ask Donald Williams to deliver a keynote speech at a conference.
   (c) To tell Donald Williams that she will surely attend a conference.
   (d) To require Donald Williams to attend a conference with his colleagues.

29. Q: What can be inferred about Donald Williams from the chat messages?

   (a) He should send a synopsis of his speech by August 31.
   (b) He doesn't have to respond in order to secure a place.
   (c) He will join the organization committee for a conference.
   (d) He wants to help Cecilia Thomson organize a conference.

Questions 30-31

Airline Cabin Crew

Have you ever wanted to work in aviation but don't know how to break into the industry? Do you like working in a fast-paced environment? Did you ever wish you could work for a company where you could grow your career in an employee-friendly working condition? If so, Pacific Aviation just might be the ideal employer for you! While working for the comfort, safety and welfare of passengers, airline cabin crew will get plenty of contact with people as well as opportunities to travel to international or domestic destinations.

We are seeking self-motivated, positive, enthusiastic, and goal-oriented individuals as an airline cabin crew. Our employees will provide customer support for passengers.

Responsibilities
- Greeting passengers as they board and exit the plane
- Showing passengers to their seats
- Serving meals and refreshments
- Selling duty-free commercial goods to passengers
- Writing flight reports after completing flights

Qualifications
- Customer service/hospitality experience is required.
- Experience in the aviation industry is desired but not a requirement.
- High school diploma or GED certificate
- Be at least 18 years of age
- A valid state driver's license

30. Q: Which of the following is correct about the position's qualifications and responsibilities?

(a) Successful candidates will help check in passengers' baggage.
(b) Successful candidates will help passengers to buy products free of tax.
(c) Applicants must have years of experience in the airline industry.
(d) Applicants must be college graduates before being employed.

31. What can be inferred from the advertisement?

(a) The company is seeking experienced workers who want to work in the aviation industry.
(b) Those with introverted personality traits can apply for the occupation.
(c) The company wants successful candidates to begin working as soon as possible.
(d) Crew members should give a presentation whenever they complete their journey.

Questions 32-33

Insectivorous Plants

Some unlucky insects land on the mouth-like leaves of a pitcher plant, ending up with a grisly death. The plant's prey is drawn into a vessel-like pitcher organ where a specialized cocktail of enzymes digests the prey. According to botanists studying carnivorous plants, the carnivory has evolved in plants probably to cope with the nutrient-scarce soils and to capture nitrogen and phosphorus from their prey.

Carnivorous plants, while widely spread around the world, are rather rare species. They are usually limited to habitats such as swamps, where soil nutrients are extremely restricting but sunlight and water are sufficiently available. Archetypal carnivores usually grow in soils without nitrate and calcium. Plants need nitrogen for protein synthesis, calcium for cell wall stiffening, phosphate for nucleic acid synthesis, and iron for chlorophyll synthesis. In sum, the reason several plants evolved to be carnivorous can be explained by a lack of sufficient nutrients in soil.

32. Q: Why did some plants become insectivorous according to the passage?

   (a) Their distinct organs produce digestive juices to break down food.
   (b) Some insects are strongly attracted to the unique scent of insectivores.
   (c) They need to supplement their lack of nutrition from soil.
   (d) They often have to extract some liquid from insects or worms.

33. Q: Which of the following is correct about insectivorous plants?

   (a) They usually inhabit certain areas in the tropical country.
   (b) Environmental conditions have nothing to do with their growth.
   (c) They usually grow in environmentally limited conditions.
   (d) The soil where the plants grow is rich in nutritional elements.

Questions 34-35

https://www.thepolitics.com/politics/campaign/fundraisingonline

Evolution of Political Fundraising Online

Political pundits assert that these days political campaigns have to raise a huge amount of money to win elections. This seems like a daunting and insurmountable task, which usually frustrates a profusion of political novices and candidates from running for office in the first place.

In the U.S. alone, for example, over $7 billion were spent on the 2016 election, according to the campaign finance watchdog OpenWatch.org. The presidential election, in particular, including primaries, accounts for nearly half of that total. Therefore, in order to run for office, each candidate should be a candidate, a good campaign manager, and even a well-designed fundraising strategist.

Under these circumstances, fundraising ideas for political campaigns are essential. Crowdfunding is one of the most effective methods to raise money. It is an innovative way of raising finance from donors online. It can facilitate the collection of small amounts of money from many ordinary voters.

First of all, an Internet homepage for crowdfunding can be set up and in turn a candidate can receive donations instantly. The web site can be branded, including promotional images and videos, and telling the story of the candidate and his or her campaign. The crowdfunding campaign can also have social media integrations, which can enhance the odds of success.

34. Q: What is the news report mainly about?

(a) The reason political novices have difficulty entering politics
(b) Why political funds should be watched by civic groups
(c) Why ordinary voters refuse to donate political funds
(d) How to effectively raise political funds for campaigns

35. Q: Which of the following is correct according to the passage?

(a) Some politicians often renounce elections due to lack of political funds.
(b) Presidential candidates don't spend more money than Representatives.
(c) Crowdfunding has emerged as the most efficient method for government funding.
(d) An Internet homepage can't be an alternative to collect crowdfunding.

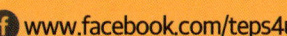

출제 원리에 철저하게 맞춘 전략형 뉴텝스 독해

NEW TEPS 독해

마스터편 실전 500+

정일상·넥서스 TEPS연구소 지음

Reading

모바일 단어장
VOCA TEST
정답 자동 채점

 모바일 단어장
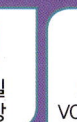 모바일 VOCA TEST
 정답 자동 채점
+
 어휘 리스트 & 테스트
 ACTUAL TEST 5회분 수록

정답 및 해설

NEXUS Edu

NEW TEPS

마스터편
실전 500+ 독해

Reading

정답 및 해설

NEXUS Edu

I 유형별 독해 전략

Unit 01 빈칸 채우기   P 36

1 (b) **2** (d) **3** (a) **4** (b)

1

지난 10년 동안, 많은 도시들이 **환경을 보호하려는** 조치를 취해 왔다. 오스틴과 샌프란시스코에는 더 이상 쇼핑객들에게 비닐봉지를 주는 것을 허가하지 않고 있다. 그 결과, 보다 많은 사람들이 재사용할 수 있는 가방을 갖고 다닌다. 같은 맥락에서, 사람들은 보다 적은 전력이 가동되는 형태로 가정을 변화시키면 할인을 받는다. 태양 전지판을 추가하는 일이나 저에너지 가전제품들이 이제는 그 어느 때보다 더 저렴하다.

(a) 쓰레기의 양을 줄이려는
(b) 환경을 보호하려는
(c) 전기 비용을 낮추려는
(d) 사람들이 돈을 절약하는 것을 도우려는

비닐봉지를 주지 못하도록 하고, 가정을 보다 적은 전력이 가동되는 형태로 변화시키면 할인을 받는 등 환경 보호를 위한 노력들이 진행되고 있음을 알 수 있으므로 빈칸에 들어갈 내용으로 가장 적절한 것은 (b)이다.

take steps 조치를 취하다 **plastic bag** 비닐봉지 **re-usable** 재사용할 수 있는 **vein** 방식, 태도, 정맥 **run on** (에너지원, 연료 등으로) 움직이다, 작동하다 **solar panel** 태양 전지판 **appliance** 가전제품 **care for** 보호하다 **electricity** 전기, 전력

2

매년 전자 기기들이 점점 더 흥미로워지고 있음에도 불구하고, 많은 고객들이 불만스러워하고 있다. 개선된 전화기나 컴퓨터와 함께, 회사들은 배터리나 연결 액세서리들과 같은 함께 쓰는 모든 장치의 특징에도 변화를 준다. 이는 기존의 전원 코드와 연결선들을 더 이상 사용할 수 없고, 새것들을 구입해야만 한다는 것을 의미해 **고객들의 소비를 증가시켜** 짜증을 유발한다.

(a) 새 전화기들을 쓸모없게 만들어
(b) 회사들의 판매를 낮춰
(c) 새로운 소비 풍조를 창출시켜
(d) 고객들의 소비를 증가시켜

회사들이 점점 흥미로워지는 전자 기기와 함께 그 배터리와 액세서리 등도 같이 바꾸고 있어 기존의 전원 코드나 연결선을 쓸 수 없다는 사실로 볼 때, 빈칸에 들어갈 내용으로 가장 적절한 것은 (d)이다.

electronic device 전자 기기 **frustrated** 불만스러워하는, 좌절감을 느끼는 **improved** 향상된, 개선된 **make changes to** ~에 변화를 만들다 **feature** 특징 **gadget** 장치, 도구 **power-cord** 전원 코드 **purchase** 구입하다, 구매하다 **cause irritation** 짜증을 유발하다 **useless** 쓸모없는

3

어린이와 십 대들 사이에 몇 년 간의 비만율 증가 끝에, 건강 옹호자들은 **작은 변화의 징후들을 보기 시작했다**. 〈소아과학〉 저널에 게재된 한 연구에서는 젊은 사람들이 운동을 더 많이 하고, 과일과 채소류를 더 많이 섭취하며, 당분을 적게 먹고 있음을 보여 주고 있다. 이는 비만 반대 메시지들이 그 의도된 결과를 얻고 있음을 의미할 것이다. 그럼에도 불구하고, 많은 젊은이들이 정크푸드를 기피하거나 해야 할 만큼 자주 운동을 하지 않고 있다.

(a) 작은 변화의 징후들을 보기 시작했다
(b) 십 대의 식습관에 관해 궁금해하고 있다
(c) 상황이 어느 때보다 더 악화된 것을 염려하고 있다
(d) 새로운 건강 교육 계획을 전개하고 있다

저널에 게재된 연구 결과를 제시하며 비만 반대 메시지들이 그 의도된 결과를 얻고 있다는 사실로 볼 때, 빈칸에 들어갈 내용으로 가장 적절한 것은 (a)이다.

obesity rate 비만율 **advocate** 옹호자, 지지자 **published** 게재된 **consume** 먹다, 소모하다 **anti-obesity** 비만 반대 **intended** 의도된, 계획된 **sign** 징후 **curious about** ~에 대해 궁금해하는 **health education** 건강 교육

4

덴슨 시장님께

앨런데일 지역에 소음 보호 제도 폐지를 승인했다는 것을 알고 화가 났습니다. 이로써 인근 술집과 클럽들이 더 성대하고 '더 흥미로운' 음악 공연들을 유치해 수익을 증대할 수 있으리라는 것은 저도 이해하지만, 이렇게 밤늦도록 소음이 증가하면 저희 동네의 고요와 안전은 완전히 붕괴될 것입니다. 술집들이 더 많은 고객들을 유치하면서 도로에 교통량은 더욱 증가할 것이고, 폭력 증가와 때로 이런 유흥과 관련된 절도를 목격하게 될 것입니다. 저는 **방침을 바꿔 비즈니스보다 거주민을 중시하기를** 바랍니다.

매튜 웨스트

(a) 방음벽을 해체하려는 결정을 바꾸는 것을 고려하기를
(b) 방침을 바꿔 비즈니스보다 거주민을 중시하기를
(c) 이 동일한 결정을 도시의 다른 지역에도 적용하기를
(d) 교통량을 줄이기 위해 도로를 넓히고 새로운 정지 신호들을 추가하기를

소음 보호 제도 폐지를 승인한 것에 반감을 표하고 그로 인해 나타날 단점들을 열거하는 것으로 볼 때, 빈칸에 가장 적절한 것은 (b)이다.

displease 불쾌하게 하다, 화나게 하다 **repeal** (법률을) 폐지하다 **revenue** 수익 **musical act** 음악 공연 **late into the night** 밤늦도록 **disrupt** 붕괴하다, 혼란에 빠뜨리다 **patron** 고객 **theft** 절도 **associated with** ~와 관련된 **recreation** 유흥, 오락 **take down** 해체하여 치우다 **barrier** 장벽 **switch** 바꾸다, 전환하다 **course** 방침 **stop light** 정지 신호등

Unit 02 빈칸에 적절한 연결어 고르기　P 43

1 (c)　**2** (b)

1

지난 수십 년 동안 서구에서는 동양의 침술을 '대안,' 즉 용인되는 의학 영역 밖이라고 여겼다. 최근에서야 침술을 더 받아들일 수 있게 되었다. 이제 많은 서양의 의사들이 근육과 관절 통증, 수술 후 메스꺼움을 겪는 환자들을 치료하는 데 이용하고 있다. 그러나 그들이 침술을 모든 면에서 받아들이는 건 아니다. **예를 들어**, 동양 의사들은 치료에 음양의 개념을 결합시키는 반면, 서양 의사들은 보다 더 제한적인 견해를 갖고 있다. 그들은 일반적으로 신경계에 미치는 침의 피상적인 영향만을 고려한다.

(a) 이런 이유 때문에
(b) 한편
(c) 예를 들어
(d) 비록

오늘날 서양에서도 침술을 이용하고 있기는 하지만 완전히 받아들여지는 않는다는 일반적인 현실 뒤에, 보다 구체적으로 동양과 서양 의사들이 침술을 대하는 태도를 비교해 놓은 문장으로 볼 때, 빈칸에 들어갈 연결어로 가장 적절한 것은 (c)이다.

decade 10년　**acupuncture** 침술　**alternative** 대안　**realm** 영역　**medicine** 의학, 의술　**acupuncture** 침술　**nausea** 메스꺼움, 구토　**surgery** 수술　**embrace** 받아들이다, 수용하다　**practitioner** 의사　**incorporate** 결합하다, 통합시키다　**Yin and Yang** 음과 양　**limited** 제한된, 한정된　**typically** 보통, 일반적으로　**superficial** 피상적인, 표면적인　**nervous system** 신경계

2

아일랜드의 가장 유명한 명소 중 한 곳을 방문하세요! 더블린에서 남쪽으로 차로 잠깐 가는 거리의 킬케니 성에서 8세기 전에 부자들과 성을 관리했던 많은 소작농들의 삶이 어떠했는지 발견하게 될 것입니다. 현대 도구의 도움 없이 그 성이 어떻게 건설되었는지에 관한 흥미로운 이야기를 듣게 될 것입니다. 또한, 호화로운 태피스트리와 그림들을 보면서 그 시기의 예술에 관해서도 알게 될 것입니다. **실제로**, 킬케니로의 여행은 과거로의 여행과 같습니다. 저희의 전문 여행 가이드들은 실제로 역사를 되살립니다. 여행을 예약하시려면 555-2297로 오늘 전화하세요.

(a) 더욱이
(b) 실제로
(c) 그럼에도 불구하고
(d) 똑같이

8세기 전 과거 아일랜드의 부자들과 소작농의 생활상을 알 수 있는 킬케니 성을 방문하는 여행의 특징을 한 줄로 요약해 표현한 문장 앞에 들어갈 연결어로 가장 적절한 것은 (b)이다.

attraction 명소　**the wealthy** 부자들　**peasant** 소작농　**fascinating** 매혹적인, 흥미로운　**lavish** 호화로운　**tapestry** 태피스트리(여러 가지 색실로 그림을 짜 넣은 직물)　**expert** 전문적인, 숙련된

Unit 03 문맥상 어색한 문장 찾기　P 47

1 (b)　**2** (d)　**3** (b)

1

독일 태생의 영국 화가인 루시안 프로이트는 불편한 심리적 분위기를 불러일으키는 초상화로 유명하다. (a) 프로이트는 가정적인 환경에서 인체를 자연스럽게 묘사하면서 인체의 결점들을 드러내었지 결코 인간 피사체를 미화하지는 않았다. (b) 프로이트가 그리려고 골랐던 많은 사람들은 그의 가까운 친구들과 가족, 연인들이었다. (c) 그의 후기 초상화에서는 많은 피사체들이 무관심이나 심지어 절망의 느낌을 나타내는 포즈를 취하며 전신 누드 혹은 부분 누드로 나타난다. (d) 종종 그 피사체들은 심리적인 나약함을 드러내며, 그림을 보는 이를 직접적으로 응시하고 있다.

화가 루시안 프로이트의 초상화가 갖고 있는 불편한 특징들이 지문의 중심 내용이다. 네 개의 선택지 모두 그림의 대상에 대해 언급하고 있지만, (b)를 제외하고 모두 그의 초상화에 나타난 대상의 특징적인 모습에 대해 설명하고 있다. 따라서 글의 흐름에 어울리지 않는 문장은 (b)이다.

portrait 초상화　**create** 불러일으키다　**discomforting** 불편한　**psychological** 심리적인　**atmosphere** 분위기　**glamorize** 미화하다　**subject** 피사체, 대상　**depict** 묘사하다　**domestic** 가정적인　**indifference** 무관심　**hopelessness** 절망　**gaze** 응시하다　**directly** 곧장, 똑바로　**vulnerability** 나약함

2

아직도 이 전통을 이행하는 이들은 별로 없지만, 선물을 받은 후에 자필로 감사의 편지를 쓴다면 고맙게 여길 것입니다. (a) 간단해 보이겠지만, 몇 가지 중요한 요소들이 여러분의 편지를 사려 깊고 의미 있게 만들어 줄 것입니다. (b) 그 선물로 인해 미약하나마 삶이 어떻게 풍요로워졌는지 같이 선물에 대한 좋은 이야기를 언제나 구체적으로 언급하세요. (c) 추억을 언급하거나 여러분의 관계의 좋은 점들을 고마워하며 선물을 준 이에게 감사하는 시간을 가지세요. (d) 친구의 관심사에 주목하는 것은 그의 최근 편지에 적절히 답장하는 데 있어 매우 중요합니다.

선물을 보내준 이에게 감사의 편지를 쓰는 것이 중요하다는 내용으로, 이런 편지를 적절하게 쓰는 방법을 말해 주고 있다. 친구의 편지에 답장할 때의 중요한 것을 이야기하는 (d)는 글의 흐름에 어울리지 않는다.

정답 및 해설 **3**

honor 지키다, 이행하다　handwritten 자필의　thoughtful 사려 깊은　meaningful 의미 있는　mention 언급하다　enrich 풍요롭게 하다　note 언급하다　pay attention to ~에 주목하다　concern 걱정, 관심사　extremely 극히, 대단히　respond 답장을 보내다　correspondence 서신, 편지

payment 납입　overdue 기한이 지난　turn something over ~을 넘기다, 맡기다　collection 미수금 회수　outstanding 미지불된　balance 잔액　enforce 집행하다, 강요하다　result in ~을 초래하다　impair 손상시키다, 악화시키다　credit rating 신용 등급　threaten 위협하다, (나쁜 일이 있을) 조짐을 보이다　delinquent 연체된　installment 분할 불입, 할부

3

> 로봇 공학은 전자 공학과 컴퓨터 과학, 기계 공학을 결합한 복잡한 분야이다. (a) 로봇 공학은 점차 몇몇 분야에서 로봇으로 인간의 노동력을 대체할 것으로 기대된다. (b) 수요가 높음에도 불구하고 인공 지능 분야에서 일하는 과학자들의 수는 상대적으로 적다. (c) 시각과 촉각을 지닌 로봇들은 공장의 조립 라인과 정확한 움직임이 필요하며 무거운 것을 들어 올려야 하는 다른 곳에서 일할 수 있다. (d) 게다가 로봇들은 높은 온도와 방사능을 잠재적으로 견딜 수 있으며 인간에게 지나치게 위험한 일도 할 수 있다.

(a), (c), (d)는 모두 로봇이 인간의 노동력을 대신할 수 있다는 취지의 내용인 반면, 인공 지능 분야의 과학자들의 수가 얼마 안 된다는 (b)는 중심 내용과 거리가 있다.

robotics 로봇 공학　artificial intelligence 인공 지능　equipped with ~을 갖춘　visual 시각의　tactile 촉각의　assembly plant 조립 공장　precision 정확, 정밀함　withstand 견디다　radiation 방사능

Unit 04 지문의 주제/요지/목적 찾기 　P 52

1 (c)　**2** (d)　**3** (b)　**4** (b)

1

> 스완슨 씨께
>
> 기한이 지난 당신 계좌에 1,355달러 납입을 반복적으로 요청했습니다. 우리의 지불 요청이 무시되어 왔습니다. 따라서 미지불된 잔액이 지급되거나 지불에 대한 수용할 만한 제안이 입수되지 않는다면 10일 이내에 이 계좌를 추심 회사에 넘겨야 합니다. 이 의무에 대한 추심 회사의 강제 회수는 당신에게 추가적인 법적 또는 법정 비용을 초래할 수 있고 당신의 신용 등급을 손상시킬 수 있습니다.
>
> 페기 라이언
>
> Q 편지의 목적은?
> (a) 고객에게 다양한 지불 방법들에 관해 상기시키기 위해
> (b) 돈이 없는 사람에게 무료 법률 서비스를 제공하기 위해
> (c) 연체 고객에게 소송에 대한 조짐을 시사하기 위해
> (d) 구매 지불을 위한 할부 제도를 제공하기 위해

편지는 미수금이 지불되지 않거나 어떻게 지불할 것인지에 대해 수용할 만한 제안이 없다면 법적 강제 회수를 하게 되고 그에 따른 추가 비용이 발생할 수 있음을 알리기 위한 것이므로 정답은 (c)이다.

2

> 미술가들이 컴퓨터를 이용해 만화영화를 만들면 그들은 손으로 그려서 수개월, 심지어 수년은 걸렸을 것을 짧은 시간 안에 만들 수 있다. 컴퓨터는 물체를 자동적으로 세밀하게 만들고 다양한 시점에서 보여 줄 수 있다. 그것은 손으로 그린 애니메이션을 넘어서는 사실적인 이미지와 동작을 창조할 수 있다. 실제로, 만화영화계에서 가장 흥미진진한 변화는 영화에서의 컴퓨터 그래픽 이용을 통해 일어났다.
>
> Q 지문의 주된 내용은?
> (a) 컴퓨터 애니메이션의 역사
> (b) 현대 컴퓨터의 다재다능함
> (c) 컴퓨터를 할 줄 안다는 것의 의미
> (d) 컴퓨터를 이용한 애니메이션의 장점

컴퓨터를 이용해 만화영화를 제작할 때의 편리한 점들을 구체적으로 나열하고 마지막 문장에서 컴퓨터의 이용이 만화영화계에 가장 흥미진진한 변화를 가져왔다는 결론을 내리고 있으므로 (d)가 적절하다.

animated film 만화영화　automatically 자동적으로　render 만들다　point of view 시점　versatility 다재다능　literacy 글을 읽고 쓸 줄 아는 능력　computerized 컴퓨터 처리한

3

> 때로 히스패닉과 라티노라는 용어를 서로 바꿔 쓸 수 있더라도, 의미론적 뉘앙스에서 어느 정도 차이가 있다. 히스패닉은 스페인이나 포르투갈 문화의 전통 및 언어를 좀 더 일컫는 반면, 라티노는 좀 더 남미의 원주민 문화에 관한 것이다. 인구가 3억 8천만이 넘는 대륙에서 이 두 개념 사이에는 국가적 차이뿐 아니라 상당히 겹치는 부분이 있다. 볼리비아는 스페인어를 제1언어로 사용하는 사람이 대략 인구의 절반으로 아메리카 원주민의 비율이 가장 높다. 반면, 우루과이의 340만 인구의 90퍼센트 이상이 유럽계 조상을 가지고 있으며 약 1퍼센트만이 토착 원주민 출신이다.
>
> Q 지문의 주제는?
> (a) 히스패닉이라는 용어의 사용은 라티노 용어의 사용만큼 정확하지 않다.
> (b) 다른 남미 국가들은 광범위하게 다양한 문화를 보여 줄 수 있다.
> (c) 볼리비아는 라티노라 불려야 하고 우루과이는 히스패닉이라 불려야 한다.
> (d) 남아메리카 국가들은 스페인, 포르투갈, 아메리카 원주민의 전통이 섞여 있다.

볼리비아와 우루과이의 예를 들어가면서 같은 대륙의 국가임에도 얼마나 다른 문화를 가지고 있는지 설명하고 있으므로 정답은 (b)가 적절하다.

interchangeably 교환 가능하게, 교체할 수 있게 **Hispanic** 히스패닉계의 **Latino** 라틴계의 **divergence** 차이 **semantic** 의미론적 **nuance** 뉘앙스 **indigenous** 원산의, 토착의 **continent** 대륙 **overlap** 겹치다, 포개지다 **Amerindian** 아메리카 원주민 **ancestry** 가계, 혈통 **varying** 가지각색의

4

벤투라 시 의회는 논란이 되고 있는 노리스 피어를 재건축하겠다는 새 계획을 지난 목요일 밤에 승인했다. 듀란 공장이 2011년에 문을 닫은 이후 이 바닷가 건물을 어떻게 활용할 것인가에 관한 2년간의 논쟁은 최고조에 있었다. 내년 1월까지 휴회에 들어가는 의회의 최종 회의에서 이러한 결정이 내려졌다. 시 의원 짐 퀸테로는 이 계획이 시내 중심지와 관련해 오랫동안 질질 끌어온 일부 이슈를 마침내 시험할 수 있을 것이라 덧붙였다. 하지만 부두와 주차 시설 등을 포함한 개발 계획의 특정 관점에 대해서는 의견이 나뉘고 있다.

Q 지문의 주제는?
(a) 의회 결의안 성공을 위협하는 논란
(b) 마을 일부를 재개발하자는 의회의 제안
(c) 건물 짓기 프로젝트를 제대로 이행함에 있어서 자금 부족
(d) 시내 지역 재건에 대해 시들어가는 대중적 지지

지난 2년간 질질 끌어오던 바닷가의 공장에 대해 재건축을 하자는 의회의 결의안을 통과시켰다는 내용이므로 정답은 (b)가 된다.

controversial 논란이 많은 **rebuild** 재건하다 **culmination** 정점, 최고조 **oceanfront** 바다 가까이 있는, 임해의 **recess** 휴회를 하다 **alderman** 시의원 **lingering** 오래 끄는 **scheme** 계획, 제도 **deficiency** 결핍, 부족 **implement** 시행하다

Unit 05 세부 내용 찾기 P 57

1 (d) 2 (a) 3 (a) 4 (b)

1

학문적 표절의 기준은 어떤 의미에서 법적 기준보다 더 엄격하다. 법적으로는 저작권이 있는 자료들을 사전 동의 없이 이용하는 것을 제한한다. 하지만 학교와 대학에서는 저작권이 있든 없든, 공용 도메인이든 아니든, 출처를 밝혀 인용하지 않은 것은 학문적 표절이 된다. 정확한 방침은 학교나 교사에 따라 약간 달라질 수 있다. 그러나 누군가의 작업물을 자기 것인 양 잘못 재현하는 것은 낙제나 제명의 원인이 될 수 있다는 것이 일반적인 원칙이다. 더 나아가, 적절하게 인용한다 해도 다른 사람의 아이디어나 어구로 대부분을 구성한 학술 논문들은 여전히 표절로 간주될 수 있다.

Q 학문적 표절에 관한 내용으로 옳은 것은?
(a) 표절 법이 학문적 작업에 늘 적용되는 것은 아니다.
(b) 학생들이 출처를 표시한다면 결코 표절하는 것이 아니다.
(c) 대학 환경에서 저작권 있는 자료는 어떤 것도 이용될 수 없다.
(d) 관습법에서 표절 아닌 것이 학계에서는 표절일 수 있다.

학문적 작업의 표절은 법적 수준보다 더 엄격하다는 첫 문장에 이어, 이를 뒷받침하는 내용들이 제시된 것으로 볼 때, 학문적 표절에 관한 내용으로 가장 적절한 것은 (d)이다. 마지막 문장에서 적절한 인용도 표절이 될 수 있다고 하므로 (b)는 옳지 않다.

plagiarism 표절 **copyrighted** 저작권이 있는 **restricted** 제한된 **prior consent** 사전 동의 **failure** 낙제 **cite** 인용하다 **domain** 영역, 범위 **vary** 달라지다 **instructor** 강사 **principle** 원칙 **representation** 재현 **expulsion** 제명 **consist of** ~로 되어 있다 **wording** 표현법, 어구 **deem** ~로 간주하다 **apply** 적용되다 **plagiarize** 표절하다 **setting** 환경, 장소 **common law** 관습법 **academia** 학계

2

놀란에게

북 클럽에서 읽을 책 〈빛나는 바다〉 읽어 봤니? 난 어젯밤에 앉아서 다 읽었는데 이게 믿겨져? 한동안 내가 읽은 책 중에 가장 빨랐어. 지금까지 넌 어땠는지 말해 줘. 난 좋았고 다가오는 모임에서 그것에 관해 말할 것들이 아주 많아. 너 오는 거지? 아직도 내가 널 데리러 가길 원한다면, 좀 여유 있게 7시 30분쯤 들를게. 연락 주고 이번 주 잘 쉬길 바랄게, 안녕!

케일리

Q 이 편지에 따르면 다음 중 옳은 것은?
(a) 케일리는 놀란과 북 클럽에 같이 갈 의향이 있다.
(b) 놀란은 케일리보다 책에 대해 덜 열정적이다.
(c) 케일리는 대개 놀란보다 책들을 빨리 읽는다.
(d) 놀란과 케일리는 서로 북 클럽에서 만났다.

편지를 쓴 케일리가 놀란에게 아직도 자신이 데리러 가길 원한다면 7시 30분쯤 들르겠다고 한 내용으로 볼 때, 이 편지에 따른 내용으로 옳은 것은 (a)이다.

in a while 한동안 **a bunch of** 다수의, 많은 **stuff to say** 말할 것 **upcoming** 다가오는 **pick ~ up** ~을 태우러 가다 **swing by** 들르다 **hear from** ~에게 연락을 받다, 소식을 듣다 **enthusiastic** 열정적인, 열광적인

3

한 나라의 사회복지 수준을 결정하는 기준에는 많은 것들이 포함된다. 가장 넓은 의미에서 한 사회의 총체적인 삶의 질을 측정하고자 한다. 물리적 환경 상태는 하나의 평가 기준이 될 수 있다. 다른 것들로는 범죄 또는 지속적인 약물 남용이 얼마나 발생하는지가 포함된다. 교육과 다른 서비스들을 이용할 수 있는 권리 또한 해당된다. 그리고 공공 원조로 불리든 사회 프로그램으로 불리든, 불우한 이들에 대한 재정적 지원은 정부의 사회복지에 대한 기여가 된다. 종교 집단과 자선 단체, 재단들 또한 한 나라의 사회복지에 포함된다.

Q 사회복지에 관한 내용으로 옳은 것은?
(a) 한 사회에서 국민이 얼마나 잘사는지가 사회복지에 의해 평가된다.
(b) 정부는 사회복지의 가장 큰 요소이다.
(c) 개개의 자선 활동 수준은 포함되지 않는다.
(d) 교육의 일반적인 기회는 고려하지 않는다.

사회복지 수준을 결정하는 기준에 대한 글로 정답은 (a)이다. 한 사회의 총체적인 삶의 질에서 물리적 환경, 범죄, 약물 남용, 교육 수준, 서비스, 정부의 재정적 지원, 사회단체까지 평가 요소를 나열하고 있다. 국가적 수준뿐만 아니라 민간의 사회단체까지 평가 요소가 될 수 있다고 하므로 (c)는 옳지 않다.

criteria 기준(criterion의 복수형) **social welfare** 사회복지 **encompass** 포함하다 **measure** 측정[평가]하다 **overall** 전반적인 **drug abuse** 약물 남용 **account for** 설명하다, 차지하다 **financial assistance** 재정적 지원 **the less fortunate** 불우한 사람들 **constitute** ~이 되다 **foundation** 재단 **assess** 가늠하다 **component** 요소 **philanthropy** 자선 활동

4

신석기 시대의 농업 혁명은 더 많은 사람들을 부양하는 장점이 있었음에도, 적어도 하나의 문제점을 남겼다. 사냥과 채집 생활 방식은 식량 사정의 기복이 심했지만, 곡물 기반의 음식물은 사람들의 구강 건강을 더 악화시킨 듯하다. 사람들이 탄수화물을 더 많이 섭취하면, 입안에 산이 더 많이 생성되고 치아가 더 많이 썩는다. 이는 초기 남성의 해골 기록으로 입증된다. 신석기 시대 두개골들은 그들의 앞선 구석기 시대의 것들과 비교해 충치 발생률이 더 높았음을 보여 준다. 사탕수수를 더 가까이한 중세 시대에도 이런 경향이 드러났다.

Q 지문에 따르면 충치에 관해 옳은 것은?
(a) 문명을 위해 치러야 할 적은 대가이다.
(b) 농업으로의 전환은 더 많은 충치를 불러왔다.
(c) 사냥꾼들과 채집가들은 치아를 더 잘 관리했다.
(d) 구석기 시대 사람들의 식단에 곡물이나 당분이 없었다.

사냥과 채집에서 곡물을 생산하는 농업 혁명으로 식량이 확보된 반면, 곡물 기반의 음식인 탄수화물을 많이 먹으면서 구강 건강이 더 악화되었다는 내용으로 볼 때, 충치에 관한 내용으로 옳은 것은 (b)이다. 지문의 내용만으로 구석기 시대에 곡물이나 당분이 들어간 식단이 없었다는 것은 알 수 없다.

agricultural revolution 농업 혁명 **Neolithic** 신석기 시대의 **sustain** 부양하다 **drawback** 결점, 문제점 **gathering** 채집 **feast or famine** 기복이 심한 **worsen** 악화시키다 **carbohydrate** 탄수화물 **ingest** 먹다, 삼키다 **decay** 썩다 **substantiate** 입증하다 **skeletal** 뼈대의, 골격의 **exhibit** 보이다 **incidence** 빈도, 발생 정도 **Paleolithic** 구석기 시대의 **counterpart** 상대자, 대응 관계에 있는 것 **sugar cane** 사탕수수

Unit 06 추론 가능한 정답 찾기 P 63

1 (b) 2 (c) 3 (a) 4 (d)

1

관료주의라는 근대적 개념은 공식적으로 막스 베버에서 시작되고, 사실 그의 많은 개념들이 오늘날 세계 도처에서 정부들이 실천한 만큼 행정부를 형성하는 데 도움이 되었다. 정부나 기업의 합리적이고 효율적인 관료주의에 관한 베버의 생각 이전에 이 개념은 군주제와 연결되어 있어서 대의민주주의와는 양립할 수 없는 것으로 보였다. 본래의 관료주의 개념은 공공 부문과 민간 부문 모두 적용되었지만 오늘날에는 이 용어를 주로 공공 기관에만 쓴다.

Q 지문에서 추론할 수 있는 것은?
(a) 베버의 발명 전에는 관료주의라는 개념이 존재하지 않았다.
(b) 베버 이후로 관료주의적 통치가 널리 확산되었다.
(c) 베버의 관료주의 개념은 공공 기관에 한정되었다.
(d) 관료주의의 현대적 정의는 베버가 만들었다.

첫 문장을 통해 관료주의라는 개념이 베버 이전에도 존재했지만 베버로 인해 다시 정리되었음을 추론할 수 있다. 따라서 (b)가 정답이다. 베버의 관료주의는 공공과 민간 부문 모두를 위한 것이었으므로 (c)는 옳지 않다. 마찬가지로 마지막 문장에서 오늘 이 용어가 공공 기관에 한하여 쓰인다는 것으로 보아 베버의 개념이 현대에 와서는 의미가 바뀌었다는 것을 알 수 있으므로 (d)도 옳지 않다.

notion 개념 **bureaucracy** 관료주의 **formally** 공식적으로 **rational** 이성적인 **monarchy** 군주제 **incompatible** 양립할 수 없는 **representative democracy** 대의민주주의 **term** 용어 **governance** 통치, 관리 **contemporary** 현대의 **coin** 새로운 낱말을 만들다

2

노트르담 대성당은 300년대부터 있었던 구 성당을 대체하기 위해 1160년에 건축이 의뢰되었으며 종교 전쟁이었던 위그노 전쟁과 프랑스 혁명의 폭동, 제2차 세계 대전의 공습으로 인해 부분적으로 파손되거나 파손의 위협에 처하기도 했다. 이 대성당이 완공되는 것을 파리인들이 본 것은 공사를 시작한 지 거의 200년이 지난 후였다. 이것이 길게 보인다면, 바르셀로나에 있는 가우디의 사그라다 파밀리아 대성당을 볼 필요가 있는데, 이는 1882년 이래로 아직도 공사가 진행 중이다. 대성당 건축은 보통의 의미에서의 건축 프로젝트가 아니라 다소 기독교적이며 공동체 기업의 수준이다.

Q 지문에서 추론할 수 있는 것은?
(a) 사그라다 파밀리아 대성당은 제2의 노트르담 대성당이다.
(b) 프랑스는 지금도 고대 성당을 짓고 있다.
(c) 사그라다 파밀리아 대성당 건축은 시간이 걸릴 것이다.
(d) 바르셀로나는 노트르담 대성당의 교훈을 배웠다.

200년이나 걸려 공사한 노트르담 대성당과 유사한 예로 사그라다 파밀리아 대성당을 꼽고 있는데 아직도 공사가 진행 중이라고 하므로 앞으로 완공하는 데 시간이 더 걸릴 것임을 추론할 수 있다.

commission (일 등을) 의뢰[주문]하다 **cathedral** 대성당
partial 부분적인 **destruction** 파괴 **Huguenot** 위그노 교도(16, 17세기경 프랑스 신교도) **rebellion** 폭동, 반란 **French Revolution** 프랑스 혁명 **aerial** 항공기에 의한
initiation 시작, 착수 **ecclesiastical** 기독교의

3

댄 있지, 네 이메일을 처음 받았을 때 확신할 수 없었어. 내가 아는 댄 코헨은 한 사람뿐이라고 생각했거든. 하지만 내가 그 사람을 안 것은 오래 전이고, 그때는 내가 꼬마였을 때였지. 알아내는 데 오래 걸렸고 마침내, 그래, 정말로 이 사람이 내 과거의 모든 사진들 속에 있는 바로 그 댄 코헨과 동일인이을 깨달았어. 사팔로 섬에 갔던 그 친구. 중학교 때 닭다리를 해부하고 펠릭스와 어울려 다니며 그의 지하실에 저장되어 있던 사과 발효주를 마셨던 바로 그 친구라는 것을 말이야.

Q 이메일로부터 추론할 수 있는 것은?
(a) 필자는 어릴 적 친구에게 답장을 보내고 있다.
(b) 필자는 팬으로부터 받은 이메일에 답장하고 있다.
(c) 필자는 최근에 우연히 옛날 친구를 만났다.
(d) 필자의 친구는 사진을 많이 찍었다.

필자가 댄을 어렸을 적에 알았고, 이메일을 쓴 사람이 바로 과거의 사진 속에 있는 바로 그 댄 코헨과 같은 사람이라는 것을 알게 되었다고 하므로 필자가 답장하는 사람인 댄 코헨이 그의 어릴 적 친구였음을 추론할 수 있다.

dissect 해부하다 **junior high** 중학교 **hang out** ~와 시간을 보내다 **ferment** 발효하다 **store** 저장하다 **admirer** 팬, 숭배자
by accident 우연히

4

우리는 대중교통 수단의 극심한 부족 사태는 물론 플로리다 주 남부 주민들이 직면한 교통 상황을 심각하게 살펴볼 필요가 있다. 최근의 한 조사에서 마이애미 지역이 시내 교통 체증이 전국 최악인 도시 5위를 차지했다. 포트로더데일 지역은 15위, 웨스트팜비치-보카러톤은 32위였다. 플로리다 주 남부의 인구는 현재 약 500만 명이다. 2030년까지 50퍼센트가 증가해 750만 명이 될 전망이다. 지금 도로에 차가 1.5배 증가한다고 상상해 보라. 이동 시간은 해마다 17퍼센트씩 늘어날 것이다. 지체 시간은 1986년 이래로 두 배가 되었다. 앞으로 5년간 현재 추세가 계속된다면 30분 걸렸던 여정이 56분 걸리게 될 것이다.

Q 플로리다 주 남부 사람들에 관해 추론할 수 있는 것은?
(a) 그들은 이 지역에 새로운 주민들의 유입을 막아야 한다.
(b) 그들은 전국에서 가장 거친 운전자들이다.
(c) 그들은 주차장을 더 많이, 더 넓게 지어야 한다.
(d) 그들은 더 나은 대중 수송 시스템이 절실히 필요하다.

플로리다 주 남부의 심각한 교통 상황을 구체적인 수치로 설명하고 인구가 계속 늘어날 전망에서 현 추세가 계속될 경우 벌어질 상황을 예측하고 있다. 첫 문장에서 대중교통 수단의 극심한 부족에 대해 언급하고 있으므로 운송 체계 개선이 시급함을 알 수 있다.

take a serious look at ~을 심각하게 살펴보다 **resident** 거주자 **woeful** 극심한 **rank** 순위를 매기다 **urban** 도시의
project 전망하다 **influx** 유입; 쇄도 **desperately** 절실히
transit 운송, 수송

Unit 07 1지문 2문항   P 74

1 (c)   2 (b)   3 (b)   4 (d)
5 (b)   6 (d)

award-winning 수상경력이 있는   **high-quality** 양질의
facilitate 촉진시키다, 용이하게 하다   **optimal** 최적의
qualification 자격요건   **attribute** 특성, 자질   **passion** 열정
managerial 경영의   **notify** 알리다   **institute** 기관   **graduate degree** 석사 학위

1~2

교육 부원장 구인

국제언어교육그룹(ILEG)은 학생들의 요구에 응답하면서 양질의 교육 프로그램을 제공하는 수상 경력이 있는 세계적인 언어 교육 그룹입니다. 저희는 1995년 이래로 120개국 이상의 외국인 학생들에게 다양한 언어 프로그램을 제공해 오고 있습니다.

저희는 프로그램을 디자인하고 선생님들을 지원할 수 있는 부원장을 찾고 있습니다. 고용된 부원장은 양질의 학생 지원 서비스를 제공하고 최적의 학생 성과를 촉진하기 위해 원장과 함께 일하게 될 것입니다.

필수 자격 요건 및 자질:
- 학사 학위 (비즈니스 혹은 교육 분야 우대)
- 외국인 학생들에 대한 교육 경험
- 뛰어난 의사소통 능력 및 대인관계
- 언어 및 문화 교육에 대한 열정

필수 경력:
- 최소 3년의 관리직 경험

연락처:
- 이력서, 자기 소개서, 추천서를 recruitment@ILEG.com로 보내주세요.
- 마감일은 4월 28일 목요일입니다.

Q1 공지의 주요 목적은 무엇인가?
(a) 부원장들을 위한 교육 프로그램을 홍보하기 위해
(b) 언어 교사를 고용하기 위한 자격요건을 공지하기 위해
(c) 경영진의 중간 관리자를 고용하기 위해
(d) 외국어 교육 기관을 홍보하기 위해

Q2 지원을 위한 필수적인 자격요건을 무엇인가?
(a) 비즈니스 혹은 교육분야에서의 석사 학위
(b) 외국 학생들을 위한 근무 경력
(c) 몇몇 언어에서의 뛰어난 언어 능력
(d) 언어 및 문화에서 교육 경력

Q1.
국제언어교육그룹에서 구인하는 광고지문이며, "We are looking for an assistant director who can design programs and support teachers."라는 문장을 통해 부원장의 지위이며, 중간 관리자라는 것을 알 수 있으므로, 정답은 (c)이다.

Q2.
필수 자격요건에 대해 설명하는 과정에서, "Training experience with international students"라는 구문을 통해 외국 학생들과의 근무 경력이 필요하므로, 정답은 (b)이다.

3~4

https://www.conservationist.com/worldnews/Asia/finedust

단지 바람의 먼지일까?
마크 타일러 | 6월 2일

기사 전문 읽기 ▼

대기 오염 수준이 기록적인 수준에 도달했기 때문에 한국 기상당국은 국민들에게 야외 활동을 하는 것을 피할 것을 경고했다. 지난 주말 한국 기상청(KMA)은 대기중 미세먼지 입자 밀도가 대부분의 도시 지역에서 1평방미터당 83-160 마이크로그램에 도달했다고 발표했으며, 그것은 올해 가장 나쁜 수준에 도달한 것이었다.

미세먼지 수준이 한국에서 어떻게 그리고 왜 최근에 급증하게 되었는지에 대한 많은 논쟁들이 있다. 몇몇 과학자들은 고밀도의 미세 먼지가 중국에서 기원한다는 보편적인 관점을 가지고 있으나, 다른 과학자들은 최근의 미세먼지는 국외 요인보다는 국내 요인에 더 많은 영향을 받고 있다고 주장한다. 국내 및 국외 요인의 기여율에 대해 질문을 받았을 때, 한국 기상청 대변인은 그들이 단기간의 분석 데이터에 대한 자세한 세부사항을 제공할 수는 없다고 밝혔다.

미세먼지는 호흡기관에 침투하여 해를 끼칠 수 있고 폐암과 심장병과 같은 건강상의 문제를 유발할 수 있기 때문에, 호흡기의 문제가 있는 사람들은 실내에 머물도록 권장되고 있다. 비록 미세먼지의 건강상의 영향에 대한 증거가 축적되어 왔으나, 의학 전문가들의 연구를 통한 자세한 미세먼지 관련 문제들에 대해서는 알려진 바가 없다.

Q3 한국에서 환경 문제로 어떤 문제가 제기되어 왔는가?
(a) 폐암과 심장병의 증가
(b) 알려지지 않은 이유로 인한 급증하는 미세먼지 수준
(c) 예상하지 못한 기상학적 변동들
(d) 외국에 의해 유발된 대기 오염

Q4 글쓴이가 동의할 것 같은 것은 무엇인가?
(a) 최근의 높은 미세먼지 수준의 실제 원인에 대한 공통의 의견이 있다.
(b) 정부 당국은 그 문제를 해결하기 위해 어떠한 조치도 취하지 않았다.
(c) 한국 기상청은 미세먼지 수준에 관한 많은 정보를 숨겨 왔다.
(d) 먼지에 취약한 사람들에게 실내 활동은 야외 활동보다 더 안전한 것 같다.

Q3.
한국에서의 미세먼지의 심각성에 대해 설명하는 지문이며, 그 원인은 명확하지 않다는 내용을 통해 알려지지 않은 원인에 의한 미세먼지 수준의 문제점을 지적한 것이 글의 주제라는 것을 알 수 있다. 따라서 정답은 (b)이다.

8

Q4.
미세먼지의 수준이 심각한 상황에서, "are strongly advised to stay indoors"라는 구문을 통해 실내 활동을 권장하고 있으므로, 야외 활동보다 실내 활동이 더 안전하다고 할 수 있으므로, 정답은 (d)이다.

authority 당국 **abstain from** ~로부터 피하다 **exert oneself** 노력하다, 분투하다 **pollutant** 오염물질 **density** 밀도 **fine dust particle** 미세먼지 입자 **controversy** 논란 **upsurge** 급증하다 **originate** 기원하다 **spokesperson** 대변인 **analytical** 분석적인 **infiltrate** 침투하다 **respiratory** 호흡기의 **accumulate** 축적하다 **meteorological** 기상학의 **fluctuation** 변동, 변화 **consensus** 공동의 의견, 합의 **conceal** 감추다 **vulnerable** 취약한

5~6

우주 탐사의 어려움들

비록 과학자들은 화성에서 과거의 물의 활동에 대한 단서를 보유하는 다양한 바위와 토양에 대하여 찾으려고 시도했으나, 화성을 탐사하는 임무는 어려움과 복잡성 때문에 여러 차례 실패했다. 전문가들을 그것을 '화성의 저주'라고 부른다. 첫 번째 두 대의 탐사선들은 '포보스 프로그램'의 일환으로 소련에 의해 1988년에 화성에 보내졌으나, 비활성화된 자세 제어용 추진체 때문에, 그리고 내장 컴퓨터의 기능 장애 때문에 실패했다. 몇 년이 지난 이후, '마스 옵저버'가 1992년에 나사에 의해 발사되었으나, 화성에 접근하는 데 실패했다. '글로벌 서베이어'와 '패스파인더'의 일련의 부분적 성공에도 불구하고, 수많은 실패는 추후 몇 년 동안 발생했다.

이후에, 화성 탐험 탐사 임무라고 불리는 로봇 우주 임무는 두 대의 화성 탐사선인 '스피릿'과 '오포튜니티'를 포함하여 2003년에 나사에 의해 기획되었다. 나사는 화성의 표면과 지질을 탐험하기 위하여 두 대의 탐사선을 발사하여 착륙시키는 데 성공했다. 탐사선 '스피릿'이 2010년에 비활성화되었으나, 탐사선 '오포튜니티'는 활성화된 상태로 남아있으며, 화성에 대한 정보를 지구로 전송하고 있다. 상판 표면에 위치한 태양 전지로 전력을 공급 받는 그것들은 궤도를 도는 탐사선 및 지구와 연락을 취할 수 있도록 하는 발전된 통신 능력을 가지고 있었다. 그것들은 또한 화성의 표면을 탐사할 수 있는 7개의 도구들을 가지고 있었다.

Q5 지문의 주제는 무엇인가?
(a) 화성에서 새롭게 발견된 물의 활동의 증거
(b) 화성 탐사의 실패와 성공
(c) 화성 탐사가 몇 번에 걸쳐 실패했던 이유들
(d) 화성에 대한 정보를 보내고 있는 나사의 두 대의 우주 탐사선들

Q6 지문에 따르면 옳은 것은?
(a) 과학자들은 화성의 바위와 토양에 대한 충분한 정보를 축적해왔다.
(b) 소련은 화성에 우주선을 성공적으로 보낸 최초의 국가였다.
(c) 나사는 화성의 대기를 조사하기 위해 '스피릿'과 '오포튜니티'를 착륙시켰다.
(d) 화성에 대한 우주 탐사선들은 상판에 장착된 태양 전지로 전력이 공급되었다.

Q5.
화성 탐사와 관련한 지문이며, 화성 탐사 초기의 실패와 최근의 성공에 대해 설명하고 있으므로, 화성 탐사의 실패와 성공이 이 글의 주제라는 것을 알 수 있다. 따라서 정답은 (b)이다.

Q6.
화성 탐사를 위해 발사된 탐사선들을 설명하는 과정에서, "Powered by a bank of solar cells in their upper surface"라는 구문을 통해 상판에 장착된 태양 전지로 전력이 공급된다는 것을 알 수 있으므로, 정답은 (d)이다.

probe 조사하다 **clue** 단서 **complexity** 복잡성 **curse** 저주 **deactivate** 비활성화하다 **thruster** 반동추진엔진 **malfunction** 기능장애 **launch** 발사하다 **partial** 부분적인 **subsequently** 이어서, 연속해서 **rover** 탐사선 **keep in touch with** ~와 연락을 취하다 **orbit** 궤도를 돌다 **an array of** 다수의 **investigate** 조사하다

NEW TEPS 실전 모의고사

ACTUAL TEST 1
P 98

PART I
1 (c) 2 (a) 3 (b) 4 (b) 5 (b) 6 (a)
7 (a) 8 (d) 9 (c) 10 (c)

PART II
11 (a) 12 (c)

PART III
13 (c) 14 (b) 15 (b) 16 (a) 17 (c) 18 (a)
19 (b) 20 (d) 21 (b) 22 (d) 23 (b) 24 (d)
25 (c)

PART IV
26 (c) 27 (b) 28 (d) 29 (c) 30 (c) 31 (b)
32 (b) 33 (a) 34 (a) 35 (d)

Part I

1

코끼리들의 진화 역사는 그들의 조상, 매머드가 많은 이들이 생각했던 것처럼, 공룡 시대에 살지 않았음을 보여 준다. 심지어 더욱 놀랍게도, 매머드는 6,500만 년 전에 살았던 쥐 크기만큼 작았던 포유동물로부터 유래하였다. 공룡이 멸종한 뒤 5백만 년이 지나서야 지구상에 최초의 원시적인 코끼리가 등장했다. 그 생물체는 작고, 돼지처럼 생긴 포유동물로 우리가 오늘날 코끼리라고 아는 것보다 하마와 더 닮은 모습이었다.

(a) 공룡들에 관한 새로운 정보는
(b) 매머드 DNA 연구는
(c) 코끼리들의 진화 역사는
(d) 여러 알려지지 않은 종들에 관한 증거는

지문에는 공룡에 대한 새로운 정보가 나오지 않았고(a), 매머드 DNA에 관한 언급도 없으며(b), 알려지지 않은 종들에 대한 내용 또한 없다(d). 코끼리의 조상인 매머드의 유래 및 최초 원시적인 코끼리의 모습을 기술한 문장으로 볼 때, 코끼리가 어떻게 진화되어 왔는지를 알 수 있다. 그러므로 빈칸에 들어갈 내용으로 가장 적절한 것은 (c)이다.

ancestor 조상 **mammoth** 매머드 **originate from** ~로부터 유래하다 **mammal** 포유동물 **extinction** 멸종 **primitive** 원시적인 **creature** 생명체 **hippopotamus** 하마 **information** 정보 **evolutionary** 진화의 **evidence** 증거 **species** 종

2

여러 해 전, 강도 높은 대중 계몽 캠페인과 광범위한 예방 접종으로 흔하면서도 장애를 초래하는 한 질병을 서부 지역에서 몰아냈다. 혹은 그렇게 여겨졌다. 하지만 올해 미네소타에서 네 건의 발병이 있었는데 거주민들의 종교적 믿음이 그들 스스로를 현대 의술로부터 격리시킨 한 작은 지역 사회에서 발생한 일이다. 질병 전문가들은 그 바이러스가 어디서, 어떻게 다시 나타났는지 확인할 수 없고, 그 재발 상황은 소아마비를 영구히 퇴치하는 것이 누구나 생각했던 것보다 어려울 수 있음을 말해준다.

(a) 소아마비를 영구히 퇴치하는 것이 누구나 생각했던 것보다 어려울 수 있음을
(b) 대체로 예방 접종은 질병과 싸우는 데 효과가 없음을
(c) 전문 의료진들이 소아마비가 인체에 미치는 영향에 관해 거의 알지 못함을
(d) 소아마비에 관한 정보 전달이 매우 제한적이었음을

대중 계몽 캠페인과 예방 접종으로 장애를 초래하는 질병(소아마비)을 몰아냈다고 생각했던 상황에서 다시 이 질병이 재발된 상황이 제시되었다. 소아마비를 뿌리 뽑지 못했다고 해서 (b)에서처럼 예방 접종이 효과가 없다는 결론을 내릴 수는 없을 것이며 (c)에서처럼 의료진들이 소아마비의 영향을 거의 알지 못했다는 결론 또한 내릴 수 없다. 그리고 질병에 대해 강도 높게 캠페인을 했다는 것을 보아 정보 전달이 매우 제한적이지는 않았을 것이다. 소아마비를 뿌리 뽑는 것이 예상보다 어렵다고 한 (a)가 빈칸에 들어갈 내용으로 가장 적절하다.

intense 강도 높은 **widespread** 광범위한, 널리 퍼진 **vaccination** 예방 접종 **eliminate** 몰아내다, 제거하다 **crippling disease** 장애를 초래하는 질병 **emerge** 나타나다, 떠오르다 **religious belief** 종교적 믿음, 신앙 **isolate** 격리하다 **medical practice** 의술, 의료 행위 **resurface** 재등장하다 **reappearance** 재발, 재출현 **demonstrate** 보여 주다, 나타내다 **polio** 소아마비 **for good** 영원히 **ineffective** 비효과적인, 효과가 없는 **combat** 싸우다 **medical professional** 전문 의료진 **spread** 확산, 전파

3

많은 이들이 짐 헨슨을 아는데, 이는 그가 인형극 세계에서 보여준 놀라운 혁신 때문이다. 하지만 브라이언 제이 존슨이 쓴 헨슨의 새 전기를 보면, 헨슨의 팬들은 그의 가장 잘 알려진 작품들 -〈머펫쇼〉와 인기 어린이 교육 프로〈세서미 스트리트〉-이 성장하는 TV산업에 대한 헨슨의 정통한 이해를 바탕으로 탄생하였음을 알게 될 것이다. 헨슨은 결코 자신의 창의적인 비전을 굽히지 않았지만 큰 수익을 창출하는 방법도 알고 있었다. 하지만, 이 책에는 그의 사생활이 거의 자세히 묘사되어 있지 않다. 그 결과, 이 전기는 **헨슨의 삶 절반을 조명하지만 그 나머지 절반은 외면하고 있다**.

(a) 연예계에서 성공하려고 애쓰는 이들에게 통찰력을 준다
(b) **헨슨의 삶 절반을 조명하지만 그 나머지 절반은 외면하고 있다**
(c) 예술가의 작품과 인간 관계들을 완벽하게 묘사하고 있다
(d) 미국인들이 사랑하는 아이콘에 대한 비평적 견해를 제시한다

빈칸 앞 마지막 문장을 보면 짐 헨슨의 새 전기에 그의 작품이 탄생하게 된 이면의 이야기는 수록되어 있지만 그의 사생활이 거의 그려지지 않았다고 되어 있다. 그러므로 그의 전기를 한 마디로 요약할 수 있는 빈칸에 들어갈 내용으로 가장 적절한 것은 (b)이다.

stunning 놀라운, 놀랄 만한 **innovation** 혁신 **puppetry** 인형극 **biography** 전기 **best known** 가장 잘 알려진 **creation** 창작, 창작물 **grow out of** ~에서 생기다, 발달하다 **savvy** 정통한, 잘 아는, 요령 있는 **compromise** 타협하다, 굽히다 **make profit** 수익을 창출하다 **personal life** 사생활 **insight** 통찰력 **succeed in** ~에 성공하다 **entertainment** 연예(계) **illuminate** 조명하다 **complete** 완벽한 **portrait** (상세한) 묘사 **provide** 제시하다 **critical** 비판적인 **view** 견해 **beloved** 사랑하는, 총애 받는

4

앤에게
왜 모두들 명절에 친구나 가족들이 선물 사는 데 그렇게 많은 돈을 쓸 거라고 생각할까요? 저는 돈을 많이 벌 수 있는 것보다 남들을 돕는 일을 직업으로 택했습니다. 그럼에도 저희 가족들 모두가 거의 필요하지 않거나 쓰지도 않을 선물에 수백 달러를 씁니다. 저희 가족들이 명절 전통에 제 낮은 급여를 고려하지 않으리라는 것에 **전 그것이 매우 사려 깊지 못하다고 생각합니다**. 전 어떻게 해야 할까요?
알렉산더

(a) 저는 놀랍지 않습니다
(b) **전 그것이 매우 사려 깊지 못하다고 생각합니다**
(c) 신경쓰지 않습니다
(d) 전 정말로 모릅니다

편지를 쓴 이는 가족들이 급여가 낮은 일을 택한 자신의 상황을 고려하지 않는다고 하소연한다. 가족들이 필자의 낮은 연봉을 고려하지 않는다고 하였을 때 won't take into account라는 표현을 썼는데 이는 선택지 (b)의 inconsiderate와 같은 맥락의 표현이다. 즉 자신의 사정을 고려하지 않는 것을 다른 말로 표현하면 사려 깊지 못한 것이므로 정답은 (b)이다.

hardly 거의 ~ 않는 **take into account** ~을 고려하다, 참작하다 **inconsiderate** 사려 깊지 못한 **totally** 완전히 **unaware** ~을 알지 못하는

5

젊은 뇌가 기억에 있어 분명 더 빠르고 낫지만, 새로 발견된 바에 의하면 더 늙은 뇌들이 **여전히 매우 효과적이고 지략이 풍부하다**고 한다. 대부분의 기억 연구는 70살 된 뇌가 30살 나이의 머리보다 더 많은 지식과 기억 및 경험을 저장해 왔다는 사실을 간과한다. 따라서 무언가를 떠올릴 때 지체되는 것은 부분적으로는 분류되어야 하는 데이터가 방대하기 때문이다. 물론, 시간이 지남에 따라 뇌는 줄어들며 특정 질병들은 기억에 심각하게 부정적인 영향을 미친다. 그럼에도 불구하고, 나이 들고, 건강한 뇌는 애초의 생각보다 상태가 더 나을 수도 있다.

(a) 노화와 정신적 질병들로 줄어든다
(b) **여전히 매우 효과적이고 지략이 풍부하다**
(c) 일생에 걸친 학습의 저장소다
(d) 과학자들이 믿는 것보다 더 젊다

젊은 뇌가 기억에 있어 더 빠르고 나은 것은 사실이지만, 새로 발견된 바에 의하면 늙은 뇌에 대한 기존의 생각에 반하는 것임을 알 수 있으므로, 빈칸에 들어갈 내용으로 가장 적절한 것은 (b)이다.

recall 기억(하는 능력) **vast** 방대한, 막대한 **sort** 분류하다 **shrink** 줄어들다, 오그라들다 **with time** 시간이 지남에 따라 **negative** 부정적인 **nevertheless** 그럼에도 불구하고 **better off** (마음이나 처지가) 더 나은 **originally** 애초의, 본래의 **aging** 노화 **mental** 정신적인 **ailment** 질병 **resourceful** 기략이 풍부한 **repository** 저장소, 보관소

6

쿠션감이 좋고 발에 잘 맞는 저희 신발이 당신의 허리 통증을 해결할 수 있습니다! 통기성이 있는 그물망 깔창과 특히 부드러운 발포 고무 재료로 만들어진 활동적 웨지힐은 당신에게 **최대의 충격 흡수와 최고의 지지력**을 제공합니다. 게다가 과학적으로 증명된 이 신발은 신체를 보호하면서 동시에 심층부의 근육들이 움직이게 합니다. 이제 당신은 운동할 때 부상 걱정 없이 안전하고 편안하게 운동할 수 있습니다. 지금 한번 신어 보시고 운동 안내서와 당신과 가족들이 즐길 수 있는 운동 CD를 사은품으로 받으세요!

(a) **최대의 충격 흡수와 최고의 지지력**
(b) 단단한 통굽과 꼭 조이는 캔버스 신발 등
(c) 차세대 스타일과 기능성
(d) 습한 지역을 위한 완전한 방수

지문의 두 번째 문장은 신발의 그물망 깔창과 발포 고무로 만들어진 굽에 대해 이야기하고 있는데, 이것이 훌륭한 충격 흡수력과 발을 지탱하는 힘을 제공한다는 것을 추론할 수 있으므로 (a)가 정답이다.

form-fitting 몸에 꼭 맞는 **breathable** 통기성이 있는 **mesh** 그물망 **insert** 삽입물, 부착물 **kinetic** 운동의 **wedge heel** 웨지힐(통굽 모양으로 높이에 비해 발목에 부담을 덜 주는 쐐기형의 굽) **foam** 발포 고무, 거품 **work out** 운동하다 **complimentary** 무료의, 칭찬하는 **absorption** 흡수 **rigid** 단단한, 엄격한 **platform** 통굽, (기차역 등의) 플랫폼, 단 **functionality** 기능성 **humid** 습한

7

바이러스가 식물을 감염시킬 수 있는 길은 개개의 세포벽들을 뚫고 들어가는 것뿐이다. 이런 세포벽은 동물의 세포벽보다 훨씬 단단하다. 그 결과, 바이러스들은 이동 단백질을 이용해 식물의 세포벽에 작은 구멍들, 혹은 틈을 변형시킨다. 이런 이동 단백질들은 벽들 사이에 바이러스가 지나갈 작은 관을 형성한다. 과학자들은 이동 단백질을 무력화할 방법을 찾고 있다. 이것으로 그들은 **바이러스의 전진을 약화시킴으로써 감염을 저지할** 수 있다.

(a) 바이러스의 전진을 약화시킴으로써 감염을 저지할
(b) 치명적인 감염들에 대한 인간의 저항력을 강화시킬
(c) 특정 식물들이 버둥거리는 이유를 더 잘 이해할
(d) 바이러스 자체의 관을 통해 바이러스를 추출할

식물 세포벽에 구멍을 내어 바이러스를 통과시키는 역할을 하는 이동 단백질을 무력화할 방법을 찾으면 그 결과 어떻게 될지를 빈칸에 넣으면 된다. 이동 단백질이 무력화되면 바이러스가 전진하기 어려울 것이므로 감염 또한 더뎌질 것이다. 그러므로 정답은 (a)다.

infect 감염시키다 **break through** ~을 뚫고 들어가다 **cell wall** 세포벽 **tough** 단단한, 질긴 **movement protein** 이동 단백질 **modify** 바꾸다, 변형시키다 **pore** 구멍 **form** 형성하다 **passage** 통로, 길 **disable** 무력하게 하다, 망가뜨리다 **stall** 저지하다, 지연시키다 **undermine** 약화시키다 **progress** 전진 **strengthen** 강화시키다 **resistance** 저항력, 내성 **deadly** 치명적인 **struggle** 발버둥 치다, 분투하다

8

하퍼 리의 소설 〈앵무새 죽이기〉에서 젬과 스카우트라는 아이들은 **완전히 천진하고 순진한 상태**에서 좀 더 성숙한 도덕적 관점으로 발전해 간다. 소설 초반에 아이들은 뭔가 종종 지나가는 말로 조용히 의논되기는 하나 거의 본 적이 없는, 그들의 불가사의한 이웃, 부를 무섭고 금기시되는 존재로 여긴다. 그러나 이야기가 전개되면서 그들은 부의 본성과 그가 아주 나쁜 상황에서 살고 있음에도 불구하고 그가 풍기는 품위를 이해하기 시작한다.

(a) 사춘기 전의 짓궂은 공공 기물 파손자들
(b) 선천적으로 선한 어린아이들
(c) 즐거운 자유의 상징
(d) 완전히 천진하고 순진한 상태

〈앵무새 죽이기〉의 아이들이 등장인물인 부를 보는 관점이 변화했다는 내용이다. 처음에는 그를 금기의 대상에 불과한 것으로 생각했지만 후에는 그를 이해하기 시작했다고 하므로 빈칸 뒤에 나오는 성숙함과 상대적인 말인 (d)가 적절하다.

mature 성숙한 **moral** 도덕의 **perspective** 관점 **taboo** 금기, 터부 **progress** 진보 **decency** 품위, 친절 **exude** 발산하다 **circumstance** 환경, 상황 **mischievous** 장난이 심한 **vandal** 공공 기물 파손자 **innate** 천성의, 천부적인 **innocence** 결백, 천진 **naivety** 순진함

9

한때 동물원 사육사 일은 고등 교육을 필요로 하지 않았다. 사육사의 주된 업무는 동물을 먹이고 우리를 청소하는 것이었다. 야생 동물들과 함께 일하는 것이 특별히 호감 가는 일은 아니라고 여겨졌다. 그러나 최근 들어 점점 더 많은 동물원에서 대학 졸업자들을 고용하여 사육사 일을 맡기고 있다. 이전과는 반대로, 사육사의 업무는 일반인에게 교육 프로그램을 제공하거나 자연의 서식환경을 연구하는 등 좀 더 도전적인 일들까지 포함할 정도로 확대되었다. **그뿐만 아니라** 수년 전과는 달리 동물원에는 동물과 일하는 것에 관심이 많은 대학 졸업자들의 원서가 넘쳐난다.

(a) 그럼에도 불구하고
(b) 그렇긴 하지만
(c) 그뿐만 아니라
(d) 대조적으로

빈칸 앞에서는 사육사의 업무가 교육 프로그램이나 환경 연구까지 확대되었다고 하고 그 이후에는 대학 졸업 지원자가 많아졌다는 내용이 연결되므로 비슷한 흐름의 얘기를 추가할 수 있는 연결어가 필요하다. 선택지 중에서 더 심화적인 내용이 추가됨을 알려 주는 연결어인 (c)가 가장 적절하다. (a), (b), (d)는 연결어 앞과 뒤의 흐름이 달라질 때 쓰이는 연결어이다.

keeper 사육사 **primary** 주된 **desirable** 바람직한 **graduate** 졸업생 **expand** 확대되다, 확장하다 **present** 제시[제출]하다 **habitat** 서식지 **flooded with** 쇄도하는, 몰리는 **application** 신청서

10

1587년 영국 식민지 정착민들이 노스캐롤라이나에 도착한 직후에, 식민지의 총독은 보급품들을 가지러 영국으로 돌아갔다. 하지만 유럽에서 벌어지던 전쟁 때문에 그의 귀환은 지연되었고, 3년이 지나고 나서야 귀향할 수 있었다. 그가 도착했을 무렵에, 그의 가족을 포함한 모든 식민지 이주자들이 행방이나 떠난 이유에 관한 아무런 흔적도 남기지 않은 채 불가사의하게 사라졌다. 수백 명의 역사가들이 그 해답을 찾고자 노력해 왔다. **결국에는**, 그들은 잃어버린 식민지에 일어났던 일에 대한 어떠한 증거도 발견하지 못했다.

(a) 또한
(b) 그렇지 않았다면
(c) 결국에는
(d) 그런 이유로

식민지 이주자들이 감쪽같이 사라진 일에 대해, 역사가들이 당시 상황에 관한 해답을 찾고자 노력해 왔지만, 어떠한 증거도 발견하지 못했다는 두 문장을 이어줄 접속사를 골라야 한다. 앞의 상황을 이어서 결론으로 수렴해 주는 접속사가 필요하므로 (c)가 가장 적절하다.

settler 정착민 **colony** 식민지 **supplies** 물품, 보급품 **governor** 총독 **sail home** 귀향하다 **colonist** 식민지 이주자 **mysteriously** 이상하게, 불가사의하게 **disappear** 사라지다 **whereabouts** 소재, 행방 **historian** 역사가, 사학자 **recover** 되찾다, 찾아내다 **evidence** 증거, 흔적 **lost** 잃어버린, 분실된

Part II

11

모기는 물면 짜증스럽고 간지럽고 심각한 질병을 퍼뜨릴 수 있기 때문에 그것에 관해 뭐든 좋은 점을 상상하기는 힘들다. (a) 모기에 물리지 않도록 스스로를 보호하고 당신 주변에 모기가 덜 나타나도록 할 방법들은 많이 있다. (b) 모기는 물에 알을 낳고, 그곳에서 알이 깨어 유충이 되면 물고기와 다른 수생 동물들에게 영양가 있는 먹이가 된다. (c) 다 자란 모기들도 똑같이 새나, 박쥐, 거미들에게 영양분이 된다. (d) 따라서, 우리가 이런 생명체를 싫어한다 하더라도, 더 큰 먹이 사슬 내에서 그들이 하는 역할을 인정하는 것이 중요하다.

사람에게는 해롭고 짜증스러운 모기이지만, 더 큰 먹이 사슬 내에서 볼 때 모기가 하는 좋은 역할들이 있음을 세부적으로 나열하고 있다. 이러한 문맥에서 벗어나는 문장은 (a)이다.

annoying 짜증스러운 **itchy** 가려운 **mosquito** 모기 **diminish** 줄이다 **lay** 낳다 **incubate** (알이) 깨다, 성장하다 **larva** 유충 **nourishing** 영양가 있는 **aquatic animal** 수생 동물 **equally** 똑같이 **nutritious** 영양가 있는 **despise** 경멸하다, 싫어하다 **food chain** 먹이 사슬

12

입체파(큐비즘)는 20세기 초에 생겨났던 예술 형식으로, 대상을 다양한 관점에서 묘사하기 위해 분해하고 재조립한다. (a) 파블로 피카소는 가장 유명한 입체파 화가일 터이지만, 그 방식은 현대 문학에도 영향을 미쳤다. (b) 거트루드 스타인과 윌리엄 포크너 둘 다 응집된 이야기를 나타내기 위해 파편적인 스토리텔링과 다양한 관점을 이용하는 소설을 썼다. (c) 입체파는 또한 건축가들에게도 영향을 미쳤으며, 이들은 단순한 기하학적 모양을 활용하고 그것들을 흥미로운 방식으로 결합해 구조물을 설계했다. (d) 시인들도 우리가 의미를 발견할 때에 체계적이지 않은 방식을 쓴다는 점을 반영하여 분리와 재조합이라는 똑같은 기법을 사용하였다.

입체파의 특징을 설명한 뒤 그것이 현대 문학에 영향을 미쳤다고 말하면서 소설가와 시인들에게서 어떤 식으로 영향을 주었는지를 설명하고 있다. (c)의 경우 연결어는 충분하지만 (d)까지 놓고 보았을 때 전체 흐름에서 매우 벗어나 있다.

cubism 입체파 **break apart** 분해하다 **reassemble** 재조립하다 **depict** (상세히) 묘사하다 **viewpoint** 관점 **influence** 영향을 미치다 **author** 저술하다, 쓰다 **fragmented** 파편적인 **cohesive** 응집된 **geometric** 기하학적인 **combine** 결합하다 **disassociation** 분리 **recombination** 재결합 **disorganized** 무질서한, 와해된

Part III

13

요한 세바스찬 바흐는 생애 후기에 와서야 하프시코드를 좋아하게 되었다고 한다. 건반 악기이자 피아노의 전신인 이것은 바로크 시대에 여전히 초기 단계였으며 계속해서 개선되고 있었다. 그 시대의 새로운 협주곡 형식은 메인 악기의 독자적 선율이 오케스트라의 더 큰 반주 선율을 지고 나오도록 연주하는 것이었다. 이러한 사정 때문에 메인 악기들의 소리는 들릴 만큼 충분히 커야 했다. 초기 하프시코드는 이에 해당되지 않았지만, 이후의 강해진 하프시코드는 바흐의 협주곡에 합류하였다.

Q 지문의 주된 내용은?
(a) 바로크 협주곡 작곡을 위한 요건들
(b) 바흐가 하프시코드의 이용을 대중화시킨 방법
(c) 초기의 하프시코드와 그 이용
(d) 바로크 시대의 음악적 혁신

바흐가 생애 후기에 관심을 가졌던 하프시코드는 피아노 이전의 건반 악기였으며 계속 발전하고 있었다. 그리고 당시 협주곡 형식의 특징에 관해 설명한 후 바흐가 하프시코드를 그의 협주곡에 사용하였다는 내용이 나오는 것을 감안할 때, 글의 주된 내용으로 가장 적절한 것은 (c)이다.

warm up to ~을 좋아하기 시작하다, 호감을 갖게 되다
harpsichord 하프시코드 **instrument** 악기 **predecessor** 이전 것, 전신, 선조 **infancy** 초기 단계, 유아기 **concerto** 협주곡 **independent** 독립적인 **incorporate** 포함하다, 섞다 **requirement** 요건, 필요조건 **compose** 작곡하다 **popularize** 대중화하다, 보급하다 **innovation** 혁신, 쇄신

14

도시 하천은 도시화의 영향을 견디는 작은 수로이다. 가끔은 도시 하천이 개발이라는 명목 하에 없어지기도 한다. 도시 수로의 물은 상류에서 댐으로 막히고 자연적 흐름이 감소하거나 사라지기도 한다. 하수관의 도입이나 산업 유거수는 오염 물질을 가져오기도 한다. 빗물 배수관으로부터 유입량이 증가하면 그것만으로도 제방을 침식시킬 수 있다. 복구 노력은 자연의 요구와 도시가 필요로 하는 것 사이에서 균형을 맞추려 애쓴다. 여기에는 자연 상태를 가능한 한 원래대로 놔두는 것도 포함될 수 있다.

Q 지문의 요지는?
(a) 도시 하천은 때때로 도시에 의해 사라지기도 한다.
(b) 도시는 도시를 흐르는 시내를 조정할 수 있다.
(c) 도시 하천의 청소가 시급하다.
(d) 도시 하천은 가끔 운하로 바뀌기도 한다.

도시화로 인해 하천을 복개하기도 하고 하천을 복구하고 보존하려는 노력도 있음을 설명하고 있다. 도시와 하천의 양자적 관계가 주로 설명되고 있으므로 (b)가 적절하다. (a)는 지문과 일치하지만 전체를 아우르는 요지로 보기는 어렵다.

urban 도시의 **bear** 참다, 견디다 **urbanization** 도시화 **dam** 둑으로 막다 **eliminate** 제거하다, 없애다 **sewer drain** 하수관 **runoff** 땅 위를 흐르는 빗물, 유거수 **contaminant** 오염 물질 **storm drain** 빗물 배수관 **erode** 침식시키다, 약화시키다 **bank** 제방, 둑 **restoration** 복구 **urgent** 긴급한, 시급한

15

현재 캘리포니아 학생들의 60퍼센트가 영어를 제2언어로 배우고 있는 것으로 추산된다. 이들 중 다수가 스페인어를 제1언어로 사용하며, 아시아 언어를 제1언어로 사용하는 비율도 빠르게 증가하고 있다. 연구에 따르면, 초보자에게는 몰입식 교육이 2개의 언어를 함께 사용하는 접근 방법만큼 효과적이지 않다고 한다. 영어를 주된 언어로 사용하지 않는 초등학생이 모두 영어로 진행되는 교육 환경에 놓이면, 이해를 할 수 없기 때문에 실제로 발전이 더뎌진다. 저학년일 때는 처음부터 그들의 제1언어로 가르치고 일부 시간에만 영어에 노출시킨다면, 제2언어를 더 성공적으로 배우는 경향이 있다.

Q 지문의 주제는?
(a) 캘리포니아의 제2언어 지도와 학습
(b) 제2언어의 점진적 지도에 대한 지지
(c) 영어를 제1언어로 확대하는 가장 효과적인 방법
(d) 어느 미국 주의 인구 통계의 변화로 인한 정책 변화

하나의 언어로 몰입식 교육을 하는 것보다 2개의 언어를 함께 사용하는 것이 좋으며, 저학년 때 제1언어로 배우면서 점차 제2언어에 노출시키면 제2언어를 더 성공적으로 배울 수 있다고 했으므로 정답은 (b)가 된다.

first language 제1언어, 모국어 **proportion** 부분, 비율 **immersion** 몰두, 몰입 **bilingual** 이중 언어를 사용하는, 두 개의 언어를 사용할 줄 아는 **incomprehension** 이해하지 못 함 **exposure** 노출 **demographics** 인구 통계

16

노르웨이 지역에 살아온 사람들은 선사시대 이래로 겨울에 눈 위를 이동하는 수단으로 평지에서 스키를 타왔다. 심지어는 근대 초반까지도 노르웨이인들은 사슴을 사냥하거나 단순히 여기저기 돌아다닐 때 스키를 타는 것이 일상이었다. 크로스컨트리 스키가 1924년 올림픽에서 상대와 기량을 겨루는 이벤트가 되었다. 전형적인 스타일에서는 평지에서 움직일 때 폴을 사용하고 오르막을 오를 때는 사이드스테핑을 한다. 더욱 격렬한 스타일의 스케이트 스키는 아이스 스케이트 선수가 움직이는 법을 닮고 있는데 1980년대에 인기를 끌었다. 현재는 이러한 두 기술들 각각을 위한 대회가 별도로 있다.

Q 지문의 주제는?
(a) 크로스컨트리 스키 대회
(b) 크로스컨트리 스키 대 스케이팅
(c) 왜 스키가 올림픽 종목이 되었나
(d) 두 가지 스키 스타일의 고대 기원

노르웨이 일상의 일부였던 스키가 1924년 올림픽에서부터 크로스컨트리 스키 경기로 열리게 되고, 전통적인 방식과는 다른 스타일의 스키가 인기를 끌게 되어 현재는 각 스타일마다 대회가 분리되어 열린다고 하므로 정답으로는 (a)가 가장 적합하다.

flat land 평지 **cross-country skiing** 크로스컨트리 스키 **competitive event** (상대와) 기량을 겨루는 이벤트 **terrain** 지형, 지역 **side stepping** (스키 용어) 사이드스테핑 **vigorous** 격렬한 **separate** 분리된, 독립된 **origin** 기원

17

미국 사회에서 수십 년간의 마약과의 전쟁은 교도소 비율을 엄청나게 높이는 원인이 되어 왔다. 지금까지 세계 최대인, 재소자 2백만 명이 넘는 미국 교도소 수감자 중 상당 비율이 마약 범죄로 수감되었다. 이는 연방 정부 차원에서 마약 소지에 대한 의무적인 징역형에 힘입은 것이다. 여기에는 초범에 5~10년 형과 세 번째 범행에 25년 형이 포함된다. 가루 코카인을 사용하는 것과 비교해, 소수 집단들 사이에서 만연된, 크랙 코카인(흡연 형태의 코카인)을 피우는 것에 대한 가혹한 형량은 마약 집행 정책에 있어 인종 차별에 대한 비난을 초래한다.

Q 마약과의 전쟁에 관한 내용으로 옳은 것은?
(a) 상습범들이 재소자의 가장 큰 비율을 이룬다.
(b) 모든 종류의 코카인은 마약 단속의 주된 대상이다.
(c) 마약 소지에 대해 비교적 엄한 처벌을 지시한다.
(d) 불법 마약 억제에 있어서의 성공은 대개 구금에 기인한 것이다.

미국에서 마약과의 전쟁으로 교도소 인구가 엄청나게 늘어났고, 이는 마약 소지에 대한 의무적인 징역형 때문이라는 내용으로 볼 때, 마약과의 전쟁에 관한 내용으로 옳은 것은 (c)이다.

decades-long 수십 년간의 **war on drugs** 마약과의 전쟁 **enormously** 엄청나게 **inmate** 재소자, 수감자 **substantial** 상당한 **proportion** 비율 **drug offense** 마약 사범 **propel** 추진하다, 몰고 가다 **obligatory** 의무적인 **prison sentence** 징역형 **possession** 소지, 소유 **harsh** 가혹한 **prevalent** 널리 퍼진, 만연한 **minority** 소수 **in contrast to** ~와 대조적으로 **invite** 초래하다, 자아내다 **accusation** 비난, 고발 **racism** 인종 차별 **enforcement** 집행, 시행 **repeat offender** 상습범 **constitute** 구성하다 **enforcement** 단속, 집행 **mandate** 명령하다, 권한을 주다 **severe** 가혹한, 엄한 **curb** 억제하다, 제한하다 **stem from** ~에 기인하다 **imprisonment** 수감, 구금

18

1991년에 구소련이 공식적으로 붕괴할 때까지 수 년 동안 에스토니아, 라트비아, 리투아니아 발트 3국은 소련의 통치로부터 독립하기 위한 평화적 노력의 일환으로 인간 사슬을 만들었는데, 때로는 2백만 명에 이르는 사람들이 인간 사슬에 참여하기도 했다. 이른바 '발트의 사슬'은 1940년 소련의 점령이 시작된 지 거의 50여 년 만에 시작되었다. 사람들은 손을 붙잡고 성가와 국가(國歌) 등을 부르면서 비폭력 저항을 이끌어 나갔고 노래 혁명이라는 명칭이 붙게 되었다. 이는 동구권의 소련 점령국들에서 발생해 결국 바르샤바 조약의 몰락으로 이어진 격동적인 사건들의 일부에 불과하다.

Q 지문에 따르면 옳은 것은?
(a) 발트 국가들의 일부 독립운동은 평화롭게 진행되었다.
(b) 이 사건 하나가 소비에트 공산주의의 몰락으로 이어졌다.
(c) 소련의 점령 하에서 노래 부르는 것이 금지되었다.
(d) 소련은 노래 혁명을 탄압했다.

구소련 통치에서 독립하고자 일어난 발트 3국의 노래 혁명은 비폭력 저항 운동이었고, 지문 마지막에 동구권 국가들에 벌어진 격동의 사건들 중 일부라는 설명이 있으므로 (a)가 정답이다.

formal 공식적인 **dissolution** 붕괴, 해체 **Baltic** 발트 해안의 **bid** 노력 **occupation** 점령 **hymn** 찬송가, 성가 **dub** 이름 붙이다 **tumultuous** 시끄러운, 격동의 **Warsaw Pact** 바르샤바 조약 **single-handedly** 단독으로 **ban** 금지하다 **crack down (on)** ~을 엄하게 다스리다

19

직원 여러분께

새로운 일정이 7월 1일부터 적용됩니다.
- 주 조립 라인에서 일하는 모든 직원은 8시가 아니라 오전 7시 30분에 업무를 시작합니다.
- 첫 근무조는 오후 3시 30분에 일을 끝냅니다. 영업이나 교육, 행정부서의 직원들은 예전 교대 일정대로 오전 8시부터 오후 4시까지 근무합니다.
- 칼라 닐슨이 일정 관리 책임자입니다.

여러분의 시간이나 배정에 대해서 궁금한 점이 있으면 내선 번호 421번으로 닐슨 씨에게 연락하십시오.

앤드류 젠슨
부사장

Q 공지에 따르면 옳은 것은?
(a) 새 일정에서는 모든 직원이 7시 30분에 일을 시작한다.
(b) 예전 일정에서 첫 번째 근무조는 4시에 끝난다.
(c) 새 일정에 대해서 앤드류 젠슨에게 연락해야 한다.
(d) 새 일정에서 직원들은 전보다 30분 덜 일한다.

새 일정에서 생산 라인 직원들의 일정이 기존보다 30분 당겨졌고 끝나는 시간도 기존보다 30분 일찍이다. 다른 직원들은 예전 일정대로 8시에 시작해서 4시에 끝나는 것으로 보아 이전에는 4시에 끝났다는 것을 알 수 있으므로 (b)가 정답이다.

take effect 효력을 나타내다, 실시되다 **shift** 교대 **in charge of** ~을 담당하는 **supervise** 관리하다, 통제하다 **assignment** 배정 **ext.** 내선 번호(= extension)

20

경고!

개인 정보 요청, 특히 온라인상의 요청을 주의하십시오. 은행 기록을 경신하지 않으면 계좌가 폐쇄될 것이라는 거짓 경보를 받은 적이 있을지도 모릅니다. 이런 메시지를 받으면 은행 청구서나 신용 카드, 전화 요금 청구서에 적혀 있는 800 번호로 전화해서 유효한 요청인지 확인하십시오. 이 메시지는 당신의 이름과 그 외 정보들을 불법적인 목적에 사용하려는 미지의 해커가 보내온 함정일 수 있습니다. 은행이나 인터넷 서비스 업체들은 결코 사회 보장 번호나 비밀번호, 현금 자동 입출금기의 비밀번호를 물어보지 않는다는 것을 명심하시기 바랍니다.

Q 지문에 따르면 옳은 것은?
(a) 800 전화번호는 그들 메시지를 확인하기 위한 무료 통화이다.
(b) 일부 계좌는 요청에 따라 정보가 경신되지 않으면 폐쇄될 수 있다.
(c) 은행은 종종 확인을 위해 고객들에게 개인 기록을 요청한다.
(d) 온라인상에서 개인 정보를 요청하는 것은 명의 도용을 위한 것일 수 있다.

선택지 (a)는 800 번호가 메시지 확인을 위해 걸어야 할 전화번호는 맞지만 지문에는 이 번호로 건 통화 요금이 무료인지 여부가 언급되지 않았다. (b)는 정보를 경신하지 않으면 계좌가 폐쇄될 수 있다는 것은 거짓 경보로 의심되는 메시지이지 실제 폐쇄되는지는 언급되어 있지 않다. (c)는 지문 처음에 이런 요청에 유의해야 한다고 나와 있고 지문 마지막에 은행이나 인터넷 서비스 업체들이 개인 정보를 요청하지 않는다고 하였으므로 오답이다. 개인 정보를 요청하는 메시지가 누군가의 이름과 정보를 불법적으로 이용하기 위해 보내온 함정이라는 언급이 있으므로 (d)는 정답이다.

be wary of ~에 주의하다 **fake** 가짜의, 거짓의 **bank statement** 은행 청구서 **valid** 타당한, 근거가 있는 **PIN number** 비밀번호(Personal Identification Number) **toll-free** 무료의 **register** 기재하다, 기록하다, 등록하다 **on request** 요청하는 대로 **identity theft** 명의 도용

21

비즈니스 뉴스

우리나라에서 가장 오래된 가족농(家族農)의 하나로 알려진 뉴햄프셔의 터틀 농장이 최근 그들의 기업을 매각하기로 결정했다는 소식을 전해 왔다. 최근의 경제 침체로 378년 된 사업을 가족들이 더 이상 이어갈 수 없게 될 것이다. 또한 젊은 세대는 이러한 어려운 시절을 헤쳐 나가는 일에 그다지 관심을 쏟고 있지 않다. 이는 지난 수십 년간 많은 가족농들이 겪어온 상황으로 전쟁 이후 6백만 가구로 추산되었던 농장수가 3분의 1 수준으로 감소하였다. 상업 지역 및 주거 지역이 꾸준히 발전하고 있고 기업식 농업이 떠오르고 있는 것이 소규모 농부들이 직면하고 있는 현실이다. 그러나 들판에서 일할 마지막 가족 구성원이 멀리 이동하지는 않을 것이다.

Q 지문에 따르면 가족농에 대해 옳은 것은?
(a) 해당 토지를 계속해서 농업용으로 사용할 계획은 없다.
(b) 대략적으로 약 2백만의 가족농이 여전히 미국에 존재한다.
(c) 터틀 가족은 그 토지를 빌려서 계속 농사를 지을 것이다.
(d) 이 농장은 1776년 미국 독립 이후에 생겨났다.

전후에 6백만 가구로 추산되었던 농장수가 3분의 1 수준으로 감소하였다는 내용이 있으므로 현존하는 가족 농장수가 2백만 정도임을 알 수 있으므로 (b)가 정답이다.

downturn (경기의) 하강, 침체 **feasible** 실행할 수 있는, 실현 가능한 **scant** 불충분한, 부족한 **weather** 견디어 내다, 뚫고 나가다 **dwindle** 줄다, 감소하다 **estimated** 추측의, 추정의 **march** 진보, 진전 **residential** 거주의, 주택의 **agri-** 농업(용)의 **tenant** 소작농

22

고대 마야인들은 각각의 시간 분할들을 신성한 전달자가 영원히 가져오는 짐으로 생각했다. 이 짐은 특정 날짜를 구성하는 각각의 숫자들이며 전달자들은 등짐 끈을 이용해 이를 등에 졌는데, 등짐 끈은 이들의 이마에 지탱되었다. 예를 들어 1997년 12월 31일에는 네 명의 전달자가 있는데, 31일의 신이 12월 31일을, 1의 신이 천을, 9의 신이 무거운 십의 짐뿐만 아니라 백의 짐도 짊어지고, 7의 신이 각각의 해를 짊어진다.

Q 지문 내용과 일치하는 것은?
(a) 고대 마야인들은 모두 4명의 신들이 각각의 시간 짐을 짊어진다고 믿었다.
(b) 마야인에 의하면 8명의 다른 신이 시간의 짐을 짊어지고 있다.
(c) 고대 마야에서는 시간 전달자들이 시간의 짐을 이마에 짊어졌다.
(d) 예를 보면 9의 신이 백년과 십년의 짐 둘을 모두 짊어졌다.

내용이 익숙한 사안이 아니므로 지문에 전적으로 의존하여 풀어야 하는 문제이다. 지문에 의하면 고대 마야인들은 신이 시간의 짐을 영원히 짊어진다고 생각했다. 지문의 4명의 신은 예를 보여주는 것뿐이므로 (a)처럼 시간을 담당하는 신 전체가 4명이라는 점은 알 수 없다. 지문에서 8명의 신이 시간을 짊어진다는 내용도 없으므로 (b)도 오답이다. 지문에서는 전달자가 시간을 등에 짊어진다고 하였는데 (c)는 이마에 얹고 다닌다고 하였으므로 일치하지 않는다. (d)는 예에서 나온 날짜에 9가 두 개 등장하는데 9의 전달자가 100년과 10년 단위 모두를 짊어진다고 하였으므로 일치하는 설명이다. 그러므로 정답은 (d)이다.

division 분할, 나눔 **burden** 짐 **divine** 신성의, 신성한
bearer 운반인, 전달자 **mecapal** 등짐 끈(중남미 스페인어)
forehead 이마

23

아이들은 모든 가족들에게 귀중한 선물로 여겨져야 하며 부모에게는 아이들이 세상에서 성장할 수 있게 보살펴줄 책임이 있다. 여기에는 아이들이 사랑을 받고 있고 소중히 여겨진다는 것을 느낄 수 있도록 그들과 충분한 시간을 함께 하는 것이 포함된다. 아직은 아이들이 어리고 예민하므로, 아이들을 대할 때에는 조심스러운 접근과 온화한 말투가 늘 권장된다. 현명한 부모는 아이들의 나쁜 행동을 괜찮다고 반드시 생각할 필요는 없고 항상 지속적인 소통을 통해 아이들의 행동을 살펴야 한다.

Q 지문에서 추론할 수 있는 것은?
(a) 예민한 아이들은 무엇이든 할 수 있게 허용해 줘야 한다.
(b) 부모는 자신의 아이들이 대체로 어떻게 느끼고 있는지 알아야 한다.
(c) 조언을 해 주는 것은 아이들을 지속적으로 지켜보는 것보다 좋다.
(d) 부적절한 행동은 즉석에서 엄격하게 다뤄져야 한다.

부모는 아이들과 충분한 시간을 보내야 하며, 항상 지속적인 대화를 통해 이들을 지켜봐야 한다고 했으므로 가장 적합한 답은 (b)가 된다. 아이들이 예민하니까 온화하고 조심스럽게 접근해야 한다는 언급은 있지만 무엇이든 하도록 허용해 줘야 한다는 말은 없으므로 (a)는 오답이다. (c)는 지문의 내용만으로는 확인할 수 없으며, 아이들의 부적절한 행동에 대해서는 살펴봐야 한다는 언급은 있지만 엄격하게 다뤄져야 한다는 말은 없다.

precious 귀중한 **nurture** 양육하다, 보살피다 **treasure** 소중하게 여기다 **sensitive** 민감한 **encourage** 권장하다 **deal with** 대하다, 다루다 **monitor** 모니터하다, 감시하다 **swiftly** 즉석에서, 재빨리

24

브랜트포드 타임스
국제 〉 경제

뉴욕 대법원은 아르헨티나의 채권 상환 재조정을 더 이상 불가능하도록 했다. 이는 라틴 아메리카 국가가 8월 30일까지 빚진 12억 달러를 지불하지 못할 경우, 올해 후반에 또 다른 채무 불이행에 대한 새로운 우려를 촉발시켰다. 현재 아르헨티나 채권의 80%를 보유한 채권자들은 이전에 2005년과 2010년에 채무 교환을 합의했다. 그 소식들에 부에노스아이레스의 주식 시장은 더 악화되었지만, 2001년 1천억 달러의 채무 불이행 이후 그 나라의 경제적 고립으로 인해 세계 시장에 영향은 미미했다.

Q 지문으로부터 추론할 수 있는 것은?
(a) 세계 재계에서 뉴스들에 대한 반응이 엇갈렸다.
(b) 국제 투자자들은 아르헨티나에 관해 장기적으로 전망하고 있다.
(c) 이전 해들과 같은 또 다른 채무 교환은 가능한 시나리오이다.
(d) 아르헨티나는 채권 상환을 늦추려고 시도해 왔다.

뉴욕 대법원이 아르헨티나의 채권 상황 재조정을 더 이상 불가능하도록 했다는 첫 문장으로 볼 때, 지문으로부터 추론할 수 있는 내용으로 가장 적절한 것은 (d)이다.

rule out 배제하다, 불가능하게 하다 **restructuring** 재조정
bond 채권 **repayment** 상환 **trigger** 유발하다, 촉발시키다
renewed 새로운, 새로워진 **default** 채무 불이행 **owe** 빚지다
creditor 채권자 **currently** 현재 **debt swap** 채무 교환
worsen 더 악화되다 **impact** 영향 **minimal** 아주 작은, 극미한
economic isolation 경제적 고립 **financial circle** 재계
mixed 엇갈린

25

대공황 시기에 사람들은 여가 활동을 위한 돈을 쓸 여유가 없었다. 이런 사람들을 위해서 찰스 대로우는 모노폴리라는 보드 게임을 개발했다. 모노폴리는 게임을 하는 사람이 록펠러나 밴더빌트처럼 부동산을 거래하는 환상에 빠지게 했다. 대로우는 자신의 게임을 파커 형제에게 팔려고 했지만 거절당했다. 대로우는 포기하지 않고 스스로 모노폴리 세트를 제작했고, 이는 한 지역 백화점에서 날개 돋친 듯이 팔렸다. 성공을 손에 쥔 대로우는 다시 파커 형제에게 갔고, 이번에는 그들도 자신들이 한 말을 취소하고 대로우의 게임이 히트한 것을 인정했다.

Q 모노폴리에 관해 지문에서 추론할 수 있는 것은?
(a) 처음으로 가족이 함께 즐길 수 있는 게임이었다.
(b) 참여자를 부자로 만드는 데 있어 실제로 도움이 되었다.
(c) 사람들이 즐겼던 가장 인기 있었던 게임 중의 하나였다.
(d) 대로우는 다른 사람들이 도와줘서 이를 개발할 수 있었다.

모노폴리를 즐기는 이들은 대표적인 부자들처럼 거래를 하는 환상에 빠질 수 있었지만 모노폴리가 실제로 참여자를 부자로 만드는 데 도움이 되었는지는 추론할 수 없다. 모노폴리가 백화점에서 잘 팔렸고, 대공황 시기에 돈을 쓸 여유가 없는 이들을 위해 개발된 게임이므로 당시 사람들이 즐겼던 인기 있었던 게임이었음을 추론할 수 있다. 그러므로 정답은 (c)이다.

endeavor 노력 **property** 부동산, 소유지, 토지 **engage in** ~에 참여하다 **fantasy** 공상[환상]의 세계 **manufacture** 제작하다 **sell like hotcakes** 날개 돋친 듯이 팔리다 **eat one's words** 앞서 한 말을 취소하다

Part IV

26~27

```
오레곤 중심가에 위치한 화훼 장식 학교

오레곤 화훼 학교에서 화훼 장식과 사업에 대해 배워 보는 것은 어떠세요? 귀하께서 완전 초보일지라도, 저희는 귀하께서 스스로의 스타일을 찾아서 전문적인 화훼 장식가가 되는 것을 도와드릴 것입니다. 저희 화훼 학교는 오레곤 중심가에 위치하고 있습니다.

직업 과정
저희의 경쟁력 있는 직업 과정은 화훼 장식가가 되는 모든 면을 포괄하는 4주간의 집중 과정입니다.
- 1주: 꽃꽂이를 만들기 위해 필요한 기본적인 방법으로 시작한다.
- 2-3주: 결혼식과 같은 다양한 행사에 집중한다.
- 4주: 꽃으로 만든 샹들리에와 같이 거대한 설치물을 만드는 데 필요한 충분한 기술을 습득한다.

추가 혜택
정규 과정 이외에도, 저희는 어떻게 화훼 사업을 운영할지, 소셜 미디어를 어떻게 이용할지, 그리고 꽃꽂이 한 것을 어떻게 사진을 찍을지에 대한 조언을 제공할 것입니다.

수업 세부 내용
- 월요일부터 금요일까지. 오전 9시부터 오후 3시까지. 1시간의 점심시간
- 과정을 마치면 자격증이 제공됩니다.

등록 비용
- 금액: 5,000달러
- 모든 필요한 재료는 포함되어 있습니다.

Q26 지문의 주된 내용은?
(a) 정원 가꾸기에 대한 지식을 강화하기 위한 혁신적인 프로그램
(b) 꽃꽂이와 관련된 연례 회의
(c) 한 산업 분야에서 전문가들을 길러내기 위한 교육 프로그램
(d) 자격증을 얻어 사업을 시작하는 방법

Q27 공고에 따르면 다음 중 옳은 것은?
(a) 학교는 등록생들에게 매주 동일한 수업을 제공한다.
(b) 학생들은 소셜 미디어를 활용하는 법에 대한 지식을 얻을 수 있다.
(c) 수업은 월요일부터 금요일까지 매일 6시간 동안 진행된다.
(d) 등록생들은 재료를 구매하기 위해 추가 비용을 써야 한다.
```

Q26. 꽃꽂이를 전문적인 직업으로 선택하고자 하는 학생들을 교육하는 기관에 대한 홍보글이며, "we'll help you find your own style and become a professional florist"라는 문장을 통해 전문성을 교육하기 위한 것이므로 "한 산업 분야에서 전문가들을 길러내기 위한 교육 프로그램"이라는 것을 알 수 있다. 따라서 정답은 (c)이다.

Q27. 다양한 교육 프로그램에 대해 설명하는 과정에서, "how to use social media"라는 문장을 통해 소셜 미디어 교육이 진행된다는 것을 알 수 있다. 따라서 정답은 (b)이다.

floristry 화훼 장식 **florist** 꽃 장식가 **intensive** 강렬한, 집중적인 **fundamental** 기본적인, 근본적인 **arrangement** 배열, 배치 **installation** 설치 **chandelier** 샹들리에 **certify** 증명하다, 보증하다 **innovative** 혁신적인 **foster** 강화하다 **certificate** 자격증 **registrant** 등록자

28~29

```
참석자 여러분,

전국 농업 협회(NAA)에 의해 개최된 '지속 가능한 농업을 위한 대안 정책'과 관련된 연례 회의에 참석해 주셔서 감사드립니다. 저희는 여러분 모두가 이 회의를 유익하고 가치 있다고 생각하기를 바랍니다. 저희 회의의 주요 목적은 음식, 건강, 투자, 그리고 교육과 봉사의 지속 가능성을 확보하는 방법과 관련된 가능한 전략들을 개발하기 위한 것입니다. 저희는 우리의 다양한 연설자들과 토론자들 집단에 의해 실용적인 도구, 그리고 진행 중인 개발 노력들에 대한 깊은 통찰력을 얻었기를 바랍니다.

내년의 연례 회의를 더 유익하고 성공적인 것으로 만들기 위해서 동봉한 행사 후 설문지를 작성해 주시기를 부탁드리고자 합니다. 피드백을 모아서, 저희는 구성원들의 요구와 기대에 대해 알 수 있을 것이며, 미래의 전략들을 만들어낼 수 있을 것입니다. 저희는 귀하의 사려 깊은 의견과 제안에 대해 미리 감사를 드립니다. 저희는 각각의 응답들이 미래의 회의와 행사가 훨씬 더 성공적인 것이 될 수 있도록 고려될 것이라는 점을 확인해 드리고 싶습니다.

에드워드 브라운
전국 농업 협회 의장

Q28 연례 회의의 주요 목적은 무엇인가?
(a) 성공적인 행사를 개최하기 위해 정부 자금을 요청하기 위해서
(b) 유익하고 즐거운 더 많은 행사들을 계획하기 위하여
(c) 연설자들과 토론자들에게 국가적 행사를 준비하도록 요청하기 위하여
(d) 참가자들에게 농업 발전에 대한 통찰력을 알려주기 위하여

Q29 편지에 따르면 옳은 것은 무엇인가?
(a) 이 회의는 격제제로 전국적으로 개최되어 왔다.
(b) 몇몇 참가자들은 이 회의가 비실용적이고 공허하다고 생각했다.
(c) 설문지는 참가자들에게 미리 배부되지 않았다.
(d) 제안들은 내년의 주제를 결정하기 위해 이용될 것이다.
```

Q28. 연례 회의의 주요 목적으로 농업 발전을 위한 전략을 개발하는 것이라 말하고 있으며, "in-depth insight into practical tools, and on-going development efforts"라는 내용을 통해 회의 참가자들에게 통찰력 등을 갖게 하기 위한 것임을 알 수 있다. 따라서 농업 발전에 대한 통찰력을 제시하기 위한 것이 주요 목적이라는 것을 알 수 있으므로 정답은 (d)이다.

Q29. 회의가 종료된 이후에, 감사 편지를 보내면서 설문지를 동봉하고 있으므로(we ask you to fill out the enclosed post-event questionnaire), 설문지가 미리 배부되고 있는 것은 아니라는 점을 알 수 있다. 따라서 정답은 (c)이다.

attendee 참가자 **appreciate** 감사하다, 감상하다 **sustainable** 지속 가능한 **informative** 정보를 제공하는, 유익한 **strategy** 전략 **outreach** 봉사 활동 **in-depth** 깊이 있는 **insight** 통찰력 **on-going** 진행 중인 **diverse** 다양한 **panelist** 토론자 **enclosed** 동봉된 **questionnaire** 설문지 **garner** 모으다 **considerate** 사려 깊은 **petition** 청원하다 **distribute** 배포하다

30~31

미드웨이 섬 전투

1941년 진주만에 대한 기습 공격이 있은 지 6개월 이후에, 미국은 미드웨이 섬 전투에서 일본 해군을 격퇴했다. 태평양 전쟁에서 중요한 전환점으로서, 미국 해군은 발전된 암호 해독 기법을 이용하여, 일본 해군에 영구적인 피해를 입혔다. 미국 해군과 일본 해군 사이의 교전은 미국의 항공모함을 파괴하고 태평양에 대한 제해권을 장악하기 위한 일본의 욕망에서 기인한 것이었다. 일본의 해군 제독이었던 야마모토 이소로쿠는 미국 함대를 격퇴하기 위한 정교한 계획을 수립했다.

그 전투의 결과에 중요했던 것은 그 군사적 충돌이 일어나기 몇 주 전에 시작된 첩보활동이었다. 미국 첩보 기관은 야마모토가 그의 군대에 작전을 명령하기 위해 전달했던 다양한 신호와 명령을 가로챘다. 가로챈 몇 가지 메시지들은 다가오는 군사적 작전과 일본 해군의 공격을 나타냈다. 해독된 메시지를 기반으로, 미국 해군은 일본의 훈련된 기술자들과 항공기 지상 요원들을 무찔렀으며, 그들은 배와 함께 가라앉았다.

Q30 미드웨이 섬의 전투에 대해 옳은 것은 무엇인가?
(a) 진주만에 대한 급습 직후에 발발했다.
(b) 이후에 일본의 군사력에 영향을 끼치지 못했다.
(c) 기밀 명령을 전송하는 데 있어 일본의 실패에서 비롯되었다.
(d) 비밀 메시지를 해독하는 기술의 발달을 유발했다.

Q31 지문에서 추론할 수 있는 것은 무엇인가?
(a) 일본 해군은 발전된 암호 해독 기술을 가지고 있지 않았다.
(b) 기밀 군사 정보는 전쟁의 결과에 영향을 끼칠 수 있다.
(c) 제독 야마모토 이소로쿠는 미국 함대를 저평가했다.
(d) 군사 정보를 가로채는 것은 불가피한 전투를 막을 수 있다.

Q30. 미드웨이 섬에서의 전투에 대한 내용이며, 'The engagement between U.S. and Japanese navies resulted from Japan's desire to destroy American aircraft carriers and ~.'에서 그 교전은 일본이 미국의 항공모함을 파괴하고 태평양에 대한 제해권을 장악하기 위한 일본의 욕망에서 비롯된 것임을 알 수 있는데, 이러한 사실은 미국의 암호 해독 기법으로 일본의 기밀 명령을 가로채서 알 수 있었던 내용이므로 일본 기밀 명령 전송의 실패가 미드웨이 섬 전투를 일으켰다고 말할 수 있다. 따라서 정답은 (c)이다.

Q31. 미군이 미드웨이 섬에서의 전투에서 승리할 수 있었던 요인은 일본의 기밀 명령을 가로채어 활용했기 때문이므로 이를 통해 기밀 군사 정보가 전쟁의 결과에 영향을 끼칠 수 있다는 것을 추론할 수 있다. 따라서 정답은 (b)이다.

defeat 패배시키다 **navy** 해군 **turning point** 전환점 **code-breaking** 암호 해독 **inflict** 가하다, 타격을 주다 **permanent** 영속적인, 영구적인 **engagement** 교전 **assume** 가정하다, 떠맡다 **sophisticated** 정교한 **crush** 부수다 **fleet** 함대, 편대 **critical** 중요한 **intelligence** 지능, 첩보 **clash** 충돌 **dispatch** 파병하다, 발송하다 **intercept** 가로채다 **forthcoming** 다가오는 **decipher** 암호를 해독하다 **devastate** 악화시키다, 무찌르다 **confidential** 기밀의, 비밀의 **decode** 암호를 해독하다 **outcome** 결과 **underrate** 저평가하다 **inevitable** 필연적인, 피할 수 없는

32~33

산림 파괴로 인해 매년 세계 전역에서 다른 용도를 위해 1,800만 에이커의 숲이 사라져 왔다. 산림 파괴의 많은 원인들은 나무들의 절반을 불법적으로 연료로 이용하는 것, 주택을 위해 더 많은 땅을 만드는 것, 상업적인 이용을 위해 벌목하는 것, 야자수 오일처럼 높이 평가받는 소비재의 재료를 만드는 것 그리고 소를 키우는 목장 운영을 위해 공간을 만드는 것 등을 포함한다. 특히, 화전 농업은 일부 나무들을 잘라내고, 그것들을 태우고, 그 땅 위에 농작물을 기르는 것을 수반한다. 토양이 영양분이 감소하게 되면, 농부들은 새로운 숲으로 이농하여, 그 과정을 다시 시작한다.

산림 파괴는 숲들이 지구상의 거의 모든 종들에 영향을 끼칠 수 있는 복잡한 생태계를 보유하고 있기 때문에 심각한 근심거리가 되었다. 세계 식물 및 동물의 약 70%는 숲에 살고 있으며, 그들 중 일부는 산림 파괴로 인해 서식지를 잃고 있으며, 그것은 종의 멸종을 유발할 수 있다. 산림 파괴는 나무들이 일반적으로 비를 흡수하여 대기중으로 내보내는 수증기를 발생시키기 때문에 물 순환의 변화를 유발할 수 있다. 또한, 나무가 없다면, 숲의 토양은 씻겨 나갈 수 있는데, 그것은 홍수와 산사태 문제를 유발할 것이다. 전반적으로, 위에 언급된 부정적인 요소들은 각 숲에 살고 있는 유기물들의 나쁜 건강과 삶의 질을 유발할 것이다.

Q32 지문에서 주로 다루고 있는 것은 무엇인가?
(a) 수많은 국가에서의 불법적이고 광범위한 숲의 이용
(b) 전 세계에서의 산림 파괴의 부정적인 영향
(c) 산림 파괴를 통한 비정상적인 농업의 발달
(d) 많은 장소의 숲에서 발견되는 생태계의 급격한 변화들

Q33 산림 파괴에 대해 옳은 것은 무엇인가?
(a) 그것의 목적은 연료와 상업적인 제품을 얻는 데 국한되어 있는 것이 아니다.
(b) 그것은 농업의 발달에 기여해 왔다.
(c) 그것은 전 세계 종의 약 70%의 서식지를 파괴한다.
(d) 그것은 산림 파괴된 토양을 삶의 질을 개선할 만큼 충분히 비옥하도록 만든다.

Q32. 산림 파괴의 원인에 대한 설명과 함께, 그것이 유발하는 부정적 영향에 대해 설명하고 있으므로, "산림 파괴의 부정적인 영향"이 이 글에서 주로 다뤄지는 내용이라는 것을 알 수 있다. 따라서 정답은 (b)이다.

Q33. 산림 파괴의 원인으로, 연료(fuel)와 상업적인 이용(commercial use)을 언급하고 있으나, 이외에도 주택 건설, 소비재의 재료, 목장 운영 등이 언급되고 있으므로, "산림 파괴의 목적이 연료 및 상업 제품을 얻는 데 국한되어 있지 않은 것"을 알 수 있다. 따라서 정답은 (a)이다.

deforestation 산림 파괴　**illegally** 불법적으로　**timber** 목재　**ingredient** 재료　**ranching** 목장 운영　**slash-and-burn agriculture** 화전 농업　**entail** 수반하다　**a patch of** 일부　**nourishing** 영양이 풍부한　**ecosystem** 생태계　**habitat** 서식지　**atmosphere** 대기　**landslide** 산사태　**all in all** 대체로　**adverse** 부정적인　**extensive** 광범위한　**deteriorate** 악화시키다　**abnormal** 비정상적인　**approximately** 대략　**fertile** 비옥한

34~35

십 대들의 가출
케이트 데이비스

전미 가출 대책 위원회에 따르면, 약 160만 명에서 180만 명의 십 대들이 매년 가출을 한다고 한다. 그들 중 일부는 가정 밖에서 육체적으로, 정서적으로, 그리고 심지어 성적으로도 학대를 당하고 있다. 때때로 그들은 처음에는 안전을 위해 가출을 하지만, 결국에는 수많은 위험으로 뛰어들게 된다.

조사에 응한 십 대 가출자들의 45% 이상은 그들이 그들의 부모 혹은 보호자들과 심각한 갈등을 겪었다고 말했다. 그들 중 약 절반은 그들이 부모에 의해 쫓겨났다고 보고했다. 때때로, 우울증이 있는 아이들은 감정을 통제하는 데 어려움을 겪을 수도 있다.

반항성 장애는 십 대 가출을 유발할 수 있는 또 다른 형태의 정신 질환이다. 그들은 일반적으로 부모 혹은 보호자들의 명령에 순종하지 않으며, 권위 혹은 규칙을 따르는 것을 거부한다. 그들의 충동적인 행위들은 그들의 삶의 환경에 위협적일 수 있는데, 왜냐하면 그들의 부모와 타협하는 것을 거부하기 때문이다.

십 대 가출의 가장 심각한 결과 중의 하나는 조사를 받은 길거리 청소년들의 다수가 약물과 알코올을 남용하고 있다는 점이다. 그 상황은 십 대 가출자 사이에서 충동성 그리고 열등한 판단 능력을 유발한다.

따라서, 만약 부모들이 그들의 십 대 자녀들이 가출할 것 같다고 의심한다면, 친구들에게 행방을 물어보는 것, 경찰에 전화해서 실종 신고를 하는 것과 같은 몇 가지 조언을 고려해야 한다.

Q34 왜 몇몇 십 대들은 가출을 하는가?
(a) 그들은 때때로 가정 밖의 새로운 환경이 가정보다 더 안전하다고 생각한다.
(b) 그들은 가출하기 전에 또래 집단과 훨씬 더 많은 갈등을 경험한다.
(c) 그들은 선생님에 대한 반항심으로 가출을 한다.
(d) 그들은 가정에서의 규제에 과도하게 순응해 왔다.

Q35 지문에서 추론할 수 있는 것은 무엇인가?
(a) 십 대들의 가출은 가정 관계가 좋을 경우에도 발생할 수 있다.
(b) 십 대들의 가출은 정신적 혹은 정서적 질환과 아무런 관계가 없다.
(c) 가정에 돌아온 이후에 가출 청소년을 교화하는 것은 쉽지 않다.
(d) 지인들 그리고 당국자들로부터의 도움을 요청하는 것이 더 낫다.

Q34. 청소년이 가출하는 상황에 대한 문제점을 설명하는 지문이며, "They sometimes originally run for safety"라는 문장을 통해 때때로 청소년들은 가정보다 새로운 환경이 더 안전하다고 느끼기도 한다는 것을 알 수 있다. 따라서 정답은 (a)이다.

Q35. 마지막 문단에서, 친구들, 경찰에 전화를 하거나 문의를 하는 것이 권장할 수 있는 조언이라고 한 내용을 통해, "지인들 그리고 당국자들에게 도움에 요청하는 것이 낫다"는 것을 알 수 있다. 따라서 정답은 (d)이다.

runaway 탈주, 가출　**abuse** 학대하다, 남용하다　**a profusion of** 많은, 수많은　**conflict** 갈등　**depression** 우울증　**oppositional defiant disorder** 반항성 장애　**impulsive** 충동적인　**compromise** 손상시키다, 타협하다　**consequence** 결과　**suspect** 의심하다　**whereabouts** 행방, 소재, 위치　**have nothing to do with** ~와 관계가 없다　**rehabilitate** 재활하다　**plead** 탄원하다, 간청하다　**acquaintance** 친지, 교우관계

ACTUAL TEST 2

P 118

PART I

1 (d) 2 (b) 3 (c) 4 (d) 5 (d) 6 (b)
7 (d) 8 (d) 9 (b) 10 (a)

PART II

11 (b) 12 (b)

PART III

13 (b) 14 (c) 15 (a) 16 (b) 17 (a) 18 (b)
19 (d) 20 (c) 21 (c) 22 (d) 23 (d) 24 (b)
25 (c)

PART IV

26 (c) 27 (b) 28 (c) 29 (b) 30 (d) 31 (a)
32 (a) 33 (a) 34 (b) 35 (c)

Part I

1

중세 유럽에서 부유층은 음식을 이용해 자신의 사회적 지위를 과시했다. 특별한 때에 부유하고 영향력 있는 사람들은 정성스러운 연회를 열어 다른 대륙에서 온 이국적인 양념들로 맛을 낸 맛있는 고기 요리를 대접했다. 하지만 이런 성대한 축하연에서 모두가 아주 풍족하게 먹을 수 있었던 것은 아니다. 음식과 사회적 지위는 매우 밀접하게 연관되어 있어서, 더 낮은 계층의 사람들은 **덜 먹음직스러운 음식을 대접받았다**.

(a) 다른 손님들과 이야기할 수 없었다
(b) 바닥에 앉도록 강요되었다
(c) 축하연 참석을 거절했다
(d) 덜 먹음직스러운 음식을 대접받았다

사회적 지위와 음식의 연관성에 관한 글이다. 빈칸 앞 문장에서 부유층이 여는 연회에서 모두가 풍족하게 먹을 수 있었던 것은 아니었다고 하고, 주어가 더 낮은 계층의 사람들이기 때문에 빈칸에 들어갈 내용으로 가장 적절한 것은 사회적 지위에 따라 달라졌던 음식 대접을 나타내는 (d)이다.

medieval 중세의 **wealthy class** 부유층 **show off** 과시하다 **social status** 사회적 지위 **occasion** 경우, 행사 **hold a feast** 연회를 열다 **elaborate** 정성 들인 **flavored with** ~로 맛을 낸 **exotic** 이국적인 **spice** 양념, 향신료 **continent** 대륙 **celebration** 축하연 **lavishly** 풍족하게 **rank** 계층 **be forced to** ~하도록 강요되다 **appetizing** 식욕을 돋우는

2

몇몇 고대 문화에서 문신하는 것은 몸에서 신성한 에너지를 발산해 영혼을 풍요롭게 해 준다고 믿었다. 다른 문화에서는 피부에 동물을 새기는 것이 그 야생동물로부터 문신한 사람을 보호한다고 여겨졌다. 그리고 이집트에서는 죽은 몸에 잉크를 발라서 영혼들이 사후 세계에 들어갈 수 있도록 했다. 오늘날 문신은 그것을 한 사람들에게만 의미가 있다. 하지만 수세기 전에 그 예술 형식은 **지역 사회에서 훨씬 큰 중요성을 지녔다**.

(a) 사람들이 더 부유하고, 충만하게 살 수 있도록 했다
(b) 지역 사회에서 훨씬 큰 중요성을 지녔다
(c) 남성들에게만 제한되고 여성들에게는 허락되지 않았다
(d) 오늘날 문신 전문점에서 사용되는 전문적인 도구들이 부족했다

고대 문화에서 문신하는 것이 가진 다양한 의미에 대한 글이다. 개인적인 의미만 있는 오늘날의 문신과 달리 수세기 전의 문신은 사회적으로 의미가 있었다는 것을 알 수 있으므로 빈칸에는 (b)가 적절하다.

tattoo 문신 **release** 방출하다 **sacred** 신성한 **enrich** 풍요롭게 하다 **etch** 새겨 넣다 **wearer** 착용[사용]하는 사람 **apply** 바르다 **appeal to** ~에 호소하다 **grant** 승인하다 **afterlife** 사후 세계 **meaningful** 의미 있는 **fulfilling** 충만한 **significance** 중요성 **reserved** 제한된

3

19세기 중반 뉴욕 시에서 찰스 버튼은 최초의 유모차를 생산했다. 처음에 유모차라는 개념은 유모차를 이용하는 사람들이 너무 자주 보행자와 부딪힌다고 사람들이 느끼면서 비난을 샀다. 버튼은 이러한 비난에도 흔들림 없이 모험적인 사업을 계속해 나갔고 스페인의 엘리자베스 2세 여왕과 영국의 빅토리아 여왕, 이집트의 파샤(총독)로부터 세간의 이목을 끄는 주문을 받았다. 해외에서의 성공과 더불어 그는 영국과 나중에는 미국에도 공장을 열었다. 첫해 미국에서 겨우 75개의 유모차를 판매하면서 **제품은 매우 천천히 인기를 얻었다**.

(a) 유사 회사가 제품을 모방하기 시작했다
(b) 사람들이 그 높은 가치를 깨달았다
(c) 제품은 매우 천천히 인기를 얻었다
(d) 버튼의 유모차는 전 세계적으로 완전히 실패했다

빈칸이 있는 문장에서 첫 해에 미국에서 '겨우' 75개의 유모차가 팔렸다고 하므로 매우 더디게 인기를 얻었다는 내용이 어울린다. 따라서 (c)가 정답이다.

baby carriage 유모차 **initially** 처음에 **concept** 개념 **draw criticism** 비난을 사다 **bump into** ~에 부딪히다 **pedestrian** 보행자 **unshaken** 변함없는 **venture** 사업상의 모험 **secure** 확보하다 **high profile** 세간의 이목을 끄는 **pasha** 파샤(터키, 이집트 등에서 군사령관, 장군, 총독 등에게 주던 영예의 칭호) **copy-cat** 모방하는 **emulate** 모방하다 **catch on** 유행하다

4

Cuisine.com

드디어 **마음에 드는 주방 가전제품을 찾을** 수 있는 더 쉬운 방법이 생겼습니다. cuisine.com은 맞춤형 온라인 비교 쇼핑 사이트로, 여러분께 가장 중요한 사양과 브랜드를 간단히 선택하게 해 드리고, 가스레인지, 냉장고, 식기세척기, 기타 어떤 주방의 가전제품이든지 구입하실 때 정말로 여러분의 필요에 맞는 모델들만을 비교해 드립니다. 저희는 여러분께 굿하우스키핑 연구소가 주관하는 독자적인 실험실 테스트를 거친 수백 개의 유명 브랜드 제품에 대한 공정한 정보를 제공합니다. 오늘 cuisine.com을 방문하셔서 여러분을 위해 저희가 조사하게 해 주십시오.

(a) 최고의 미식 재료들을 구입할
(b) 품질이 우수한 가구와 직물을 고를
(c) 살림 서비스를 받을
(d) 마음에 드는 주방 가전제품을 찾을

가스레인지, 냉장고, 식기세척기, 기타 주방에서 쓰는 가전제품을 구매하려는 사람들에게 제품의 정보와 가격 비교 서비스를 해 주는 웹 사이트의 광고이다. 따라서 웹 사이트의 특징을 드러내는 (d)가 빈칸에 적절하다.

personalized 개인(전용)의   **comparison** 비교   **feature** 특징   **in the market for** ~을 사려고   **unbiased** 편견이 없는   **name-brand** 유명 상표의   **direct** 주관하다   **gourmet** 미식가의   **ingredient** 재료   **quality** 양질의, 고급의   **drapery** 휘장, 직물   **housekeeping** 살림   **appliance** 가전제품

5

수세기 동안 의사들은 기본적인 해부학을 알고 신체의 주요 기능을 이해하고 있었다. 하지만 환자를 의식이 없게 유지하는 안전한 방법이 없어 간단한 수술밖에 할 수 없었다. 1840년대 에테르의 발견으로 의사들은 환자를 재운 후에 복잡한 수술을 할 수 있었다. 그러나 당시 의사들은 세균에 대한 지식이 없어 수술과 수술 사이에 귀찮아서 손을 거의 닦지 않았다. 수술로 환자들은 살아났지만 나중에는 감염되어 사망하곤 했다. 19세기에 해부학에 대한 이해와 에테르의 발견, 세균에 대한 지식이 결합하여, **의사들은 질병 치료를 위해 안전하게 수술할 수 있었다.**

(a) 의사들은 덜 복잡한 수술을 할 수 있었다
(b) 위생적인 수술 과정이 도입되었다
(c) 환자들은 의사를 더 이상 신뢰하지 않았다
(d) 의사들은 질병 치료를 위해 안전하게 수술할 수 있었다

빈칸 바로 앞 구절에서 힌트를 얻을 수 있다. 해부학에 대한 이해와 함께 에테르의 발견으로 복잡한 수술이 가능해져서 생명을 구할 수 있었고 세균에 대한 지식으로 감염으로 인한 환자의 사망을 줄일 수 있었다. 따라서 좀 더 안전한 수술을 할 수 있었다는 결론을 내릴 수 있으므로 (d)가 적절하다. 위생적인 수술은 세균에 대한 지식에만 해당하므로 (b)는 알맞지 않다.

anatomy 해부(학)   **function** 기능   **unconscious** 의식을 잃은   **surgery** (외과) 수술   **ether** 에테르(마취제)   **put ... to sleep** ~을 재우다   **operation** 수술   **germ** 병균, 세균   **bother** 귀찮게 하다   **infection** 감염   **surgery** 수술   **sanitary** 위생의   **surgeon** 외과 의사

6

상징적인 외국 요리에 관한 우리의 생각들은 종종 잘못된 것이다. 이는 대개 이민자들이 미국에서 구할 수 있는 제한된 재료들을 이용해 자기 본국의 요리들을 재현해 낸 결과이다. 예를 들어, '미국식' 춘권을 만드는 데 이용되는 반죽은 원래의 것보다 훨씬 두껍다. 중국에서 차려 내는 춘권은 부서지기 쉽고 가볍다. 마찬가지로, 진짜 이탈리아 피자는 토마토소스를 펼쳐 바르거나 갈아 놓은 치즈를 얹는 대신, 신선한 토마토와 모차렐라 치즈 조각들을 쓴다. 그럼에도 우리는 우리 버전이 진짜라고 믿는다.

(a) 이국적인 요리에 쓰이는 기술들은
(b) 상징적인 외국 요리에 관한 우리의 생각들은
(c) 식욕을 돋우는 식사에 관한 우리의 의견들은
(d) 우리가 특정 요리들에 귀착시키는 기원들은

이민자들이 미국에서 구할 수 있는 재료들로 고국의 음식들을 실제와 다르게 재현한 예로 춘권과 피자를 들고 있다. 원래의 요리와 다름에도 미국식 버전이 진짜라고 믿는다는 마지막 문장으로 볼 때, 빈칸에 들어갈 내용은 (b)가 자연스럽다.

immigrant 이민자   **recreate** 재현하다   **dough** 반죽   **egg roll** 에그롤(계란말이 같은 춘권)   **delicate** 부서지기 쉬운   **spread** 펴짐; 스프레드(빵에 바르는 버터 따위)   **grated** 강판에 간   **authentic** 진짜인   **iconic** 상징적인   **origin** 기원   **attribute to** ~에 귀착시키다

7

침팬지를 기른다는 생각은 악몽처럼 느껴질 수도 있지만, 초기에 침팬지를 가르쳐서 인간의 언어를 사용하도록 시도할 때 바로 그런 일을 했다. 1940년대에 어느 과학자 부부가 비키라는 이름의 침팬지를 집에서 길렀다. 이 양부모는 비키에게 영어 단어를 '말하게' 하려고 시도하며 5년을 보냈다. 비키는 결국 몇 개의 '단어'를 가까스로 내뱉었는데, 그것은 아주 서투르게 발음된 mama(엄마)와 papa(아빠)였다. 돌이켜보면 **이는 두드러진 성과였다.** 인간이 아닌 영장류는 신체 구조상 인간의 발성음을 만들어내기에 적합한 성도가 없다는 것이 명백해졌기 때문이다.

(a) 비키가 특출난 기억력을 갖고 있다
(b) 비키가 형편없는 학생으로 판명되었다
(c) 더 엄격한 훈련이 요구되었다
(d) 이는 두드러진 성과였다

빈칸 다음의 since 절이 문제 해결의 열쇠이다. 침팬지는 신체 구조상 인간의 발성을 만들어 낼 수 있는 성도가 없다고 하므로 빈칸에는 비키가 몇 개의 단어만이라도 발음한 것이 대단한 성과였다는 내용이 가장 적합하다. 따라서 (d)가 정답이다.

chimp 침팬지　**rear** 기르다　**foster parents** 양부모
articulate 조음하다　**in retrospect** 되돌아보면　**primate**
영장류　**vocal tract** 성도(聲道)　**suitable** 적합한
exceptional 매우 뛰어난　**turn out** 밝혀지다　**rigorous** 혹독한
remarkable 주목할 만한　**achievement** 성취

8

기술의 최첨단에 있는 과학자들은 우리가 알고 있는 컴퓨터들이 **가까운 미래에 서서히 사라지기 시작할** 것으로 예측한다. 하드웨어 발전 경향을 기술한 무어의 법칙에 따르면, 컴퓨터의 성능은 18개월마다 2배로 증가한다. 그에 따라 10년 후 미래에 칩들은 믿을 수 없을 만큼 작아지고, 가격은 종이 한 장에 지나지 않을 것이다. 우리가 사용했던 노트북과 데스크톱은 사라질 것이고, 우리는 원격 데이터 클라우드에 정보를 저장하는 수천 개의 더 작은 컴퓨터화된 장치들과 상호 작용하게 될 것이다.

(a) 가격이 아주 적당해져 누구나 하나 갖게 될
(b) 오히려 다목적 로봇에 가깝게 기능할
(c) 더 이상 상거래에 필요하지 않을
(d) 가까운 미래에 서서히 사라지기 시작할

향후 노트북이나 데스크톱이 사라지게 될 것이라는 주장으로 볼 때, 기술의 최첨단에 있는 과학자들이 예측하는 컴퓨터의 모습으로 가장 적절한 것은 (d)이다. 일반적으로 (a), (b)의 모습을 추론할 수 있지만 지문에 등장하지 않은 내용이므로 적절하지 않다.

cutting edge 최첨단　**development** 발달, 개발　**incredibly** 믿을 수 없을 정도로, 엄청나게　**a scrap of paper** 종잇조각, 휴지 조각　**fade away** 사라지다, 자취를 감추다　**interact with** ~와 상호 작용하다　**computerized** 컴퓨터화된, 자동화된　**remote** 원격의　**affordable** (가격 등이) 적당한　**own** 소유하다　**more like** 오히려 ~에 가까운　**multi-purpose** 다목적, 다용도
business transaction 상거래, 기업 거래

9

수년 전 브라질의 어느 오렌지 나무에서 새롭고 특이한 오렌지가 열렸다. 나무의 한쪽 가지에 씨 없는 오렌지가 열린 것이다. 씨 없는 오렌지는 값진 새로운 종이였지만 문제는 이를 어떻게 더 생산하느냐는 것이었다. 재배자들은 접목법을 이용하기로 했다. 가지에서 떼어낸 잔가지를 평범한 오렌지 나무의 껍질 틈에 기술적으로 접목시켰다. 그 부분은 같이 천천히 성장했고 오랜 후에 그 접목한 가지에서 오렌지가 열렸다. **예상대로** 그 오렌지들은 씨가 없었다. 오늘날 수백만 개의 접목 오렌지 나무에서 씨 없는 오렌지가 생산되고 있다.

(a) 놀랍게도
(b) 예상대로
(c) 우연히
(d) 반대로

접속어를 채워 넣는 문제는 빈칸 앞뒤 문장의 흐름을 살펴야 한다. 앞에서 씨 없는 오렌지를 생산하기 위해 접목을 시도했고 뒤에서는 접목했던 가지에서 씨 없는 오렌지가 생산되었다고 하므로 빈칸에는 '생각했던 것처럼, 기대했던 것처럼'의 뜻을 가진 (b)가 적당하다.

branch 가지　**bear** 열매를 맺다　**seedless** 씨 없는　**valuable** 귀중한　**grafting** 접목　**twig** 작은 가지　**slit** 좁고 기다란 틈
bark 나무껍질　**contain** 담고 있다

10

1900년대 초까지만 해도 많은 의학 교과서는 유아기의 인간이 기능적으로 장님이자 귀머거리이며 출생 후 며칠 동안은 고통에 무감각하다고 주장했다. 다시 말해, 아기들은 주변 세상으로부터 어떤 '의미'도 얻어낼 준비가 되어 있지 않다고 믿었던 것이다. 오늘날 우리는 다르게 알고 있다. 시각이 변한 이유는 무엇일까? 아기들이 조금이라도 더 유능해졌거나 명석해진 것은 아니다. **대신에** 연구자들이 더 똑똑해진 것인데, 말 못하는 유아가 느끼고 인지할 수 있는 것을 '우리에게 이야기해 주도록' 설득하는 몇 가지 독창적인 방식을 개발한 것이다.

(a) 대신에
(b) 그럼에도 불구하고
(c) 그러므로
(d) 그건 그렇고

빈칸이 들어간 문장의 앞뒤 내용은 유아의 인지 능력에 대한 시각이 변화한 이유에 대한 것이다. A가 아니라, 진짜 이유는 B라는 내용이므로 앞과 다른 내용을 연결해 주는 연결사 (a)가 적절하다.

infant 유아　**functionally** 기능적으로　**impervious** 무감각한, 둔감한　**extract** 얻어내다, 뽑다　**capable** 유능한　**ingenious** 독창적인　**nonverbal** 말이 서툰　**perceive** 인식하다　**instead** 대신에, 그보다도　**incidentally** 그런데, 덧붙여 말하자면

Part II

11

과테말라의 티칼 국립 공원에는 미대륙에서 가장 거대한 고고학적 지역이 있다. (a) 그 안에는 기원전 400년 초에 집권했던 고대 마야 왕국의 수도가 있다. **(b) 마야 문명은 라틴 아메리카 지역 전역에 문자 언어와 수학적 개념들을 전파했다.** (c) 사원들과 주거용 건물들, 광장들을 비롯한 수천 개의 구조물들이 티칼에서 발굴되어, 고고학자들이 이 문명의 역사를 이해할 수 있도록 해 준다. (d) 그 왕국은 10세기에 궁전들이 불타고, 기념물 건축이 중단되고, 인구가 감소하면서 쇠퇴했다고 알려져 있다.

티칼 국립 공원의 발굴로 고대 마야 왕국의 역사에 대해 이해할 수 있었다는 내용이다. (b)는 마야 문명의 전파에 관한 내용으로 글의 전체 흐름에서 가장 벗어난다.

archeological 고고학의   rise to power 권세를 얻다
civilization 문명   spread 전파하다   written language 문자
언어   mathematical 수학의   unearth 발굴하다   residential
주거의   plaza 광장   monument 기념물

12

연중 다양한 휴가객들에게 집을 빌려 주고 있다면, 안전과 소유물 보호에 대해 고려하는 것이 중요합니다. (a) 소유물을 목록화하고 잠재 투숙객들을 가려내도록 도와주는 여러 웹 사이트들이 있습니다. (b) 이런 웹 포털들은 방문객들의 일정을 관리하고 의사소통 처리의 과정을 능률화합니다. (c) 사이트는 잠재적인 투숙객들이 집을 청결히 하고 집안의 규칙을 지킬지 판단하는 것을 돕기 위해 다른 주인들에게 휴가객들을 평가해 달라고 요청합니다. (d) 몇몇 사이트는 열쇠 코드가 있는 디지털 자물쇠를 제공하고 정기적으로 집안의 손상을 확인하는 관리 서비스까지 제공합니다.

연중 휴가객들에게 집을 빌려 주는 집주인들이 고려해야 할 중요한 문제인 안전과 소유물 보호에 관해 도움이 될 만한 사이트들의 특징을 이야기하고 있다. (b)는 집을 보호하는 방법에 관한 것이 아니라 집을 빌려 주는 과정을 돕는 사이트에 관한 내용이다.

multiple 다양한   property 재산, 소유물   screen 가려내다
potential 잠재적인   streamline 능률화하다, 간소화하다
observe 지키다, 준수하다   routinely 정기적으로

Part III

13

전 세계 수천 개의 언어들은 그 말을 사용하는 사람들의 수나 세계정세에서 그 언어가 하는 역할에 따라 실제적 중요성이 매우 다르다. 어떤 언어는 단지 몇 백 명만이 사용하고, 어떤 언어는 수억 명이 사용한다. 어떤 언어는 그 언어를 쓰는 사람들이 줄어들어 소멸되기도 한다. 그리하여 오늘날 많은 아메리카 원주민의 언어가 급격히 소멸했다. 다른 한편으로 어떤 언어들은 그 중요성이 증가하고 있다. 영어는 이제 사용자가 늘어가는 세계어 중의 하나이다.

Q 지문의 주제는?
(a) 전 세계 언어의 수
(b) 언어의 다양한 운명
(c) 국제 공용어로서의 영어
(d) 언어의 소멸

세계정세에서 실제적인 중요성에 따라 점차 사라지거나 중요성이 증가하는 언어의 특성에 관한 글로, 언어의 다양한 운명이 글의 주제로 적절하므로 (b)가 정답이다. (c)와 (d)는 이러한 언어의 특성의 일부로 제시되었다.

practical 실제적인   world affairs 세계정세   die out 차차
소멸하다   decrease 줄어들다   lingua franca 국제 공용어

14

베트남 전쟁은 미국의 정치, 경제, 사회, 문화적 생활을 바꾸어 놓았다. 베트남은 1968년 선거에 영향을 미쳐 린든 존슨의 대통령 임기를 사실상 끝냈고, 워터게이트 사건에도 기여했다. 사회, 문화적으로 베트남 전쟁은 나라에서 징병을 피할 수 있었던 부유층과 베트남에 갔던 빈곤층 및 소수 민족의 자식들 간에 분열을 부각시켰다. 이것으로 과거의 사고방식과 관습에 의문을 제기하게 되었고, 인종, 성, 성별, 계급, 예술, 음악, 지적 연구들을 새롭게 바라보게 되었다.

Q 지문에 가장 알맞은 제목은?
(a) 베트남 전쟁에서의 린든 존슨의 역할
(b) 베트남 전쟁 뒤에 숨겨진 갈등
(c) 베트남 전쟁이 미국에 끼친 영향
(d) 베트남 전쟁에서 패한 이유

첫째 문장이 주제문이며, 뒤에는 베트남 전쟁이 미국의 정치, 경제, 사회, 문화에 끼친 영향을 나열하고 있다. 베트남 전쟁으로 인해 미국의 분열이 심화되었다는 내용은 영향들 중의 일부로 제시되었으므로 (b)가 아닌 (c)가 정답이다.

presidency 대통령 직[임기]   Watergate 워터게이트 사건(1974년 닉슨 대통령 사임의 직접적 원인이 되었던 도청 사건)   underline
강조하다   divide 분열   the affluent 부유층   draft 징병
minority 소수 민족   attitude 태도, 사고방식   convention
관례, 풍습   outlook 관점, 전망   race 인종   pursuits 직업, 연구
conflict 충돌, 갈등

15

핸슨 씨께

첨부된 지난주 회의록을 참조하시길 바랍니다. 신중한 토의를 거쳐서 재정 위원회는 수표를 현금화하는 새로운 정책을 제정하자는 정책 위원회의 권고를 보류하기로 결정했습니다. 대신 현 이사회가 상황에 잘 대처하고 있는 것처럼 보이게 할, 임시변통의 반동적인 조치가 아닌, 새 정책이 정말 필요하고 도움이 된다고 생각될 때까지 현행 정책을 유지할 것입니다. 제가 이 일을 전담하고 있으니 이 보고서에 대한 코멘트는 저에게 보내 주십시오.

척 블레이크

Q 이메일의 주된 목적은?
(a) 새로운 정책이 시행되지 않는다는 것을 알리기 위해
(b) 위원회가 저지른 실수에 대해 사과하기 위해
(c) 지난 회의에 대한 피드백을 구하기 위해
(d) 현 이사회의 체면을 세우기 위해

이메일의 요지는 새로운 정책을 보류한다는 것이므로 정답은 (a)이다. 첫 문장에서 회의록을 언급했고, 마지막에 코멘트가 있으면 자신에게 보내라고 했지만 이것이 이메일의 주된 목적이 아니므로 (c)는 옳지 않으며, (d)는 지문의 내용에 어긋난다.

attach 첨부하다   minutes 회의록   deliberation 심의, 토의
forego 보류하다   institute 제정하다   in place 제자리에
deem ~로 간주하다   beneficial 유익한   reactionary 반동의,
반작용의, 반발적인   stop-gap 임시변통의   measure 조치
pro-active 상황을 앞서서 주도하는   implement 시행하다

16

이누이트족은 북아메리카 대륙의 북극 지역에 살고 있고, 예전에는 에스키모로 불렸지만 현재는 캐나다 말로 퍼스트 네이션이라 불린다. 중북부 해안을 따라 가면 그들이 바다표범을 사냥하는 동절기 동안 이글루를 주거지로 이용하는 것을 볼 수 있다. 또한 눈 위를 다니는 개 썰매를 사용하기도 한다. 이누이트족은 여행이나 사냥을 위해 바다를 건너려고 일찍이 카약을 사용한 사람들이다. 알래스카에 살고 있는 비교적 높은 인구 밀도의 이누이트족은 전통적으로 겨울에는 좀 더 영구적인 지하의 토굴집을 짓고 살았고 식단은 주로 생선에 의존했다.

Q 지문의 주제는?
(a) 에스키모족이 눈 속에서 돌아다니는 법
(b) 이누이트족의 여러 주민들
(c) 이누이트 대 에스키모의 전통
(d) 캐나다와 미국의 이누이트족이 어울리는 법

중북부 해안에서는 이글루에 거주하고 개 썰매를 타는 이누이트족을 볼 수 있고, 알래스카에서는 토굴집에서 주로 생선을 주식으로 하는 이누이트족이 산다고 한다. 서로 다른 이누이트족의 삶의 방식에 대해 설명하고 있으므로 글의 주제로 (b)가 가장 알맞다. 이누이트는 에스키모의 다른 말이므로 (c)는 옳지 않다.

Arctic 북극   Inuit 이누이트족   referred to as ~로 불리는
parlance 말투   shelter 주거지   seal 바다표범   dog sled 개 썰매   dense 밀집한   permanent 영구적인   subterranean 지하의

17

InfomationLock.com

저희는 신용 카드 정보를 포함한 여러분의 개인 정보를 보호하고, 여러분이 저희와 하는 모든 거래를 안전하게 하기 위해 최신 기술을 사용합니다. 실제, 이 기술은 매우 안전해서 1997년 본사 창립 이래 수십만 건의 거래가 이루어졌지만, 신용 카드로 승인되지 않은 요금이 청구된 경우는 단 한 건도 없었습니다. 저희는 자사의 시스템에 강한 확신을 갖고 있으며, 고객이 어떤 손해도 입지 않도록 보장합니다.

Q 광고하는 회사에 대해 옳은 것은?
(a) 신용 카드가 오용된 전례가 없다.
(b) 어떤 손실에 대해서도 고객에게 배상하지 않을 것이다.
(c) 이 회사의 신용 카드 거래는 1997년 이후 증가하고 있다.
(d) 고객 안전을 위해 새로운 기술을 개발했다.

고객의 개인 정보 보호를 보장하는 안전성에 대해 광고하고 있다. 승인되지 않은 요금의 청구가 전혀 없었다고 하므로 (a)가 옳다. 고객 피해를 배상하지 않는다거나 카드 거래가 늘었다는 언급은 없고, 최신 보안 기술을 사용하지만 이 회사에서 개발했는지는 알 수 없다.

ensure 보장하다   transaction 거래   found 창립하다
unauthorized 승인되지 않은   charge 요금   confident 확신하는   misuse 오용하다   compensate 배상하다

18

도시, 지역, 또는 국가의 삶의 질을 측정하는 것은 보통 사실적인 데이터를 수집하는 일을 수반하며 아마도 사람들이 사는 환경에 대한 인식까지도 포함할 것이다. 여기에서 보통 사용되는 지수는 주택, 교육, 보건 서비스를 얼마나 이용할 수 있고 비용을 감당할 수 있는지를 포함한다. 이와 더불어 조사되는 것은 수치와 통근 시간, 근무 시간, 급여 수준 같이 고용과 관계된 것들이다. 개인 및 가족의 금융 상태와 더불어 소비자 물가, 인구 밀도, 범죄율, 공해 수준 등도 고려된다. 행복 인식 수준과 같은 주관적 순위도 고려될 것이다. 그러한 기준은 정부의 인구 조사국과 연구소, 심지어 언론 매체에 의해 다양하게 모아져서 하나의 통계 자료로 도표화된다.

Q 지문에 따르면 일치하는 것은?
(a) 삶의 질을 측정하는 것은 정부 고유의 관할이다.
(b) 사용되는 지수는 관련 기관에 따라 달라질 수 있다.
(c) 주택, 교육, 보건 등은 주관적 지수 항목이다.
(d) 빈곤 수준은 삶의 질 통계에 포함되지 않는다.

삶의 질을 측정하는 것은 정부나 연구소, 언론 매체에 의해 기준들이 하나로 모아져 자료로 도표화된다고 하므로 일치하는 것은 (b)이다. (a)는 정부의 일로 국한시키는 오답이며, 주관적 지수는 행복 인식 수준이므로 (c) 또한 오답이다. 개인 및 가족의 금융 상태도 고려한다는 것으로 보아 빈곤 수준도 그러한 통계에 포함된다는 것을 알 수 있으므로 (d)는 일치하지 않는다.

involve 수반하다   factual 실제의   perception 인식, 개념
indices (물가, 임금 등의) 지수(index의 복수)   survey 조사하다
figure 수치   factor in ~을 고려하다   consumer price 소비자 물가   population density 인구 밀도   subjective 주관적인
criteria 기준(criterion의 복수)   amass 모으다   tabulate 표로 만들다   statistical 통계의   census bureau 인구 조사국
media outlet 매스컴   vary 달라지다

19

한국계 미국인 2세인 새미 리는 최상의 운동 능력과 체력 단련에 자신의 삶을 바쳤다. 1948년 그는 하이 다이빙으로 올림픽 금메달을 받았다. 그는 4년 뒤의 올림픽에서 위업을 다시 한 번 달성해서, 연속 두 개의 금메달을 딴 최초의 남자 선수가 되었다. 그는 혁혁한 스포츠 업적으로 1958년에 제임스 설리번 상을 받았다. 그는 현재 의사로 개업을 하고 체력 단련에 관한 대통령 자문단으로 일하고 있다.

Q 새미 리에 대해 옳은 것은?
(a) 하이 다이빙의 발전에 헌신했다.
(b) 2개의 올림픽 금메달을 최초로 딴 한국계 미국인이었다.
(c) 체력 단련에 대한 업적으로 상을 받았다.
(d) 현재 의사로 활동 중이다.

마지막 문장을 통해 새미 리는 현재 의사로 활동하고 있음을 알 수 있으므로 (d)가 정답이다. 그가 하이 다이빙 선수이긴 했지만 그 분야의 발전에 힘을 쏟았다는 내용은 없으므로 (a)는 옳지 않다. 연속 두 개의 금메달을 딴 최초의 남자 다이빙 선수이므로 (b)도 오답이며, 그가 상을 받은 것은 스포츠계에서의 업적 때문이라고 하므로 (c)도 옳지 않다.

devote 바치다 **physical fitness** 체력 단련, 체력 **feat** 위업, 공적 **consecutive** 연속적인 **outstanding** 뛰어난 **practice medicine** 의사로 개업하다

20

그래미 상은 미국의 네 개의 주요 음악 시상들 중 가장 잘 알려져 있다. 그래미라는 이름은 구식 축음기를 축소시킨 그 상 자체에서 비롯되었다. 이 상은 음악 산업에 종사하는 전문가 협회인 리코딩 아카데미가 수여한다. 상은 락, 팝, 랩, 복음 성가를 포함한 30개 장르에 수여된다. 이는 또 백 개 이상의 부문으로 더 세분화된다. 다른 음악 시상과 달리 그래미 수상자들은 팬이 아니라 아카데미의 투표인단에 의해 결정된다.

Q 그래미 상에 대해 옳은 것은?
(a) 미국에서 가장 악명 높은 음악 시상이다.
(b) 상은 락과 팝, 랩, 복음 성가의 네 개 분야로 나뉜다.
(c) 그래미 상은 수상자를 선발하는 방식에서 다른 음악상과 다르다.
(d) 그래미라는 이름은 리코딩 아카데미의 후원 업체에서 비롯되었다.

마지막 문장에서 그래미 상은 다른 상들과는 달리 투표인단에 의해 수상자가 결정된다고 하므로 옳은 내용은 (c)이다. 그래미라는 이름은 구식 축음기를 축소시킨 그 상의 모습 자체에서 나왔다고 하므로 (d)는 오답이다.

miniature 소형 **replica** 복사품, 복제품 **gramophone** 축음기 **present** 수여하다 **association** 협회 **infamous** 악명 높은 **originate** 유래하다

21

노스웨스턴 대학의 한 사회학 교수는 학문적인 측면에서 증명할 수는 없지만 민주적 참여가 더 나은 시민을 만든다고 믿는다. 그녀는 무딘 사회과학적 도구들로는 민주적 결정에 대한 적극적인 참여로 인해 인성과 공동체 안에 일어나는 미세한 변화의 특성들을 쉽게 측정할 수 없다고 주장한다. 적극적으로 민주적인 통치에 참여해 온 사람들은 이런 경험들이 자신을 변화시켰다고 느끼는 경우가 많다. 그리고 다른 사람들의 적극적인 참여를 지켜보는 사람들은 종종 그러한 참여가 시민들의 인성에 미치는 장기적인 효과를 본다고 믿는다.

Q 지문에 따르면 일치하는 것은?
(a) 민주주의가 다른 정치 체제보다 우월하다고 입증되었다.
(b) 연구를 통해 민주적 참여의 이로운 영향들이 확인되었다.
(c) 일부 사회적 영향들은 양적으로 측정될 수 없다.
(d) 사회학자들은 자연스럽게 민주적 통치에 끌린다.

두 번째 문장에서 사람들의 민주적 참여로 생기는 인성과 공동체의 미세한 변화의 특성을 쉽게 측정할 수 없다고 하므로 (c)가 적절하다.

democratic 민주적 **participation** 참여 **subtle** 미묘한 **character** 인성, 성품 **come about** 일어나다 **blunt** 무딘 **instrument** 도구, 수단 **governance** 지배, 통치 **observe** 지켜보다 **superior to** ~보다 뛰어난 **quantitatively** 양적으로 **be drawn to** ~에 끌리다

22

여러분의 휴대용 PC를 보호하라

휴대용 PC가 지금처럼 훔치기 쉬울 때는 없었다. 그러나 다행히도 예방책들을 강구할 수 있다.

- 먼저 보험을 든다. 세이프피시 사(www.safepc.com)는 연간 약 200달러에 분실한 하드웨어를 전액 보상해 주는 가장 인기 있는 보험 상품 가운데 한 가지를 제공한다.
- 아니면 스톨른 컴퓨터 레지스트리(www.stolencomputers.org)에서 일련번호를 무료로 조회할 수도 있다.
- 또한, 연간 45달러에 제공되는 서비스인 트랙 시그널 같은 추적용 소프트웨어도 설치할 수 있다. 훔쳐간 사람이 도난 PC를 사용하여 온라인에 접속하면 숨겨진 소프트웨어가 그의 IP 주소를 전송하고 경찰은 그 주소를 이용해 도둑의 위치를 몇 분 만에 찾아낼 수 있다.

Q 지문에 따르면 옳은 것은?
(a) 세이프피시는 온라인으로 컴퓨터 도둑을 찾아주는 것을 가능하게 한다.
(b) 보험사는 PC 절도를 추적하는 소프트웨어를 제공한다.
(c) 소프트웨어 추적은 보험 정책보다 더 비싸다.
(d) 스톨른 컴퓨터 레지스트리 서비스는 무료이다.

세이프피시는 분실한 하드웨어를 보상해 주는 보험이고 추적용 소프트웨어는 트랙 시그널에 별도의 사용료를 내고 이용하는 것이므로 (a), (b)는 답이 될 수 없다. 보험료는 연간 200달러 정도이고 추적용 소프트웨어는 연간 45달러이므로 (c)도 정답이 아니다. 스톨른 컴퓨터 레지스트리에서 일련번호를 무료로 검색할 수 있다고 하므로 (d)가 알맞다.

precaution 예방책, 사전 대책 **insurance** 보험 **alternatively** 그 대신에 **serial number** 일련번호 **install** 설치하다 **broadcast** 퍼뜨리다, (동일한 메시지를) 여러 수신자에 보내다 **IP(information provider)** 정보 제공자 **locate** 위치를 알아내다 **registry** 레지스트리(컴퓨터 시스템 정보를 담은 데이터베이스) **free of charge** 무료로

23

그랜빌 타임스
세계 > 환경 문제
국제 환경 보호 단체인 그린피스는 지구 온난화와 유전자 변형 식품에 반대하고, 전 세계적인 희귀종 보호를 옹호해 왔다. 하지만 비판하는 사람들을 찾는 데 전 세계의 회사들과 정부 기관들만을 볼 필요는 없다. 그린피스의 전직 고위 회원 중 최소 한 명이 자신만의 안건을 가진 활동가들이 자기 이득을 위해 그 단체를 끌어들여 왔다고 주장했다. 그린피스의 활동들이 한결같지 않고 편향된 방식으로 경제적 성장을 저해하고 있다고 외치는 가운데, 겉으로는 환경보호주의처럼 보이는 것이 실제로는 자본주의와 세계화에 대한 반대라는 의혹들이 있다.

Q 글쓴이가 가장 동의할 것 같은 내용은?
(a) 그린피스 안에 내부 갈등과 의견 차이가 있다.
(b) 그린피스에 대한 전 세계적 지원이 감소될 심각한 위험이 있다.
(c) 그린피스는 보호 옹호 단체로서의 그 유용성을 잃었다.
(d) 몇몇 사람들은 그린피스의 본래 목적이 흐려지고 있다고 생각한다.

그린피스에 대한 비판적인 시각에 관한 글이다. 그린피스의 활동들이 한 개인의 이득을 위해 오용되기도 하고, 경제 성장을 저해하며, 자본주의와 세계화에 저항하는 것이라는 의혹을 제기하고 있다. 따라서 환경 보호 단체인 그린피스가 본래의 목적에서 벗어난 단체가 되었다는 의혹과 맞닿아 있는 (d)가 적절하다.

champion 대변자 **rare species** 희귀종 **high-ranking** 고위의 **agenda** 의제, 지침 **co-opt** (자신의 목적을 위해) 조종하다 **hinder** 저해하다 **non-uniform** 한결같지 않은 **biased** 편향된 **allegation** 주장, 의혹 **stand** 반대, 저항 **capitalism** 자본주의 **globalization** 세계화 **internal** 내부의 **dissent** 의견 차이 **decline** 감소, 축소 **outlive** 보다 더 오래 지속되다, (오래 살아서) ~을 잃다 **advocate** 옹호자 **cloud** 흐려지다

24

1643년 뉴잉글랜드 연합에는 백인이든 흑인이든, 북미 원주민이든 도망친 노예들의 귀환을 강제하는 법이 있었다. 1700년대 후반, 13개의 초기 식민지들 중에서 뉴욕과 버지니아, 메릴랜드는 탈출했던 노예들을 되돌려 보내면 포상금을 제공했다. 되돌려 보내지 않았다면 그 노예들은 캐나다 같은 곳으로 달아났을지도 모른다. 세계적인 정서를 반영해, 버몬트와 뉴햄프셔, 매사추세츠, 코네티컷 같은 일부 북부의 주들은 1787년에 노예제를 폐지하기 시작했다. 노예제를 유지한 남부의 주들은 달아난 노예들이 이들 주에 피난할 것을 우려하여 노예들의 귀환을 더욱 엄격하게 집행한 논란이 많은 탈주 노예 송환법을 1793년에 얻어냈다.

Q 탈주 노예 송환법에 대해 추론할 수 있는 것은?
(a) 달아난 노예들의 귀환을 위한 최초의 미국 법이었다.
(b) 노예를 보유하고 있던 주들은 그 법안에 찬성했다.
(c) 노예제는 북부의 주에 다시 재도입되었다.
(d) 결국 노예제를 폐지한 미국 남북 전쟁을 초래했다.

마지막 문장에서 노예들이 노예제를 폐지한 주로 도망갈 것을 우려해 몇몇 주들이 이 법안을 얻어냈다고 하므로 (b)를 추론할 수 있다. 이 법이 최초였다거나 남북 전쟁을 초래하였다는 언급은 없다. 또 노예제를 폐지한 주를 언급하고 있으므로 (c)는 오답이다.

enforce 강제하다 **fugitive** 도주한 **colony** 식민지 **bounty** 포상금 **flee** 달아나다 **sentiment** 정서, 감정 **abolish** 폐지하다 **slavery** 노예(제) **find refuge** 피난하다 **controversial** 논란이 많은 **strictly** 엄격하게 **retain** 보유하다 **in favor of** ~을 찬성하는 **re-introduce** 재도입하다

25

이제는 유명 기관의 창립 멤버 중 한 명인 토마스 게인즈버러에게 영국 왕립 미술원의 연례 전시회에서 전시하는 것은 전적으로 쉬운 일이 아니었다. 이전에 그는 미술 협회와 전시를 열어 폭넓은 관람객을 보냈었다. 그는 1770년대 런던으로 옮겨 가, 계속해서 그의 초상화 모델이 되는 일련의 상류 사회 고객들을 끌어모았다. 심지어 왕실의 일원들도 한 번은 그의 붓놀림 대상이 되었다. 이 분야에서의 성공에도 불구하고, 이 화가는 풍경화를 더 좋아했던 것으로 알려져 있다.

Q 지문에서 게인즈버러의 초상화에 관해 암시하는 것은?
(a) 기성 사회에 의해 상당히 비난받았다.
(b) 초기 작품들은 예술보다 금전적인 이유가 더 컸다.
(c) 초상화를 위해 영향력 있는 모델들을 찾는 것이 화가에게 도움이 되었다.
(d) 오늘날에는 그의 풍경화들로 인해 대부분 퇴색된다.

상류 사회의 고객들이 그의 초상화의 모델이 되었고, 이 분야에서 성공했다고 한 것으로 볼 때, 암시하는 내용으로 적절한 것은 (c)이다. 풍경화는 작가 자신이 좋아했던 것으로 언급되었을 뿐이므로 (d)는 적절하지 않다.

founding member 창립 일원 **famed** 저명한 **fashionable** 상류 사회의 **brushwork** 붓놀림, 화법 **landscape painting** 풍경화 **liking** 애호, 취향 **establishment** 기관, 시설 **monetary** 금전상의 **eclipse** 무색하게 하다

Part IV

26~27

카리브해 크루즈선 청소 담당자

카리브해에서 가장 거대한 선박 회사인 카리브해 크루즈 선사는 몇 명의 청소 담당자를 고용하려고 합니다. 저희는 독특한 목적지를 방문하면서, 지속적으로 성장하는 회사의 일원이 되는 데 관심이 있는 열정적인 직원들을 찾고 있습니다. 고용된 직원들은 저희 크루즈 선들 중의 한 곳에서 살면서 일하게 될 것이며, 손님들의 방과 배를 깨끗하고, 안전하며, 그리고 매력적으로 만들게 될 것입니다. 당신은 이전 경력을 가지고 있을 필요는 없습니다. 왜냐하면 저희는 당신이 최고의 잠재성을 달성할 수 있도록 하기 위해 모든 훈련을 제공할 것이기 때문입니다.

업무
1. 일일 객실 유지 관리 서비스: 저희 크루즈선들은 고급이므로, 우리는 각각의 손님들께 최고의 가치 있는 경험을 제공할 것입니다.
2. 공공장소 관리: 각각의 배는 매일 손님들을 위해 완벽하게 관리될 필요가 있는 라운지와 같은 다양한 공공 장소를 가지고 있습니다.
3. 팀의 일원으로 근무하기: 저희 업무는 일반적으로 개인적인 업무가 아닙니다. 따라서 모든 청소 담당자는 그들의 팀에 기여하여야 하며, 팀 구성원들과 협력해야 합니다.

복리후생제도
급료는 주당 800달러에서 1,000달러입니다.
선상에서의 모든 생활비용은 회사에서 지급합니다.
당신은 순환 근무 이후에 정규직에 지원할 수 있습니다.

Q26 청소 담당자의 업무 중 한 가지는 무엇인가?
(a) 다른 나라 출신의 부유한 고객들과 관계 맺기
(b) 매일 공적 행사를 위해 모든 세부적인 재료들을 준비하기
(c) 객실과 시설물을 관리하기 위해 집단 협력 업무하기
(d) 매일 하루 8시간 이상 근무하기

Q27 광고에 따르면 옳은 것은 무엇인가?
(a) 광고된 직책은 본사에 있는 내근직이다.
(b) 고용된 직원들은 업무에 배정되기 전에 훈련을 받게 될 것이다.
(c) 지원자들은 지원할 때 어떠한 법적 제한도 없다.
(d) 각각의 직원은 그들의 주당 생활비를 지불해야 한다.

Q26. 크루즈선에서 근무해야 하는 직원을 뽑는 구인 광고이며, 여러 가지 제시한 업무들 중에서, '객실관리,' '공공시설물 관리' 그리고 '팀원으로서의 협력 업무' 등이 포함되어 있으므로, 객실과 시설물을 관리하기 위한 집단 협력 업무가 포함되어 있다는 것을 알 수 있다. 따라서 정답은 (c)이다.

Q27. 지문 내용 중에서 "We will offer all of the training"이라는 문장을 통해 업무 배정 이전에 전체적인 훈련을 제공한다는 것을 알 수 있다. 따라서 '고용된 직원들이 업무에 배정되기 전에 훈련을 받게 될 것'이라는 점을 알 수 있으므로, 정답은 (b)이다.

housekeeper 관리인, 청소 관리자 **hire** 고용하다 **ardent** 열정적인 **unique** 독특한 **destination** 목적지 **attain** 달성하다 **potential** 잠재적인 **maintenance** 관리 **luxurious** 화려한 **contribute** 기여하다 **coordinate** 협력하다 **perks** 복리후생 **onboard** 선상의 **rotation** 순환, 교대 **on a daily basis** 매일 **in-house** 내근직의

28~29

몇몇 연극들은 매우 강력하여 다른 극작가들이 따르는 표준으로 기능하듯이, 아서 밀러의 〈세일즈맨의 죽음〉은 브로드웨이 공연으로 재공연되어 왔다. 제목에 나타난 주인공이자 외판원인 윌리 로만은 단순히 등장인물의 이름 이상의 의미를 갖고 있다. 그는 미국에서 뿐만 아니라 전 세계적으로 사회적으로, 재정적으로 박탈당한 중년 남성을 대변하는 브랜드가 되었다. 윌리 로만이 연극에서 대변하는 특성들은 그 자신의 발명품일 뿐만 아니라, 대작이라고 불리는 복잡하고 매력적인 예술 작품에서 등장한다.

절정에 도달하기 위하여 〈세일즈맨의 죽음〉은 회고를 이용하여 윌리의 기억과 현실 사이에서 그의 혼란을 강조한다. 그의 공상은 미국의 과거를 의미하며, 그 나라의 사라져버린 전원적인 삶을 나타낸다. 인생에서 성공하고자 하는 윌리의 꿈은 그가 그와 그의 아들의 성공에 대해 거짓말을 지어내도록 만든다. 그가 공상에 사로잡혀 있을수록, 그가 현실에 직면하는 것은 더 어렵다. 현실에 직면하는 것을 거부하는 것은 대부분의 미국인들이 가지고 있는 아메리칸 드림이라고 불리는 생각을 보여 준다.

Q28 〈세일즈맨의 죽음〉에 대해 옳은 것은 무엇인가?
(a) 처음 브로드웨이 있는 감독들과 배우들에 의해 거절당했다.
(b) 어려움을 극복할 수 있는 중년 남성을 나타낸다.
(c) 주인공의 공상을 보여주기 위해 회고 기법을 사용한다.
(d) 실제 아메리칸 드림의 지배적인 생각을 보여 준다.

Q29 두 번째 문단에서 글쓴이는 주로 무엇을 말하고 있는가?
(a) 회고는 다른 연극에서도 대표적인 기법이 되었다.
(b) 윌리의 공상은 아메리칸 드림의 현실을 왜곡한다.
(c) 미국의 과거의 이미지들은 때때로 조작된다.
(d) 윌리의 아메리칸 드림은 등장인물들의 발달을 막는다.

Q28. 아서 밀러의 〈세일즈맨의 죽음〉에 대해 설명하는 지문이며, "uses flashbacks to accentuate Willy's confusion between his memory and the reality"라는 문장을 통해, 회고 기법을 이용하고 있다는 것을 알 수 있다. 따라서 정답은 (c)이다.

Q29. 주인공 윌리의 공상에 대해 설명하는 문단이며, 그의 공상이 현실에 대한 거부이며, 그것이 하나의 아메리칸 드림이라고 강조하고 있으므로, '윌리의 공상이 아메리칸 드림의 현실에 대한 왜곡'이라는 것을 알 수 있다. 따라서 정답은 (b)이다.

playwright 극작가 revive 살아나다 protagonist 주인공 disenfranchise 권리를 박탈하다 characteristic 특징 fascinating 매력적인 flashback 플래시백, 회상 accentuate 강조하다 confusion 혼란 illusion 공상 pastoral 전원의, 목가적인 fabricate 조작하다, 만들다 be stuck in ~에 빠지다 illustrate 보여주다 initially 처음에, 원래 feature 보여주다, ~을 특징으로 하다 dominant 지배적인, 압도적인 representative 대표적인 distort 왜곡하다 hinder 막다

kiwi 키위 새 steadily 꾸준하게 endanger 멸종 위기에 처하게 하다 conservation 보존 habitation 거주, 주거지 in captivity 속박된, 붙잡힌 proximity 근접, 접근 consistently 끊임없이 keep in touch with 접촉하다 plummet 추락하다, 급락하다 restore 회복시키다 sanctuary 피난처, 보호구역 offshore 해안가의, 바다의 breed 기르다, 양육하다 clutch 한 배 accelerate 가속화시키다 shrinkage 감소 recuperation 회복 reproduction 번식 inadvertently 우연하게, 무심코 ornithologist 조류학자

30~31

뉴질랜드 북부 섬에 서식하는 갈색 키위 새는 가장 흔한 키위 종들 중 하나이다. 그러나 그 개체 수는 계속해서 감소해 왔으며, 충분한 보호 노력이 없어서 멸종 위기에 처해있는 것으로 예상된다. 갈색 키위는 다른 어떤 키위 종보다 인간의 거주지에 더 가까이 서식하며 또한 감금되어 전시되는 주요한 종이다. 이러한 인간 공동체에 대한 근접성은 위험성을 증가시킬 수 있는데, 왜냐하면 그것은 지속적으로 인간뿐만 아니라 개, 고양이, 그리고 자동차와 접촉하기 때문이다. 최근까지, 그 개체 수는 150,000마리 이하로 급락했으며, 곧 훨씬 더 떨어질 것으로 예상되고 있다.

다행스럽게도, 북부 섬에 있는 공동체들은 그 개체 수를 복원하기 위해 노력해 왔다. 몇몇 보호 단체들은 해안가 보호구역과 같은 몇몇 키위 보호구역을 설립함으로써 상황을 개선해 왔다. 또한, 갈색 키위는 다른 키위 종들보다 번식이 훨씬 더 빠르며, 다른 키위 종들이 일 년에 하나의 알을 낳는 것과 비교하여, 한 배에 두 개의 알을 낳고 일 년에 한 번에서 두 번을 낳게 된다. 게다가, 보호국에 의해 설립된 키위 복구 그룹은 키위를 구하기 위해 노력하는 사람들에게 양질의 기술적 자문을 제공해 왔다.

Q30 글의 주제는 무엇인가?
(a) 갈색 키위가 직면하고 있는 위험을 가속화시키는 다양한 요소들
(b) 갈색 키위의 개체수를 보호하기 위한 국가적 노력들
(c) 갈색 키위의 서식지의 위치적 장점들
(d) 갈색 키위 개체 수의 감소와 회복

Q31 지문에서 갈색 키위에 대해 추론할 수 있는 것은 무엇인가?
(a) 높은 번식률은 개체수를 회복시키는 데 중요한 요소들 중 하나이다.
(b) 인간에 의해 어떤 방식으로든 붙잡히거나 이용되지 않았다.
(c) 대부분의 보호구역들은 우연히 자연적으로 형성되었다.
(d) 그것은 조류학자들에 의해 아직 연구된 적이 없다.

Q30. 뉴질랜드 북부 섬에 서식하는 갈색 키위에 대해 설명하는 지문이며, 멸종 위기에 처한 상황에 대해 첫 번째 문단에서 설명하고 있으며, 두 번째 문단에서는 개선된 상황에 대해 설명하고 있으므로, '갈색 키위 개체 수의 감소와 회복'을 말하고 있다는 것을 알 수 있다. 따라서 정답은 (d)이다.

Q31. 갈색 키위가 멸종 위기에 처해 있었으나, 개선 노력에 의해 개체수가 회복되고 있으며, 특히 "the brown kiwi breeds more quickly"라는 문장을 통해 높은 번식력도 도움이 되고 있다는 것을 알 수 있으므로, '높은 번식률이 개체 수를 회복시키는 요소들 중 하나'라는 것을 알 수 있다. 따라서 정답은 (a)이다.

32~33

장학기금 졸업생들에게 의존하기

마리아 로드리게즈

러시아 정부는 대학을 다니면서 장학금을 받았던 모든 졸업생들이 동일하게 100,000루블을 상환하도록 하는 법안을 제정할 계획이다. 그 나라의 교육부 장관은 그 돈이 도움을 필요로 하는 현재의 학생들을 지원하기 위해 이용될 것이라고 말했다.

그 새로운 제안은 의회에서 통과될 것으로 예상되는 새로운 고등교육법에 포함될 것이다. 그 상환 정책은 학생 보조금이 몇 년 전에 중단되었기 때문에 학업을 지원하기 위한 대출금을 받는 데 어려움을 겪어 온 가난한 학생들에게 재정 지원을 하게 될 것이다.

그러나 많은 전문가들은 그 법이 바람직한 효과를 거둘 수 있을지에 대해 의심하고 있는데, 왜냐하면 대다수의 졸업생들은 직업을 구하지 못했으며, 해외에서 취업한 사람들은 그 법을 무시할 수도 있기 때문이다. 이미 급증한 등록금은 취약한 학생들이 졸업 연기와 중퇴를 결정하도록 해 왔다.

전국학생위원회는 또한 정부가 현재의 등록금을 줄이기 위해 더 실제적인 조치를 취해야 하며, 학생들의 등록을 증가시키도록 돕기 위해 더 많은 정부 자금을 확보해야 한다고 말했다.

Q32 지문에서 글쓴이가 하려고 하는 것은 무엇인가?
(a) 장학 기금과 관련된 새로운 법안의 실행 가능성에 의문 제기하기
(b) 고등교육을 강화하기 위해 새롭게 제안된 정부 정책 정당화하기
(c) 그 나라의 어려운 경제 상황 지적하기
(d) 대학생들의 졸업 연기 막기

Q33 왜 러시아 사람들은 그 새로운 법의 성공을 의심하고 있는가?
(a) 많은 졸업생들이 그들의 장학금을 상환할 여유가 없다.
(b) 대부분의 학생들은 해외에서 고용될 수 없다.
(c) 현재의 등록금은 대학생들에게 부담이 되지 않는다.
(d) 학생위원회는 전국적으로 시위를 계획하고 있다.

Q32. 러시아 정부에서 시행하려고 하는 장학금 제도와 상환 방식에 대한 정책을 설명하는 글이다. 정책의 목적과 구체적 실행 계획에 대해 설명하고 있으나, 마지막 문단에서 전문가들의 의구심을 제시하면서 정책의 실현 가능성에 대해 의문을 제기하고 있으므로, '새로운 법안의 실행 가능성에 의문을 제기하기 위한' 목적으로 쓴 글임을 알 수 있다. 따라서 정답은 (a)이다.

Q33. 정책의 성공 가능성에 대해 의문을 제기하는 과정에서, "the majority of graduates have failed to get jobs"라는 문장을 통해 졸업생들이 직업을 구하지 못한 상황이라는 것을 알 수 있으며, 이를 통해 그들이 상환할 여력이 없다는 것을 추론할 수 있다. 따라서 정답은 (a)이다.

graduate 졸업생 **scholarship** 장학금 **enact** 법을 제정하다 **flat** 고정된 **parliament** 의회 **repayment** 상환, 보복 **underprivileged** 가난한 **generate** 유발하다, 발생시키다 **disregard** 무시하다 **upsurge** 증가하다, 치솟다 **vulnerable** 취약한 **deferment** 연기, 유예 **dropout** 중퇴 **feasibility** 실행 가능성 **justify** 정당화하다 **reinforce** 강화하다 **defer** 연기하다, 유예하다 **demonstration** 시위

34~35

낭만주의: 사회적 운동

17세기 후반기부터 18세기 전반기까지, 낭만주의라고 부르는 예술, 문학, 그리고 지적 운동이 유럽 전역을 지배했다. 비록 언제 처음으로 시작되었는지에 대한 많은 논쟁들이 있지만, 1798년 윌리엄 워즈워스의 〈서정 발라드집〉의 출판이 그 운동의 시작으로 여겨진다.

그 운동의 기원은 유럽에서의 주요한 사회적 변화에 대한 반응으로 나온 것이었으며, 시골 지역의 인구 감소와 산업화 도시들의 급격한 성장을 포함한다. 특히, 산업 혁명은 땅의 구획화를 가속화시켰으며, 노동자들을 땅에서 몰아내고, 공장에서 일거리를 제공했다.

따라서 비록 전통 깊이 자리잡은 사회적 정치적 악에 대한 반대로 여겨질 수도 있으나, 낭만주의는 산업 혁명에 대한 반발로 일부 여겨질 수 있다. 그 운동의 대표자들은 또한 자연의 과학적 합리화를 비판해 왔다. 또한, 프랑스 혁명과 같은 급진적인 사회적 변화는 그 운동의 등장에 중요한 영향을 끼쳤다.

Q34 지문에 따르면 낭만주의에 대해 옳은 것은?
(a) 유럽 국가들의 문학계에서만 발견된 운동이었다.
(b) 참가자들은 산업 혁명에 의해 유발된 사회적 변화를 수용하는 것을 거부했다.
(c) 농업 노동자들의 권리를 향상시키는 데 기여했다.
(d) 당대 정치적 문제들과 아무 관계가 없었다.

Q35 지문에서 추론할 수 있는 것은?
(a) 낭만주의는 윌리엄 워즈워스의 〈서정 발라드집〉 이전에 시작되었다.
(b) 산업 혁명은 노동자들을 사회로부터 소원하게 만들었다.
(c) 낭만주의자들은 전통적인 가치와의 극단적인 단절을 주장했다.
(d) 낭만주의는 사람들이 프랑스 혁명을 모방하도록 동기를 부여했다.

Q34. 낭만주의 운동의 발생 원인에 대해 설명하는 글이며, 사회적 배경으로 산업 혁명에 의해 변화된 사회상을 제시하고 있다. 또한 "a reaction to the Industrial Revolution"이라는 구문을 통해 낭만주의 운동이 산업 혁명에 대한 반발로 발생했다는 것을 알 수 있으므로, 정답은 (b)이다.

Q35. 낭만주의 운동이 산업 혁명 등의 사회적 변화에 대한 반발로 발생했다고 주장하는 글이며, "it was also a rebellion against traditional deep-rooted social and political evils"라는 문장을 통해 전통적 사회를 비판한 운동이었다는 것을 알 수 있으므로, 낭만주의 운동이 '전통적인 가치들과의 단절을 주장'했다는 것을 알 수 있다. 따라서 정답은 (c)이다.

romanticism 낭만주의 **literary** 문학적인 **intellectual** 지적인 **dominate** 지배하다, 압도하다 **controversy** 논쟁 **depopulation** 인구 감소 **Industrial Revolution** 산업 혁명 **accelerate** 가속화하다 **enclosure** 구획화 **drive off** 쫓아내다 **mill** 공장, 방앗간 **representative** 대표자 **rationalization** 합리화 **emergence** 등장 **resist** 반대하다 **agricultural** 농업의 **have nothing to do with** ~와 관계가 없다 **contemporary** 당대의 **estrange** 소외시키다, 소원하게 하다 **radical** 급진적인, 극단적인 **motivate** 동기를 부여하다 **emulate** 모방하다

ACTUAL TEST 3

P 138

PART I
1 (d) 2 (b) 3 (d) 4 (c) 5 (c) 6 (d)
7 (c) 8 (a) 9 (c) 10 (d)

PART II
11 (b) 12 (d)

PART III
13 (c) 14 (d) 15 (d) 16 (b) 17 (a) 18 (a)
19 (b) 20 (c) 21 (c) 22 (b) 23 (b) 24 (c)
25 (d)

PART IV
26 (c) 27 (b) 28 (a) 29 (d) 30 (b) 31 (d)
32 (d) 33 (a) 34 (b) 35 (c)

Part I

1

원시인은 대개 미신을 몹시 믿었다. 종종 그들 주변에 일어나는 기이한 일은 그들과 의사소통을 원하는 영혼이나 신의 뜻이 집행되는 것으로 받아들여졌다. 예를 들어, 역사를 통틀어 대부분의 사람들은 오른손잡이다. 따라서 왼손잡이는 사악한 징조로 받아들여지고 원치 않는 주목을 받았다. '왼쪽'을 뜻하는 라틴어는 sinister이고, 많은 사람들이 왼손잡이를 나쁘게 여겼기 때문에 sinister라는 말은 **'사악한'이나 '나쁜'을 의미하게 되었다**.

(a) 강력한 주문으로 묘사되었다
(b) 악령을 소환하기 위해 사용되었다
(c) 부족민을 분리하기 위해 정치적으로 이용되었다
(d) '사악한'이나 '나쁜'을 의미하게 되었다

원시인이 미신을 매우 믿은 것을 예로 들어 설명하며 영어에서 '사악한'의 어원에 대해 말하고 있다. 왼손잡이가 사악한 징조로 받아들여졌다고 하므로 (d)가 가장 적절하다.

primitive 원시 사회의 **in general** 보통, 대개 **superstitious** 미신을 믿는 **extraordinary** 기이한 **perceive** 여기다 **carry out** 집행하다 **evil** 사악한, 악마의 **omen** 징조, 조짐 **sinister** 사악한, 불길한 **hail** 묘사하다, 일컫다 **spell** 주문 **politically** 정치적으로 **segregate** 분리[차별]하다

2

디즈니는 폭넓은 관중에게 미치는 동화를 기반으로 한 영화의 커다란 잠재력을 정확히 보았다. 동화의 줄거리는 아이들의 흥미를 끌만큼 단순하지만, 〈잠자는 숲속의 미녀〉와 〈신데렐라〉 같은 일부 동화 속의 로맨스는 어른들에게도 관심의 대상이다. 이처럼 어리고 나이 든 사람들 모두에게 광범위한 흥미를 끄는 것이 상업적 성공에 필수적이다. 만약 디즈니 영화가 단순히 '아이들의 오락거리'였다면 많은 부모들이 그냥 아이들을 극장에 데려다 놓고 다른 영화를 보러 갔을 것이다. 하지만 디즈니는 **가족 모두가 즐길 수 있는** 영화를 만들어냈다.

(a) 도덕적인 교훈을 포함하는
(b) 가족 모두가 즐길 수 있는
(c) 아이들이 봐도 괜찮은
(d) 이윤을 증대시키는

빈칸 앞에 however가 있으므로 앞 문장과 상반되는 내용이 와야 한다. 앞에서 디즈니 영화가 아이들만의 오락거리였다면 부모들은 다른 영화를 보았을 것이라고 했으므로 모두가 즐길 수 있는 영화를 만들었다는 내용이 가장 적합하다. 따라서 (b)가 정답이다. 첫 문장에서 디즈니가 폭넓은 관중에게 미치는 동화의 잠재력을 보았다는 내용에서도 답을 추론할 수 있다.

accurately 정확히 **potential** 잠재적인 **fairytale** 동화 **appeal to** ~의 흥미를 끌다 **broad** 폭넓은 **moral lesson** 도덕적 교훈 **boost** 증대시키다

3

영어에 단어 수가 너무 많은가 하는 것은 심리적으로 괴로운 문제이다. 이 세계적인 언어에는 과학과 기술 용어를 제외하고 약 50만 개의 단어가 있다고 하는데, 이는 세계 모든 언어 가운데 가장 많은 것이다. 특히 11세기 정복자 윌리엄의 점령 이후 노르만 프랑스어가 영국에 주입되어 게르만어 단어의 기반을 보충해주기도 했지만 중복되는 단어도 도입되었다. 시민 시대 강대국이 되면서 멀리 떨어진 나라들의 단어 또한 들어왔다. 이러한 모든 요인들이 영어를 과대하게 팽창시켰다고 할 수 있다. 반대로 말하면 **이러한 것들이 영어를 풍성하게 했다고 볼 수 있다**.

(a) 닭이 먼저냐 달걀이 먼저냐 하는 질문의 또 다른 예이다
(b) 영어의 생존을 위해 조치가 취해질 것이다
(c) 식민지에서 들어온 단어들은 범위가 제한적이다
(d) 이러한 것들이 영어를 풍성하게 했다고 볼 수 있다

영어 단어가 늘어나는 데 영향을 미친 역사적 배경에 대해 설명하고 있다. 그러한 배경이 부정적인 시각으로 보면 영어를 과도하게 팽창시키는 결과를 가져왔지만, 긍정적으로 말하면 오히려 영어를 풍성하게 만든 것으로 볼 수도 있다고 결론 내리는 것이 자연스럽다. 따라서 (d)가 정답이다.

teaser 괴롭히는 것, 어려운 문제 **roughly** 대략 **excluding** 제외하고 **term** 용어 **linguistic** 언어의 **infusion** 주입, 불어넣음 **supplement** 보충하다 **overlap** 겹치다, 중복되다 **colonial** 식민지의 **far-flung** 멀리 떨어진 **inflate** 팽창시키다 **conversely** 거꾸로 (말하면) **step** 조치 **enrich** 풍성하게 하다

정답 및 해설 31

4

교육 뉴스

교육 위원회 댄 라킨 위원장은 특별 위원회가 <u>학생들이 대학에서 보내는 시간을 줄일</u> 계획이 있다고 말한다. 전통적인 4년 기간에 40퍼센트 이상의 대학생들이 자신들의 교육을 이수하지 않고 있기 때문이다. 라킨은 이것이 졸업생들의 수익 능력을 감소시키고, 대학의 자원을 고갈시킨다고 말한다. 새로운 계획은 클래스 규모를 늘리고 제때 학위를 취득하기 위해 궤도를 유지하는 학생들에게 등록금 인하와 같은 인센티브를 제공할 것이다.

(a) 많은 학위의 요건들을 바꿀
(b) 대학들이 강의를 늘리도록 요구할
(c) 학생들이 대학에서 보내는 시간을 줄일
(d) 내년 졸업생 취업률을 면밀히 감시할

대학생 40퍼센트 이상이 전통적인 4년 기간에 교육을 제대로 이수하지 않고 있다는 다음 문장으로 볼 때, 새로운 계획에서 제시될 빈칸에 들어갈 내용으로 가장 적절한 것은 (c)이다.

committee 위원회 **complete** 이수하다, 끝마치다 **graduate** 대학 졸업생 **earning power** 수익 능력 **drain** 소모시키다, 고갈시키다 **incentive** 인센티브, 우대책 **tuition** 수업료, 등록금 **secure** 확보하다, 획득하다 **diploma** 수료증 **on time** 제때 **requirement** 요건, 필요 조건 **employment rate** 취업률

5

싱코 데 마요는 멕시코계 미국인들이 미국 전역에서 널리 기념하는 최대 명절이다. 그러나 <u>이 명절이 무엇을 기념하는가에 대해서 잘못 알려져 왔다</u>. 이 날은 멕시코의 독립 기념일이 아니다. 멕시코에서 미국의 7월 4일에 해당하는 날은 5월 5일(싱코 데 마요)이 아니라 9월 16일이다. 그렇다면 싱코 데 마요는 무엇을 기념하는 것일까? 이는 빚을 갚지 못한 멕시코를 침범한 프랑스를 무찌른 멕시코 군대의 1862년의 승리를 기념하는 것이다.

(a) 싱코 데 마요를 기념하는 다양한 방법들이 있다
(b) 싱코 데 마요가 멕시코의 독립기념일이라는 데 의견이 일치한다
(c) 이 명절이 무엇을 기념하는가에 대해서 잘못 알려져 왔다
(d) 언제 처음 싱코 데 마요를 기념했는가에 대한 열띤 논쟁이 있다

지문에서 싱코 데 마요가 미국의 독립 기념일에 해당하는 것이 아니라 사실은 1862년 프랑스가 멕시코를 침략했을 때 이를 무찌른 것을 기념하는 날이라고 그 의미를 바로잡은 것으로 보아 빈칸에는 그 의미가 잘못 알려져 있다는 (c)의 내용이 들어가야 한다.

celebrate 기념하다 **equivalent** 상응하는, 맞먹는 **invade** 침범하다 **repay** 갚다 **consensus** 일치, 합의 **heated** 열띤

6

1938년 한 지갑 회사가 고안한 판촉용 상품 때문에 <u>사회 보장국이 골머리를 앓았다</u>. 이 회사는 사회 보장 카드가 자신이 만든 지갑에 얼마나 잘 들어맞는지를 보여 주려고 했다. 그래서 가짜 카드를 제작해서 판촉용으로 모든 지갑에 넣어 전국 백화점에 배송했다. 그 카드는 회사 비서의 진짜 사회 보장 번호였고 수천 명의 사람들이 그 번호를 자신의 것으로 사용하기 시작했다. 사회 보장국은 사람들에게 이 번호를 사용하지 말라고 권고했지만 심지어 40년이 지나서도 십여 명이 같은 번호를 사용했다.

(a) 비판적이고 논란을 일으키는 사회의 격렬한 항의를 야기했다
(b) 대중들이 지갑에 카드를 지니고 다녔다
(c) 사회 보장국이 시스템을 향상시키는 것을 도왔다
(d) 사회 보장국이 골머리를 앓았다

지문은 한 지갑 회사가 판촉용으로 제작한 사회 보장 카드에 실제 번호를 사용하면서 야기된 문제에 대해 소개하고 있다. 따라서 빈칸에는 이로 인해 사회 보장국이 골머리를 앓게 되었다는 내용이 적절하다.

gimmick 수법, 새 고안품 **demonstrate** 보여 주다, 설명하다 **fake** 가짜의 **Social Security Administration** 사회 보장국 **societal** 사회의 **outcry** 격렬한 반응[항의] **controversy** 논란

7

미국인 소설가 존 치버의 이야기들은 1950년대 교외 생활의 많은 결점들을 묘사한다. 당시, 많은 사람들이 소수 민족들과 증가하는 범죄와 분리된 지역에서 살고자 도심지를 떠나고 있었다. 이런 새로운 환경에서 치버의 캐릭터들은 외견상으로는 성공적이며 부유했고, 좋은 차를 소유하고 행복한 결혼 생활을 하며 넓은 뒷마당을 갖고 있었다. 하지만 치버의 이야기들은 <u>이런 완벽함에 대한 근거 없는 믿음을 파헤쳤다</u>. 그의 이야기들은 사람들이 돈과 외모, 지위를 위해 개성과 독립성을 희생시킨 정도를 드러내며 환상에 미묘하게 구멍을 냈다.

(a) 삶의 이런 새로운 경향을 이상화했다
(b) 대도시들의 위험을 비평했다
(c) 이런 완벽함에 대한 근거 없는 믿음을 파헤쳤다
(d) 성공의 불리한 면을 상술했다

교외로 떠난 사람들이 외견상으로는 부유하고 성공한 듯 보였던 반면, 치버의 이야기들은 1950년대 교외 생활의 많은 결점들을 묘사한다는 첫 문장으로 볼 때, 빈칸에 들어갈 내용으로 가장 적절한 것은 (c)이다.

portray 묘사하다, 그리다 **flaw** 결함, 흠 **suburban** 교외의 **neighborhood** 지역, 지구 **insulate from** ~로부터 격리하다 **minority** 소수 민족 **on the exterior** 겉보기에는, 외견상으로는 **possess** 소유하다, 보유하다 **subtly** 미묘하게 **pick away** ~에 구멍을 내다 **illusion** 환상, 착각 **sacrifice** 희생하다 **individuality** 개성 **independence** 자립, 자주성 **for the sake of** ~을 위해서 **appearance** 외모, 겉모습 **status** 지위 **critique** 비평하다 **unravel** 풀다

8

선구적인 교사들은 학교에서 과학의 도입은 미신과 잘못된 정보의 종결을 의미하며 과학적인 발견, 논리, 귀납적인 추리의 시대의 시작이라고 상상했다. 불행하게도 오늘날 많은 학교에서 과학 수업이 제공되는 방법은 이런 이상과는 거리가 멀다. 기계적이고 반복적인 암기와 되새김질은 거의 일반적인 것이 되었고 오직 소중한 몇몇 학생만이 그런 의례를 깨고 실제로 자신의 기술을 이용하여 새로운 정보를 발견할 수 있다. 그러므로 교육자들은 어떻게 과학이 가르쳐지고 있는지를 의무적으로 재평가하고 **덜 미신적인 접근 방법을 구축해야** 한다.

(a) 덜 미신적인 접근 방법을 구축해야
(b) 교사의 실패를 인식해야
(c) 우리가 왕성하게 학습하도록 상기시켜야
(d) 그 분야의 은퇴한 전문가를 고용해야

현재 과학 교육이 기계적이고 반복적으로 암기하는 방법으로 진행되는데 그런 획일적인 방법이 아닌 접근 방식을 만들며 과학 교육의 재평가를 촉구하고 있으므로 (a)가 빈칸에 적절한 표현이다.

superstition 미신 **misinformation** 오보 **inductive reasoning** 귀납적 추리 **rote memorization** 기계적 암기 **regurgitation** 구토, 되새김질 **norm** 표준, 일반적인 것 **cherish** 소중히 여기다 **breach** 위반하다, 어기다 **protocol** 의례, 규약 **incumbent** 의무적으로 해야 하는 **re-evaluate** 재평가하다 **cultivate** 구축하다

9

대부분의 도시들은 새로운 건물을 짓기 위해 낡은 건물을 허물면서 수세기에 걸쳐 진화했고 그렇게 시간이 흐르면서 도시의 일부 역사는 소멸되었다. 그러나 하나의 고대 도시는 오랫동안 거의 원 상태 그대로 보존되었다. **아이러니하게도** 폼페이는 역사상 가장 치명적인 자연 재해로 인해 파괴되었으면서 동시에 보존되기도 했다. 서기 70년 베수비오 산이 폭파되면서 2만 명이 살던 번화한 이탈리아의 도시로 뜨거운 재와 분석을 뿜어냈다. 뜨겁게 흘러내리는 잿더미가 도시를 덮어 수많은 사람들이 자신들의 집에서 질식하고 나머지는 잿더미에 갇혔다. 이러한 자취로 인해 우리는 다른 어떤 고대 정착지보다도 폼페이에 대해서 더 잘 알게 되었다.

(a) 따라서
(b) 불행히도
(c) 아이러니하게도
(d) 그럼에도 불구하고

앞 문장에서 도시가 진화하면서 역사가 소멸된다고 했지만 폼페이의 경우엔 화산 폭발로 그 역사가 사라진 동시에 보존되기도 했다는 아이러니를 이야기하고 있으므로 빈칸에는 (c)가 들어가는 것이 적합하다.

evolve 진화하다 **tear down** 부수다, 파괴하다 **make way for** ~에게 길을 내주다 **erupt** 분출하다, 폭발하다 **send forth** 내다, 발하다 **cinder** (화산에서 분출되는) 분석 **thriving** 번화한, 성대한 **torrent** 억수, 급류 **stifle** 질식시키다 **relic** 자취 **settlement** 정착지 **notwithstanding** ~에도 불구하고

10

전미 미식축구 연맹은 최근 경기장에서 선수들이 겪는 놀랄 만큼 많은 머리 부상에 대해 면밀한 조사를 받아 왔다. 새로운 보호 조치들이 시행되어 왔지만, 선수들은 계속해서 경기 중에 심각한 부딪힘과 부상들로 고통받고 있다. 일부에서는 이런 폭력적인 오락이 그 스포츠를 지켜보는 수백만 명의 시청자들에게 어떤 영향을 줄지 의문스러워한다. <u>그에 반해서</u> 일부에서는 그 관중들의 자극에 대한 갈망이 그 스포츠가 그렇게 공격적이도록 하는 원인이 된다고 주장한다.

(a) 어떤 경우에도
(b) ~에도 불구하고
(c) 그에 따라서
(d) 그에 반해서

많은 선수들이 머리 부상을 당하는 미식축구에 대해 일부에서는 그것이 시청자들에게 어떤 영향을 줄지 의문스러워하는 반면 일부에서는 경기가 관중들의 갈망 때문이라고 하는 마지막 문장으로 볼 때, 서로 상충되는 두 문장 사이에 들어갈 연결어로 가장 적절한 것은 (d)이다.

come under 받게 되다 **scrutiny** 정밀 조사 **alarming number of** 놀랄 만한 수의 **head-injury** 머리 부상 **protective measure** 보호 조치 **implement** 시행하다 **violent** 폭력적인 **entertainment** 오락 **affect** 영향을 미치다 **follow** 지켜보다 **thirst** 갈망, 갈증 **excitement** 흥분, 자극 **aggressive** 공격적인 **in any event** 아무튼

Part II

11

라이프 & 머니 서비스는 재정 관련 조언과 코치, 세금과 회계 감사에 도움을 받을 수 있는 경제적인 방법입니다. (a) 금전 걱정이 무엇이든 저희는 개인 재정에 관한 모든 분야에 전문 지식을 가진 조언자들이 있습니다. (b) 불확실한 경제 상황을 고려한다면, 지금이 가계 저축 계획을 준비할 때입니다. (c) 현실을 직시하세요, 오늘날 금전의 세계가 더욱 복잡해진 만큼 두려워 말고 도움을 청하세요. (d) 재정적인 안정을 달성하는 방법에 관해 일단 저희의 조언을 받아들이시면 저희의 서비스는 제값을 한다고 보장합니다.

라이프 & 머니 서비스에서 하는 일과 그들이 가진 장점을 홍보하며 도움을 받아 볼 것을 권장하는 전체적인 내용으로 볼 때, 문맥상 글의 흐름에 어울리지 않는 문장은 (b)이다.

affordable (경제적으로) 저렴한, 감당할 만한 **financial advice** 재정 관련 조언 **assistance** 도움, 원조 **audit** 회계 감사 **concern** 우려, 걱정 **special knowledge** 전문 지식 **finance** 재무, 재정 **economic climate** 경제 상황 **family savings** 가계 저축 **complicated** 복잡한 **guarantee** 보장하다 **take one's advice** ~의 조언을 받아들이다 **financial security** 재정 보증

12

의미상, 자유 언론은 분권화되었고 어떤 종류도 검열의 대상이 아니다. (a) 이 모델에서, 언론은 더 많은 자유를 갖지만 실수와 누락들을 자체 단속하도록 되어 있다. (b) 보다 구체적으로, 경쟁하고 있는 언론 기관들은 다른 업체들의 내용을 면밀히 검토하여 비교를 위해 시청자들에게 보여 준다. (c) 또한, 산업에서 이런 수준의 자기 규제는 저널리스트들과 전문가들이 쟁점에 관해 논쟁하고 결점들이나 허위 정보를 지적할 수 있도록 돕는다. (d) 더 많은 사람들이 뉴스를 보려 인터넷으로 돌아서면서, 내용은 보다 빠르게 제작되고 예년에 비해 질은 떨어진다.

뉴스를 보는 수단으로서 인터넷을 얘기하고 있는 게 아니라 자유 언론이 가진 여러 가지 장점들을 구체적으로 제시하는 내용으로 볼 때, 문맥상 글의 흐름에 어울리지 않는 문장은 (d)이다.

by definition 의미상 **decentralize** 분권화하다
censor 검열하다 **police** 감시하다, 단속하다 **omission** 누락
specifically 구체적으로, 명확하게 **scrutinize** 면밀히 검토하다
content 내용 **viewer** 시청자
for one's sake ~을 위해서 **self-regulation** 자기 규제
debate an issue 쟁점에 대해 논쟁하다 **point out** 지적하다
misleading information 허위 정보

Part III

13

토성의 위성 엔셀라두스는 표면이 얼음으로 덮여 있지만 물이 표면으로 분출되고 한다. 그러나 엔셀라두스는 상대적으로 작은 위성이며 중심부에 내부 활동이 일어나기엔 크기가 너무 작다. 따라서 이러한 표면 간헐천은 토성 자체로 설명된다. 엔셀라두스의 궤도는 완벽한 원형이 아니고, 이 위성이 가까이 올 때 토성이 잡아 끄는 힘은 더 커진다. 또한, 토성과 가까운 면이 반대편보다 더 힘을 받는다. 따라서 엔셀라두스의 중심부가 마찰로 인해 온도가 상승하고 표면이 늘어난 결과 분출이 일어나는 것이다. 우리는 이러한 현상을 토성과 엔셀라두스 사이의 조력 현상이자 조력에 의한 가열이라고 부른다.

Q 지문의 주된 소재는?
(a) 토성의 얼음으로 덮인 위성들
(b) 간헐천과 그 원인
(c) 엔셀라두스에 대한 토성의 조력
(d) 엔셀라두스의 중력

첫 문장에서 토성의 위성 엔셀라두스에 대해 설명하고 있으며, 마지막 문장에서 지문의 주제가 토성과 엔셀라두스 간의 조력임을 알 수 있다.

Saturn 토성 **moon** 위성 **eruption** 폭발, 분출 **core** 핵, 중심
geyser 간헐천 **orbit** 궤도 **circular** 원형의 **friction** 마찰
tidal force 조력

14

좋은 것이 지나치게 많은 것은 좋지 않다는 오래된 속담은 식이 보조제의 영역에도 적용되는 것 같다. 아주 엄밀히 말해서, 어떠한 종류의 보조제든 심각한 건강상 결함이나 식이요법의 제한을 가지고 있는 사람에게만 제공되어야 한다. 평범한 사람의 식이요법의 촉진이나 대체재로 영양제가 추천될 필요는 없다. 실제로 보조제의 섭취가 무익하다거나 심지어 불리한 면이 있다고 보여 주는 연구들도 있다. 그렇지만 영양제에 의한 많은 건강 관련 주장이 대중을 다른 쪽으로 생각하도록 계속 유도하고 있다.

Q 지문의 주제는?
(a) 보조제의 마케팅은 대중을 혼동시키기만 한다.
(b) 영양사들은 식이요법 보조제 섭취의 위험성에 대해 여전히 논의 중이다.
(c) 영양제 섭취는 적은 양을 섭취할 때에만 좋다.
(d) 심각한 질병을 가지고 있지 않은 사람은 영양제로부터 최소한의 이익을 본다.

평범한 사람들에게는 식이요법의 촉진 및 대체의 역할로 영양제를 추천할 필요까지 없다고 했으므로 정답은 (d)가 적절하다.

adage 속담, 격언 **in the realm of** ~의 영역에서 **dietary supplement** 식이 보조제 **deficiency** 결함, 부족 **boost** 신장, 증가 **ineffectiveness** 무효, 무익 **downside** 불리한 면
nutritional 영양상의 **tempt** 유도하다, 부추기다

15

크라우드소싱은 컬트 프로젝트와 영화 아이디어에 대한 개인의 기여를 위한 팬 기반 펀딩으로 영화 제작 영역에서 진가를 발휘하고 있다. 크라우드소싱이 활용된 영화 〈10억 명의 기업가〉의 경우, 이야기가 종종 크라우드소싱 그 자체를 다루고 있다. 영화 감독인 지미 뉴슨은 기업가들이 그들 자신의 삶과 커뮤니티의 삶을 어떻게 바꾸었는지 묘사하고 싶어 한다. 그들 스스로의 종자돈이나 모금을 통해 어떻게 개인들이 새로운 인터넷 경제를 그들의 온라인 제안을 지지하도록 모으는 데 사용하고 있는지에 관한 이야기이다.

Q 지문의 주제는?
(a) 크라우드소싱에 의존하는 비즈니스 프로젝트
(b) 기업가 공동체에 관한 영화 한 편
(c) 대중 매체의 현안으로서의 크라우드소싱
(d) 영화 제작에 있어서의 기업가 정신

크라우드소싱이라는 새로운 경제 개념에 대한 설명을 하고 있으며, 특히 영화 제작 영역에서 진가를 발휘하고 있다고 했으므로 정답은 (d)가 가장 타당하다.

crowdsourcing 크라우드소싱 **come into one's own** 진가를 발휘하다 **in the realm of** ~의 영역에서 **entrepreneur** 기업가
depict 그리다, 묘사하다 **seed money** 종자돈 **fundraising** 모금 **entrepreneurship** 기업가 정신

16

중세 유럽 사회의 사상가들은 세계가 고전 문명이나 에덴동산과 같은 이상화된 상태로부터 끊임없이 퇴보하고 있다고 간주하였다. 18세기에는 이성과 과학, 산업을 통해 사회가 진보하고 있다고 믿기 시작했다. 다윈의 진화론으로 두 개의 상이한 사회학적 해석이 촉진되었는데 그중 하나는 사회가 자연 선택과 '적자생존'의 결과이므로 그 결과가 받아들여져야 한다는 것이었다. 이는 사회 진화론의 자유방임적 태도였다. 또 다른 해석은 자연적인 것에 반(反)하여 사회가 작용하고 있다고 보는 것이었다. 이는 더 개선된 방향으로 사회 진화가 이루어지도록 적극적으로 통제하는 것을 옹호하는 우생학의 전제가 되었다.

Q 지문의 주제는?
(a) 유럽에서의 사회학의 발달
(b) 사회 진화론이 사회에 미친 영향
(c) 다윈의 진화론이 사회 이론에 미친 영향
(d) 우생학과 진화론의 차이점

사회 진화를 방임할 것인가 적극적으로 통제할 것인가 하는 두 가지 상이한 사회학적 이론을 촉발시킨 것이 바로 다윈의 진화론이었다는 지문의 내용을 고려할 때 글의 주제가 (c)임을 알 수 있다. 진화론이 사회학적 이론에 미친 영향이지 사회 진화론이 사회에 미친 영향은 아니므로 (a)는 적절하지 않다.

thinker 사상가 **medieval** 중세의 **decline** 하락, 쇠퇴 **state** 상태 **civilization** 문명 **evolution** 진화 **foster** 촉진하다 **divergent** 갈라지는, (관습 등에서) 일탈한 **sociological** 사회학의 **interpretation** 해석 **natural selection** 자연 선택 **survival of the fittest** 적자생존 **laissez faire** (자유) 방임주의 **Social Darwinism** 사회 다윈주의, 사회 진화론(다윈의 생물 진화론을 사회 현상에 적용) **premise** 전제 **eugenics** 우생학 **advocate** 옹호하다, 주장하다

17

영국과 미국의 정부는 여러 면에서 상당히 다르다. 미국에서는 최고 집행자인 대통령이 정치 지도자와 국가의 수장 역할을 모두 수행하지만 영국에서는 이 두 개가 분리된다. 즉, 영국은 군주와 수상 둘 다 있지만 미국은 대통령만 있다는 것이다. 또한, 미국의 대통령은 국회의 다수당이 아닌 다른 정당 출신일 수도 있지만 반대로 영국의 수상은 의회에서 다수석을 확보한 정당의 수장이다.

Q 지문에 따르면 다음 중 옳은 것은?
(a) 영국에서 정치적 지도자와 국가의 수장은 다른 사람이다.
(b) 미국의 대통령은 의회 다수당과는 다른 당에서 나와야 한다.
(c) 영국의 수상은 의회 다수당과 다른 당에서 나와도 된다.
(d) 미국의 의회는 영국의 국회와 동일하다.

지문에 의하면 영국은 국가의 수장과 정치 지도자가 각각 다른 사람이기 때문에 정답은 (a)이다. 미국의 대통령은 다수당의 수장이 아닐 수도 있다고 했지만 반드시 아니어야 하는 것은 아니므로 (b)는 정답이 될 수 없고, (d)는 지문의 내용만으로는 사실 확인이 불가능하다.

aspect 측면 **chief executive** 최고 집행자 **fulfill** 수행하다 **monarch** 군주 **political party** 정당 **Congress** (미국의) 의회 **Parliament** (영국의) 의회, 국회 **be equivalent to** ~와 맞먹다

18

론다에게

네가 얼마나 나를 아프게 했는지 아니? 이젠 알 것이라 생각해. 네가 일어난 일에 대해 자책해 왔다는 것을 알고 있고, 네가 더 이상 고통받기를 원치 않아. 그러니 너를 용서할게. 만약 그것을 다시 또 해야 한다면 나를 괴롭히려고 아버지가 너에게만 준 유산을 받아들이지 않을 거라는 걸 알아. 네가 제대로 된 사람이라는 것을 알고 너에게 마음이 쓰이기 때문에 지난 일을 지난 일로 하려고 해. 지난 일은 잊고 이런 일이 생기지 않도록 확실히 하자.

일레인

Q 이메일에 따르면 다음 중 옳은 것은?
(a) 발신자의 아버지는 돌아가시며 론다에게 무언가 귀중한 것을 남겼다.
(b) 발신자는 친구를 때리고 그녀가 고통받는 것을 지켜봤고 이제 그녀를 용서한다.
(c) 발신자는 오랜 친구로부터 멀리 다른 곳으로 가 버렸다.
(d) 이것은 발신자가 친구에게 보내는 협박 편지이다.

론다가 발신자의 아버지로부터 유산을 받은 것을 알 수 있기 때문에 정답은 (a)이다.

beat oneself up 자책하다 **inheritance** 유산, 상속 **spite** 괴롭히다 **decent** 제대로 된, 품위 있는 **care about** ~에 마음을 쓰다, 관심을 갖다 **let bygones be bygones** 지난 일은 잊어버리기로 하다 **put ~ behind** (지난 일 따위를) 잊으려고 하다 **pass away** 사망하다, 돌아가시다

19

그랜드캐니언 열차를 타고 애리조나의 윌리엄스에서부터 여행을 하면, 믿기 힘들 만큼 다양한 경치를 발견할 것이다. 국립공원을 망라하는 그 지역은 해수면보다 평균 고도가 5,000피트 높은 애리조나 북부의 콜로라도 고원에 위치해 있다. 그랜드캐니언 자체는 약 7,000피트에 위치한다. 고원의 가장 높은 꼭대기는 12,600피트에 달한다. 방문객들은 이번 여행이 저지대의 건조한 사막에서부터 눈을 구경할 수 있는 높은 고도의 고원까지 방문하게 될 것이므로 옷을 겹겹이 껴입어야 할 것이다. 여름은 전형적인 우기이며 거의 매일 오후 비가 내릴 수 있다.

Q 그랜드캐니언 관광에 대한 설명으로 옳은 것은?
(a) 고도의 가장 높은 지점까지 여행을 한다.
(b) 여행 중 날씨 패턴은 극적으로 변할 수 있다.
(c) 이 기차는 애리조나와 콜로라도 주를 가로지른다.
(d) 산에서 캐니언까지 여정이 교대로 진행된다.

방문객들이 건조한 사막의 저지대에서부터 눈을 볼 수 있는 높은 고도의 고원까지 방문할 것이라 했으므로 (b)가 정답이 된다.

encompass 아우르다, 포함하다　**plateau** 고원　**elevation** 고도　**dress in layers** 옷을 겹겹이 입다　**low-lying** 저지대　**arid** 건조한　**high-attitude** 고도가 높은　**monsoon** 우기　**drastically** 과감하게　**alternate** 번갈아 나오다

20

저작권법의 의도는 예술과 과학의 진보를 돕는 데 있다. 그럼에도 불구하고 아이디어와 표현에는 차이가 있다. 아이디어 혹은 이론을 묘사하는 예술 작품은 표현으로서 저작권을 취득할 수 있을지 모르지만, 아이디어와 이론 그 자체는 저작권 취득이 불가능하다. 저작권법을 위반하지 않으면서 자신만의 말로 같은 아이디어를 표현할 수 있다. 일부 문맥에서 자료의 출처를 밝히지 못하면 표절이 될 수는 있지만, 저작권법은 그러한 인용을 요구하지 않는다. 영화의 경우에는 아이디어와 표현의 차이를 명확히 하기 어려우며, 종종 판단도 각각의 경우마다 달라진다.

Q 지문에 따르면 저작권법에 관해 옳은 것은?
(a) 모든 종류의 표절을 반대한다.
(b) 영화는 주로 표현으로서 저작권의 보호를 받는다.
(c) 같은 아이디어를 다른 말로 표현하는 것은 허가된다.
(d) 아이디어의 저작권은 각 경우별로 논의된다.

영화는 아이디어와 표현의 차이를 명확히 하기 어렵다고 하므로 (a)는 적절하지 않다. 저작권법을 위반하지 않으면서 자신만의 말로 같은 아이디어를 표현할 수 있다 했으므로 정답은 (c)이다.

copyright 저작권　**copyrightable** 저작권을 취득할 수 있는　**violate** (법을) 위반하다　**cite the source** 출처를 밝히다　**plagiarism** 표절　**citation** 인용(구)　**clear-cut** 명백한, 명확한

21

언어의 유창함의 정확한 정의는 다소 주관적인 견해일 수 있다. 일부 사람들은 때때로 틀리더라도 기본적 업무를 수행하기 위해 언어를 사용하면 유창하다고 생각한다. 다른 사람들은 어떠한 주제에 대해서든 길게 말할 수 있고 그 언어의 대중매체를 꽤 잘 이해하는 것으로 정의한다. 이러한 높은 수준은 기술적인 전문 용어 혹은 어려운 문법을 제외하고 문맥과 더 깊은 탐구를 통해 익숙하지 않은 뜻을 완전히 이해하는 것을 요구한다. 어떠한 언어가 모국어라 유창한 사람은 단어의 뜻과 복잡한 문법, 문화적 연관성, 심지어 사투리까지 완벽하게 이해할 것이다.

Q 지문에 따르면 언어 능력에 대해 옳은 것은?
(a) 유창함은 활자 매체와 영상 매체 모두에 완벽한 실력을 필요로 한다.
(b) 누군가 모든 문법 구조를 안다면 그 언어에 유창하다고 불린다.
(c) 주제에 대해 잘 이야기할 수 있는 것은 유창함의 표시로 여겨질 수 있다.
(d) 대부분의 문화적 연관성을 잡아내는 것이 유창함에 필요하다.

유창함의 정의는 주관적인 견해일 수 있고 어떤 사람들은 어떠한 주제에 대해서든 긴 내용을 바꿔 말하면 언어가 유창하다고 할 수 있다 했으므로 정답은 (c)가 된다.

fluency 유창함　**subjective** 주관적인　**call** 결정, 판결　**converse** 대화를 나누다　**at length** 길게, 상세히　**comprehend** 이해하다　**grasp** 완전히 이해하다　**context** 맥락, 문맥　**inquiry** 연구, 조사　**jargon** 전문 용어　**mother tongue** 모국어　**cultural reference** 문화적 연관성　**dialect** 방언, 사투리　**competency** 능숙함, 유능함　**reference** 참고, 참조

22

홈시어터 시스템 설치

홈시어터 설치가 더 쉬워졌습니다.
먼저, 상자의 내용물을 펼쳐놓고 앰프와 스피커 5개, 스피커용 전선, 케이블 접속단자 같은 필수 부속품이 모두 있는지 확인하십시오.
다음으로 여러분의 장식장에서 환기가 잘 되는 지점을 찾아 그곳에 앰프를 놓으십시오. 앰프를 가리는 물건이 없도록 해 주세요, 그렇지 않으면 과열될 수 있습니다.
앰프의 뒤쪽에 스피커용 콘센트가 있습니다. 각 스피커의 전선은 색상별로 구분되어 있습니다.
실내에서 최적의 음향을 낼 수 있을 만한 자리에 스피커들을 놓아 두십시오.
마지막으로 비디오와 오디오 케이블을 TV 뒤쪽에 연결하십시오. 이 케이블들도 색상별로 구분되어 있습니다.

Q 앰프에 관해 가장 명심해야 할 것은?
(a) 항상 깨끗하게 보관해야 한다.
(b) 다른 것보다 먼저 설치되어야 한다.
(c) 바람을 쐴 수 있는 탁 트인 공간이 필요하다.
(d) 오디오 시스템의 중앙에 두어야 한다.

앰프에 대한 유의사항을 묻고 있다. 환기가 잘 되는 곳에 앰프를 넣으라고 했으며, 과열될 수 있으므로 앰프를 가리는 물건이 없도록 해 달라고 하므로 (c)가 적절하다.

hook up 설치하다　**lay out** 펼쳐놓다　**amplifier** 앰프　**well-ventilated** 통풍이 잘 되는　**overheat** 과열되다　**color-coded** 색상별로 구분되는

23

스포츠 뉴스

미시간 인터내셔널 스피드웨이에서 일요일에는 1등, 토요일에는 2등으로 마무리한 조시 손톤과 그의 팀원들은 전국 시리즈의 네 번째 우승을 위해 준비하고 있다. 그의 손톤 엔진을 이용한 드라이버들이 지난 7개 토너먼트에서 4차례 우승한 것을 감안하면 크게 놀랄 일은 아니었다. 참관인들이 언급하는 대로, 그런 기술적 격차를 좁히는 데는 시간이 좀 걸릴 것이다. 경쟁자들은 내년에 약 12차례의 레이스에 나서서 자신들의 기계를 임시변통으로 수리할 것이다. 그리고 시리즈의 새로운 예선 형식은 더 놀라운 승리들을 의미하게 될 것이다.

Q 지문으로부터 추론할 수 있는 것은?
(a) 손톤은 그의 운전 실력 덕분에 대부분 우승했다.
(b) 손톤 엔진은 현재 어떤 경쟁자보다 더 강력하다.
(c) 손톤의 엔진은 향후에 점차 줄어들게 될 것이다.
(d) 경쟁 팀들은 곧 손톤 엔진을 채택할 것이다.

손톤 엔진으로 7개 대회 중 4차례 우승하고 기술적 격차를 줄이려면 시간이 걸린다고 했으므로 정답으로 가장 적절한 것은 (b)이다.

crew 승무원, 팀원 **gear up for** ~을 위해 준비하다 **championship** 우승 **nationwide** 전국적인 **given that** ~을 감안하면, 고려하면 **tournament** 토너먼트 **observer** 관찰자, 참관인 **close a gap** 격차를 좁히다 **competitor** 경쟁자 **tinker with** ~을 어설프게 고치다 **elimination** (스포츠) 예선 **phase out** ~을 단계적으로 폐지하다, 점차 줄어들다 **adopt** 취하다, 채택하다

24

일부에서는 이를 자연 결핍이라고 부르는데, 아이들이 자연에 노출되는 것이 부족하면 비만과 우울증, 주의력 부족 문제들을 야기하는 것으로 보인다. 징애라고까지 부르며, 그 원인들에는 전자 매체 형식의 오락들에 대한 유혹이 포함되어 있다. 이차적인 기여 요인은 흔히 범죄에 관한 언론 뉴스 보도들로 부채질되는, 아이들의 안전에 대한 부모의 우려이다. 이 조건의 하나의 가능한 결과는 어릴 때 밝은 빛에 충분히 노출되지 않은 아이들은 근시 위험이 높아진다는 것이다.

Q 지문에서 추론할 수 있는 것은?
(a) 인터넷에 친숙한 세대는 환경 보호 주의에 흥미를 잃어가고 있다.
(b) 부모들은 자녀 양육에 있어서 점점 더 미디어에 정통해지고 있다.
(c) 햇빛은 적절한 시력 발달에 기여한다.
(d) 대부분의 심리학자들은 자연 결핍을 적법한 임상적 장애라고 주장하지 않는다.

아이들이 자연에 노출되는 것이 부족하면 비만, 우울증, 주의력 결핍이 생기고, 밝은 빛에 충분히 노출되지 않으면 근시 위험이 높아진다는 주장으로 볼 때, 추론할 수 있는 내용으로 옳은 것은 (c)이다.

nature-deficit 자연 결핍 **exposure** 노출 **obesity** 비만 **depression** 우울증 **attention** 집중력 **shortage** 부족 **disorder** 장애 **temptation** 유혹 **electronic media** 전자 매체 **entertainment** 오락, 유흥 **secondary** 이차적인 **contributing factor** 기여 요인 **fuel** 부채질하다 **consequence** 결과 **myopia** 근시 **at an early age** 어릴 때 **wired** 유선의, 컴퓨터 시스템에 연결된 **taste** 기호, 흥미 **environmentalism** 환경 보호주의 **savvy** 정통한, 지식이 있는 **rearing** 양육 **proper** 적절한 **eyesight** 시력 **psychologist** 심리학자 **legitimate** 정당한, 적법한 **clinical** 임상적인, 임상의

25

해밀턴 타임스
과학 > 자연

오랫동안 존재해 왔던 것으로 짐작되는 넓은 구역의 마그마가 북아메리카 판 아래 깊은 곳에서 발견되었다. 상부 맨틀이 하부 맨틀로 이행되는 지면에서 600킬로미터가 넘는 아래의 깊이에서는 수분이 바위 자체와 융합될 것으로 생각된다. 마그마는 애초에 물이 있기 때문에 존재한다고 알려져 있다. 이 높이에서 맨틀 암석의 단 1퍼센트가 실제로 물이라면, 그것은 대양을 모두 합친 것보다 3배 더 많은 양에 해당할 것으로 추정된다.

Q 지문에서 새로이 발견된 마그마에 관해 암시하는 것은?
(a) 그것은 분출되고 세계의 대양에 대참사를 야기할 수 있다.
(b) 식수로 이용될 수 있는 다량의 액체 수분을 보유하고 있다.
(c) 세계의 대양으로부터 유실된 물에 의해 야기되었다.
(d) 과학자들이 입증하고자 시도해 왔던 이론의 증거이다.

오랫동안 존재할 것으로 짐작되어 온 마그마가 발견되었다는 첫 번째 문장으로 볼 때 새로이 발견된 마그마에 관해 암시하는 내용으로 옳은 것은 (d)이다.

suspect 의심하다, 짐작하다 **depth** 깊이 **upper mantle** 상부 맨틀 **transition** 이행, 전이 **lower mantle** 하부 맨틀 **fuse with** ~와 융합하다 **primarily** 애초에, 본래 **presence** 있음, 존재함 **estimate** 추정하다, 추산하다 **mantle rock** 맨틀 암석 **represent** 나타내다 **erupt** 분출하다 **catastrophe** 재앙, 대참사 **liquid** 액체; 액체 형태의 **attempt** 시도하다

Part IV

26~27

건설 관리자 구인

센텀 건설사는 집을 건설하기 위해 망치와 못이 필요할 뿐만 아니라 이상적인 집을 만들기 위해 열정, 진실성 그리고 헌신이 필요하다는 것을 저희 모두 알고 있습니다. 부지를 선정하고, 건축물을 디자인하며, 모든 의무적인 조건들을 집에 통합시키는 것을 포함하여 우리가 항상 하고 있는 모든 것은 소중한 고객들에 대한 저희의 존경심을 반영합니다.

저희의 의무는 혁신적인 주택을 건설함으로써 번성하고 지속적인 지역을 만드는 것입니다. 따라서, 저희는 센텀 건설사의 필수 구성원으로서 건설 관리자를 찾고 있습니다. 고용된 직원은 건물 품질 기준과 연방 및 주 건축법에 따라서 주택 건설 과정의 모든 면을 이끌게 될 것입니다.

직무
- 지정된 지역에서의 건설 활동 관리 감독
- 정확한 디자인 계획, 품질 관리, 조사 수행, 그리고 일정 준수
- 건설 현장 장비 및 재료 관리

자격 요건
- 건설 현장에서 3년 이상의 경력
- 연방 및 지역 건축법과 실제에 대한 지식
- 유능한 의사소통 및 조직 능력
- 건축 분야 학사 학위 소지자 우대

Q26 지문에 따르면 옳은 것은 무엇인가?
(a) 주택 건설에 대한 지식은 광고된 직위에 가장 중요하다.
(b) 주택을 건설하는 전통적인 방법들이 그 회사에서 선호된다.
(c) 고용된 직원은 모든 주택 건설 과정을 관리할 것이다.
(d) 건설 장비의 관리는 직무에 포함되어 있지 않다.

Q27 이 직업의 자격요건으로 언급된 것은 무엇인가?
(a) 건설 관리자로서 3년의 경력
(b) 건축 관련 법규에 대한 지식
(c) 통신 장치에 대한 지식
(d) 건설 또는 토목 공학에서의 학위

Q26. 주택 건설 현장에서의 관리자를 구인하는 광고이다. 두 번째 단락 마지막 문장에서 고용된 직원은 주택 건설의 모든 과정을 이끈다고 했다. 따라서 정답은 (c)이다.

Q27. 광고된 직업의 자격 요건 가운데, "Knowledge of federal and local building codes and practices"라는 문장을 통해, 건축 관련 법규에 대한 지식이 자격 요건 중의 하나라는 것을 알 수 있다. 따라서 정답은 (b)이다.

construction 건설 **passion** 열정 **integrity** 정직, 청렴 **commitment** 헌신 **architecture** 건축, 건축술 **integrate** 통합하다, 합치다 **mandatory** 의무적인 **veneration** 존경 **flourishing** 무성한, 번영하는 **enduring** 지속적인 **innovative** 혁신적인 **integral** 필수적인, 완전한 **in accordance with** ~에 따라서 **oversee** 관리 감독하다 **accurate** 정확한 **conduct** 수행하다 **inspection** 조사 **adherence** 고수 **concerning** ~와 관련한

28~29

발신자: 데이비스 윌리엄스
수신자: 팀 구성원들

팀으로서 일하면서 지난 분기의 목표를 달성한 것에 대해 모두에게 감사를 드리고 싶습니다. 여러분의 공헌과 헌신이 없었더라면, 우리 목표는 달성할 수 없었을 것입니다. 내년 업무 계획을 논의하고 각 팀의 구성원의 역할을 배정하기 위하여, 경영진에서는 12월 21일 금요일, 오전 10시에 회의실에서 모임을 가질 예정입니다. 각 팀의 팀장들은 지난 분기의 업적과 내년도 계획을 다루는 10분~15분의 프레젠테이션을 해야 합니다. 가능한한 빨리 이메일 수령에 대해 알려주세요.

발신자: 프레데릭 핸더슨
수신자: 데이비스 윌리엄스

미리 공지를 보내주셔서 고맙습니다. 불행하게도, 당신이 지정한 시간에 저는 참석할 수 없을 것 같습니다. 저는 그날 외국에서 온 바이어를 만날 예정입니다. 그 고객에게 매우 중요한 일이 발생한 것 같으며, 저는 그의 문제를 해결해 주어야 합니다. 촉박하게 알려드려 죄송하지만, 답장을 할 시간이 없었어요. 당신이 제 상황을 고려해 주셨으면 좋겠습니다. 그리고 모임의 안건과 관련하여 어떤 변화라도 있다면 알려주시기 바랍니다.

Q28 데이비스 윌리엄스는 왜 이메일을 썼는가?
(a) 직원들에게 회사의 청사진(계획)을 위한 회의에 참석하도록 요청하기 위하여
(b) 모든 팀 구성원들을 다른 부서에 완전히 재배정하기 위하여
(c) 매출 증가에 기여한 것에 대하여 깊은 감사를 표현하기 위하여
(d) 팀장들에게 짧은 프레젠테이션을 준비하도록 요청하기 위하여

Q29 이메일에 따르면 옳은 것은 무엇인가?
(a) 각 팀원들은 내년에 동일한 역할을 맡게 될 것이다.
(b) 팀장들은 프레젠테이션을 할 직원들을 지명해야 한다.
(c) 헨더슨 씨는 개인적인 사유로 직원 모임에 늦을지도 모른다.
(d) 헨더슨 씨는 초대에 답장할 시간이 많지 않았다.

Q28. 전체 직원 회의에 참석할 것을 요청하는 메일이며, 특히 "discuss next year's work plan and assign each team member's role"이라는 문장을 통해 회사의 내년도 청사진을 논의하기 위한 요청이므로, 정답은 (a)이다.

Q29. 프레데릭 핸더슨의 답장 내용 중에서 "I'm sorry for the short notice, but I couldn't make time to reply"라는 문장을 통해 시간이 없어서 급하게 답장을 할 수 밖에 없었다는 것을 알 수 있으며, 이를 통해 그가 초대에 대해 답장할 시간이 많지 않았다는 것을 알 수 있다. 따라서 정답은 (d)이다.

gratitude 감사   **assign** 배정하다   **executive** 경영진
designate 배정하다   **agenda** 안건   **blueprint** 청사진, 계획
realign 재편성하다

adventurer 모험가   **nobleman** 귀족   **expedition** 원정, 탐험
reign 통치, 통치하다   **label** 표를 붙이다, ~라고 이름을 붙이다
raid 급습, 습격   **possession** 점령국   **booty** 전리품, 노획물
abortive 성공하지 못한, 실패한   **legendary** 전설적인
successor 계승자   **execution** 사형   **commute** 감형하다
expedition 탐험   **invade** 침범하다, 침입하다   **pillage** 약탈하다, 강탈하다   **territory** 영토   **faithful** 충실한, 충직한   **persecution** 박해   **extort** 빼앗다, 강탈하다   **harshly** 심하게   **persecute** 박해하다   **frustrate** 좌절시키다

30~31

영국의 탐험가, 작가 그리고 귀족이었던, 월터 롤리 경은 엘리자베스 여왕의 치세 기간 동안 아메리카대륙으로 몇몇 주요한 탐험을 조직했다. 1587년, 그는 노스캐롤라이나부터 플로리다까지 탐험을 했으며, 그 지역을 엘리자베스 여왕, 즉 '처녀 여왕'을 기념하여 버지니아라고 불렀다. 스페인 무적함대에 대한 승리에 기여하고, 스페인 점령국에 대한 몇 번의 공격을 성공적으로 달성한 이후에, 그는 많은 전리품들을 가지고 돌아왔다. 몇 년 뒤에, 그는 전설적인 황금의 땅 엘도라도를 찾아서 기아나로 탐험을 떠났으나 성공하지 못했으며, 단지 감자와 담배를 영국에 소개했을 뿐이었다.

1603년 엘리자베스 여왕의 사망 이후에, 롤리는 그녀의 후계자였던 제임스 1세의 적으로 고발당했으며, 사형을 선고받았다. 그러나 그 사형 집행은 감형되었으며, 그는 황금을 찾기 위하여 다시 신대륙으로의 탐험을 이끌게 되었다. 그는 남미의 스페인 점령국을 침입하여 약탈했으나, 전리품 없이 영국에 돌아왔고, 다시 체포되어 사형을 선고받았다. 마침내 그는 웨스트민스터에서 사형을 당했다. 그는 엘리자베스 시대의 가장 뛰어난 탐험가들 중의 한 명으로 알려져 왔으며, 2012년 BBC 여론조사에서 100명의 가장 훌륭한 영국인들 중의 한 명으로 선정되었다.

Q30 지문에 따르면 옳은 것은 무엇인가?
(a) 그는 정치적 박해에도 불구하고 끝까지 엘리자베스 여왕에게 충성을 다했다.
(b) 그는 신대륙에 대한 탐험에 기여했음에도 불구하고 정치적 실패를 경험했다.
(c) 그는 신대륙에 대한 가장 유명한 영국 탐험가였다.
(d) 그는 스페인 영토와 점령국을 강탈하는 데 큰 기여를 했다.

Q31 지문에서 주론할 수 있는 것은?
(a) 월터 롤리는 정치적 이유로 엘리자베스 여왕에게 심한 박해를 받았다.
(b) 스페인 영토를 정복하려는 영국의 노력은 스페인의 무적함대 때문에 좌절되었다.
(c) 월터 롤리는 항상 그의 탐험대를 성공적으로 이끌었다.
(d) 월터 롤리의 신대륙으로의 탐험 중 일부는 성공적이지 못했다.

32~33

의학 분야에 나노 기술을 적용하는 것은 건강관리 분야에서 수많은 전도유망한 가능성을 야기할 수 있다. 제약산업에서 약학적으로 최적의 화합물도 개발을 위한 적절한 대상은 되지 못한다. 항상 어느 정도의 품질 저하는 있어 왔으며, 그것은 불가피하게 이상적이지 않은 약물의 생산으로 이어질 수 있다. 그러나 나노 기술의 최근 발달은 점차적으로 전통적인 약물과 관련된 일부 결함을 해결하는 것을 가능하게 하고 있다. 나노 규모의 전달 체계는 최상으로 안전하고 효과적인 약물의 발견을 이끌 수 있다.

나노 기술의 연구자들은 나노 기술이 약물을 발견하는 방식을 혁신적으로 바꿀 수 있으며, 제약산업의 상황을 바꿀 수 있다고 말한다. 몇몇 나노 기술에 근거한 치료 제품들이 이전에 개발되어 승인된 약물을 개선함으로써 인가를 받아 왔다. 특히 약물의 발견은 나도 기술의 혜택을 받은 수많은 의료 분야 중의 하나이다. 나노 기술의 현재의 응용은 약물 전달 뿐만 아니라, 체외 진단, 생체 내 영상, 치료 기술, 그리고 조직 공학을 포함한다.

Q32 나노 기술에 대한 작가의 논점은 무엇인가?
(a) 결함이 없는 약물의 생산을 성공적으로 이끌었다.
(b) 대안적인 약초 치료의 개발을 혁명적으로 바꾸어 놓았다.
(c) 유감스럽게도 이전에 개발되어 승인된 약물에는 영향을 끼치지 못한다.
(d) 의료 산업에서 현재의 한계를 개선할 것으로 예상된다.

Q33 지문에서 추론할 수 있는 것은?
(a) 전통적인 약물을 발견하고 전달하는 데 몇 가지 결함은 여전히 존재한다.
(b) 나노 기술은 어떠한 부작용도 없는 약물을 발견하는 데 실패했다.
(c) 축적된 의학 지식은 나노 기술과는 상반된 것이다.
(d) 나노 기술을 이해하는 데 있어 많은 부족한 점이 있다.

Q30. 영국의 정치가이자 탐험가였던 롤리에 대해 설명하는 지문이며, 신대륙에 대한 탐험과 정복을 통해 성과를 거두었으나, 사형을 당했다는 것을 통해 정치적 실패를 겪었다는 것을 알 수 있다. 따라서 정답은 (b)이다.

Q31. 여러 번의 탐험 중 모든 탐험이 성공한 것은 아니었는데, 기아나 탐험은 실패했으며, 또한 남미의 스페인 점령국에 대한 침략에서도 전리품이 없었다는 것을 통해, 그의 신대륙으로의 탐험 중 일부는 성공적이지 못했다는 것을 알 수 있다. 따라서 정답은 (d)이다.

Q32. 지문은 전반적으로 나노 기술 발달로 현재 제약품의 한계점이 보완될 뿐만 아니라 다른 의료 기술도 혜택을 입을 수 있다고 했으므로 이를 가장 잘 요약한 보기는 (d)이다.

Q33. 나노 기술의 발달이 필요한 이유로 전통적인 약물 발견과 개발의 한계성 때문임을 말하고 있으며, "even pharmaceutically optimal compounds may often become less suitable objects for development"와 "There has always been a degree of compromise"라는 구문을 통해 전통적인 약물에는 결함이 존재하고 있다는 것을 알 수 있다. 따라서 정답은 (a)이다.

nanotechnology 나노 기술 **numerous** 수많은 **pharmaceutical** 제약의 **optimal** 최적인 **compound** 혼합물 **suitable** 적절한 **compromise** 손상 **inevitably** 불가피하게 **tackle** 착수하다 **shortcoming** 결함, 결점 **revolutionize** 혁명을 일으키다 **therapeutic** 치료의 **validate** 입증하다, 확증하다 **in vitro diagnostics** 체외 진단 **in vivo imaging** 생체 내 영상 **impeccable** 결점없는 **herbal therapy** 약초 치료 **ameliorate** 개선하다 **drawback** 결함, 결점 **accumulate** 축적하다, 모으다

34~35

자유무역협정: 장단점

잭 베이커

전 세계의 대부분의 국가들은 다른 나라들과 자유무역협정을 체결해 왔으며, 그것은 수입품과 수출품에 부과된 관세 및 세금을 감소시켜 준다. 국가들 사이의 국제자유무역 협정은 몇 가지 장점을 가지고 있다. 각각의 정부는 그 조약들이 각 나라의 경제 성장을 1년에 0.7%씩 증가시키는 것으로 추정한다. 비록 그 협정 이전에 각 회사는 정부에 의해 보호를 받았지만, 그 보호막을 제거하는 것은 각 회사가 진정한 국제적인 경쟁자들이 되도록 동기를 부여한다. 지역 산업 부분에 제공되어 온 수많은 보조금들은 그 협정 이후에 더 잘 이용될 수 있다. 또한, 외국 투자자들이 지역 산업을 확장하고 국내 기업들을 신장시키는 자본금을 추가할 것이다.

그러나 자유무역협정은 몇 가지 이유 때문에 상당한 비판을 받아왔다. 무엇보다도, 수입품에 대한 관세를 줄이는 것은 회사들이 그들의 사업을 다른 나라로 확장하도록 하며, 주요한 산업 부문을 외주화하도록 하고 있다. 개발도상국들은 다른 나라의 특허와 발명품을 보호할 수 있는 법을 가지고 있지 않으며, 그래서 지적재산권의 절도가 빈번하게 발생한다. 또한 수많은 다국적 기업들은 일반적으로 개발도상국에 일을 외주화하지만, 그들의 열악한 노동 환경들은 적절한 노동 보호를 제공하지 못한다. 마지막으로, 개발도상국들은 적절한 환경 보호책을 가지고 있지 않으며, 그것은 자연자원의 고갈로 이어진다.

Q34 기사에 따르면 옳은 것은 무엇인가?
(a) 국가 사이의 자유무역협정은 각 나라의 경제적 전망에 영향을 끼치지 않는다.
(b) 많은 회사들은 자유무역협정에 서명하기 전에 정부로부터 보호를 받았다.
(c) 무역에서의 세금 감소는 더 많은 회사들이 국내 시장으로 돌아오도록 촉구한다.
(d) 직업을 외주화하는 것은 노동 환경을 개선하는 데 기여해 왔다.

Q35 글쓴이가 동의할 것 같은 말은 무엇인가?
(a) 정부는 기업들 사이의 경쟁을 유발하기를 원하지 않는다.
(b) 한 국가의 경제적 성장은 정부의 경제 정책과는 관계가 없다.
(c) 많은 회사들은 수출품과 수입품에 대한 관세를 제거하는 것을 선호할지도 모른다.
(d) 개발도상국이 자유무역협정으로부터 받는 혜택은 거의 없다.

Q34. 자유무역협정의 긍정적인 점과 부정적인 점에 대한 내용이며, "prior to the agreements each business was protected by the government"라는 문장을 통해, 자유무역협정이 서명되기 전에 많은 회사들이 각 정부의 보호를 받아왔다는 것을 알 수 있다. 따라서 정답은 (b)이다.

Q35. 자유무역협정의 결과를 설명하는 과정에서, 자본의 유입, 해외로의 사업 확장, 외주화 등의 장점이 제시되어 있으므로, 많은 회사들은 관세를 제거하는 것을 선호할지도 모른다는 것을 추론할 수 있다. 따라서 정답은 (c)이다.

free trade agreement 자유무역협정 **pros and cons** 장단점 **lessen** 줄이다 **tariff** 관세 **tax** 세금 **duty** 관세 **treaty** 조약 **authentic** 진짜의 **competitor** 경쟁자 **subsidy** 보조금 **segment** 부분 **put to use** 이용하다 **flock** 모이다 **boost** 증가시키다 **domestic** 국내의 **outsource** 외주화하다 **a throng of** 수많은 **depletion** 감소, 고갈 **prospect** 전망 **incite** 격려하다, 자극하다 **eliminate** 제거하다

ACTUAL TEST 4

P 158

PART I

1 (c) 2 (d) 3 (d) 4 (a) 5 (d) 6 (b)
7 (d) 8 (d) 9 (a) 10 (c)

PART II

11 (c) 12 (c)

PART III

13 (b) 14 (a) 15 (a) 16 (a) 17 (c) 18 (b)
19 (d) 20 (b) 21 (b) 22 (b) 23 (b) 24 (b)
25 (a)

PART IV

26 (d) 27 (c) 28 (a) 29 (c) 30 (d) 31 (b)
32 (d) 33 (c) 34 (b) 35 (d)

Part I

1

블루베리는 이제 **기억력의 수호신이라 불린다**. 연구자들은 기억력 쇠퇴를 경험하고 있던 70대의 성인 9명에게 매일 블루베리 주스 두 컵 반 정도를 12주 동안 마시도록 했다. 같은 기간 동안 비슷한 노인 그룹은 나민 플라시보를 받았을 뿐이다. 연구 결과에 의하면 제어 그룹과 비교하여 블루베리 주스를 마신 노인들이 학습과 기억력 시험에서 상당한 향상을 보여줬다.

(a) 뇌졸중을 경험한 노인들에게 중요하다
(b) 다른 종류의 베리류보다 더 낫다
(c) 기억력의 수호신이라 불린다
(d) 당신에게 최고의 맛을 제공한다

한 실험에서 블루베리를 일정 기간 섭취한 노인 그룹과 그렇지 않은 노인 그룹을 비교한 결과, 블루베리가 기억력 향상에 도움이 된다는 것이 밝혀졌다는 것이 지문의 주요 내용이므로 빈칸에는 (c)가 적절하다.

lapse 착오, 깜박함 **comparable** 비슷한 **placebo** 플라시보, 위약 **concurrent** 동시 발생하는 **imbibe** 마시다, 흡수하다 **significant** 중요한, 상당한 **improvement** 향상 **stroke** 뇌졸중 **bastion** 수호신

2

수사법의 기본인 논리는 문화에서 시작된다. 논리는 보편적이지 않다. 따라서 수사법도 보편적이지 않으며 문화마다 다르다. 앵글로 유럽 문화 패턴에 기반하고 있는 영어의 논리와 수사법은 단계적이다. 다시 말해서 훌륭한 영어 문단은 내용에 대한 일반적인 진술로 시작하여 일련의 특정 예를 통하여 그 진술을 발전시킨다. 또한 훌륭한 영어 문단은 그것과 정반대의 순서를 따르기도 한다. 즉, 이는 **일련의 예를 보여 준 뒤에 한 문장으로 요약하기도 한다**.

(a) 일반적인 진술 뒤에 일련의 예를 보여 준다
(b) 단락의 모든 견해를 요약한 것이다
(c) 곧바로 첫 번째 문장에서 마지막 문장으로 이어진다
(d) 일련의 예를 보여 준 뒤에 한 문장으로 요약하기도 한다

훌륭한 영어 문단에서는 일반적 진술 뒤에 예를 보여 준다고 했지만 그 반대도 가능하다고 했기 때문에 빈칸에는 그 반대에 해당하는 일련의 예 뒤에 요약이 따라오는 (d)가 적절하다.

logic 논리 **rhetoric** 수사법 **universal** 보편적인 **linear** 단계적인 **illustration** 삽화, 도해 **reverse** 반대의 **sequence** 순서, 차례

3

이미 19세기에 과학자들은 공기에서보다 물속에서 **소리가 다르게 전파한다는 것을 알았다**. 원래 어부와 해군의 지식을 토대로 초기 연구자들은 울림을 이용해 소리가 물속에서 나아간 거리를 측정하는 기기를 발명했다. 처음에는 군사적 목적으로 사용된 이 기기는 물의 염도와 온도, 압력의 변화가 소리가 나아가는 거리에 중요한 영향을 미친다는 좀 더 심층적인 발견을 하는 데 도움을 주었다.

(a) 온도가 더 빨리 떨어지는 것을 발견했다
(b) 압력이 더 빠르게 쌓이는 것을 증명했다
(c) 울림이 더 많이 반사된다는 것을 알아 냈다
(d) 소리가 다르게 전파한다는 것을 알았다

과학자들이 장치를 이용하여 소리가 물속에서 어떻게 전파되고 물의 염도나 수온, 수압의 변화에 따라 소리의 전파 거리가 달라진다는 것을 알아냈다고 이야기하고 있으므로 빈칸에 적절한 표현은 (d)이다.

build on ~을 토대로 하다 **naval** 해군의 **measure** 측정하다 **distance** 거리 **echo** 울림, 메아리 **variance** 변화, 변동 **salinity** 염도 **significantly** 상당히, 중요하게 **influence** 영향을 미치다 **reflect** 반사하다 **propagate** 전파하다

4

지역 뉴스

애리조나의 입법자들이 최근 주의 어린이 보호 기관에 1,000명의 새로운 사회복지사 고용을 승인했다. 이는 아동 학대에 관한 6,000건 이상의 보도들이 간과되어 왔다는 뉴스에 따른 것이다. 추가된 사회복지사들로 기관이 보다 즉각적으로 대처하도록 할 수 있겠지만, 동일한 이 입법자들은 부모 교육 프로그램과 저소득 부모들을 위한 보육 할인을 위한 기금도 줄였다. 문제를 더 깊은 수준에서 다루지 않는 한, 새로운 조치는 <u>의도했던 결과가 나타날 것 같지 않다.</u>

(a) 의도했던 결과가 나타날 것 같지 않다
(b) 여전히 아동 학대 문제를 줄인다
(c) 문제에 대한 더 큰 인식을 야기한다
(d) 어려움에 처한 아이들이 안전한 가정을 찾도록 돕는다

입법자들이 새로운 사회복지사들의 수를 늘리면서, 부모 교육 프로그램과 저소득 부모들을 위한 보육 할인 기금은 줄였다는 사실을 바탕으로, 이런 새로운 조치로 인해 예측되는 상황인 빈칸에 들어갈 내용으로 가장 적절한 것은 (a)이다.

lawmaker 입법자 **authorize** 인가하다, 허가하다 **hiring** 고용 **caseworker** 사회복지사 **protection agency** 보호 기관 **child abuse** 아동 학대 **additional** 추가적인, 추가된 **responsive** 즉각 대응하는 **rebate** 할인, 리베이트 **low-income** 저소득의 **address** (문제 등을) 다루다, 처리하다 **measure** 조치 **intended** 의도된 **impact** 충격, 영향 **awareness** 자각, 인식

5

1920년부터 1930년 무렵까지 모든 예술 분야에서 아프리카계 미국인, 즉 흑인들은 전례가 없는 왕성한 창작 활동을 벌였다. 할렘 르네상스로 알려진 이러한 현상은 인종차별에 대항하는 단순한 문학 운동이나 사회적 봉기 이상의 것이었다. 할렘 르네상스는 흑인 특유의 문화를 고양시켰으며 그들의 표현 양식을 완전히 바꿔놓았다. 흑인들의 북쪽 도시 이주, 급진적인 흑인 지식인들의 부상이 1920년대 실험 정신이 강했던 미국 사회 전반의 풍조와 결합하여 <u>이러한 전례 없는 흑인 예술가들의 성공에</u> 기여했다.

(a) 이러한 인종차별에 대항하는 흑인들의 운동에
(b) 이러한 흑인들의 시민권 운동의 급격한 증가에
(c) 이러한 르네상스 지식인들의 독특한 재정립에
(d) 이러한 전례 없는 흑인 예술가들의 성공에

빈칸 앞까지 내용에서 모든 예술 분야에서 흑인들이 10년간 할렘 르네상스로 알려진 창작 활동을 통해 특유의 문화를 발전시키면서 그들의 표현 양식까지 바꿔 놓는 변화가 있었다고 설명했으므로 (d)가 문맥상 가장 적절하다.

unprecedented 전례 없는 **outburst** 폭발, 분출 **occur** 발생하다 **literary** 문학의 **revolt** 반란, 봉기 **racism** 인종차별주의 **exalt** 고양시키다 **redefine** 완전히 바꾸다 **migration** 이동, 이주 **radical** 급진적인 **intellectual** 지적인; 지식인 **combine** 결합하다 **as a whole** 전체적으로 **contribute** 기여하다

6

학교 교과서들은 과학과 종교 간의 전쟁에 있어 가장 최근의 전쟁터로, 텍사스가 그 논쟁의 중심에 있다. 그곳에 많은 교육 관계자들은 성경의 창조론은 교과서에 게재되어야 하는 반면, 과학적으로 입증되지 않은 주장으로 바탕으로 한, 기후 변화는 제외되어야 한다고 믿고 있다. 텍사스는 다른 어느 주보다 많은 교과서를 구입하기 때문에 출판사들은 텍사스에서 선정된 책들을 전국 학군에 판매한다. 이는 <u>나라의 한 지역이 전국적으로 교육에 영향을 미칠</u> 수 있음을 의미한다.

(a) 어린이들은 대립되는 이론들을 배울 기회를 갖게 될
(b) 나라의 한 지역이 전국적으로 교육에 영향을 미칠
(c) 학교들은 수업 일의 일부로 예배를 포함시킬
(d) 교사들은 자신들이 믿는 이론들을 마음껏 가르치게 될

텍사스가 다른 어느 주보다 많은 교과서를 구입하기 때문에, 출판사들이 텍사스가 선정한 교과서를 전국 학군에 판매한다고 했다. 따라서 빈칸에 들어갈 내용으로 가장 적절한 것은 (b)이다.

textbook 교과서 **battleground** 전쟁터 **religion** 종교 **debate** 논의, 논쟁 **education official** 교육 관계자 **theory of creation** 창조론 **climate change** 기후 변화 **exclude** 제외하다, 배제하다 **claim** 주장 **scientifically** 과학적으로 **proven** 입증된, 증명된 **publisher** 출판사 **selected** 선정된 **school district** 학군 **across the country** 전국의 **competing** 대립되는 **nationally** 전국적으로 **church service** 예배 **be free to** 마음껏 ~하다

7

북 리뷰

콜의 최근 소설에서 인물 전개 방식은 비교가 불가능할 정도이다. 모든 인물들에 대한 감수성이 뛰어나지만 특히 주인공과 그 경쟁자에 대한 감수성은 우리를 <u>인간 내면의 성소를 향해 떠나는 심리학적인 여행으로</u> 이끈다. 콜은 우리가 주인공 폴라와 공감하면서도 그녀도 많은 문제가 있다는 것을 느끼게 한다. 또한 우리는 속임수에 능통한 그녀의 이복동생 캐시디를 싫어하면서도 동시에 그녀를 동정하기도 한다. 그녀는 분명 폴라가 결코 마주칠 필요가 없었던 내부의 악마와 싸워야 했기 때문이다.

(a) 아무도 가보지 않았던 세계로
(b) 기이하면서도 매우 매력적인 두 인물의 삶으로
(c) 동일한 정체성을 가지고 서로 다른 삶을 사는 곳으로
(d) 인간 내면의 성소를 향해 떠나는 심리학적인 여행으로

주인공과 경쟁자를 단면적으로 그리지 않고 복합적으로 그리고 있다는 설명으로 보아 빈칸에는 (d)가 들어가야 한다. 캐시디가 싸워야 했던 inner demon이란 말에서도 힌트를 얻을 수 있다. (a)나 (b)는 이러한 다면적인 인간의 성격을 보여 주지 못하고, (c)는 서로 다른 인물의 예를 들고 있기 때문에 one identity라고 할 수 없다.

protagonist 주역 **antagonist** 경쟁자, 맞대자 **loathe** 싫어하다 **manipulative** 교묘하게 다루는, 속임수의 **inner** 내부의 **demon** 악령, 악마 **untrodden** 미답의, 사람이 발을 들여놓은 적이 없는 **identity** 신분, 정체 **psychological** 심리학적인 **inner-sanctum** 내실(內室)

8

> 한 번에 너무 많은 일을 하려고 애쓰는 것은 **성공보다는 더 큰 슬픔으로 이어진다**. 우리는 너무나 바쁘게 살아가기 때문에, 한 번에 여러 가지 일들을 해야 하고, 그렇지 않으면 아무것도 하지 못할 것이라고 생각한다. 하지만 이는 우리가 어느 하나의 경험에 온전히 집중하지 못하도록 해, 괴롭고 불만스러운 감정을 불러일으킨다. 지금 이 순간을 인지하는 것이 "막 일어난 일이나 다음에 올 것을 걱정하는" 것보다 훨씬 큰 평화를 가져다준다고 말한 틱낫한 스님의 조언을 생각해 보라.
>
> (a) 직무들을 보다 빠르게 해내도록 우리를 돕는다
> (b) 한 사람의 기분에 별 영향을 주지 않는다
> (c) 과중한 업무량을 간신히 해내는 유일한 방법이다
> **(d) 성공보다는 더 큰 슬픔으로 이어진다**

한 번에 너무 많은 일을 하려고 하면, 하나의 일에 온전히 집중하지 못해 괴롭고 불만스러워진다는 문장으로 볼 때, 빈칸에 들어갈 내용으로 가장 적절한 것은 (d)이다.

at once 한번에, 동시에 **lead a life** 살아가다, 생활하다 **perform** 행하다, 수행하다 **fully** 완전히, 온전히 **single** 하나의 **distress** (정신적) 고통, 괴로움 **discontent** 불만 **present moment** 현재, 지금 순간 **mood** 기분 **workload** 업무량, 작업량

9

> 처음에는 고대 이집트의 통치자 투탕카멘 왕이 경쟁 상대에게 살해당했다고 생각되었다. 하지만 기술이 발달하면서 투탕카멘 왕의 유물들을 연구하는 고고학자들이 그 이론을 반박할 증거를 발견했다. 분석은 이 젊은 통치자의 다리가 부러졌고, DNA 테스트에서는 그가 말라리아에 걸렸다고 나타났다. **하지만**, 이 새로운 정보로도 그의 죽음의 원인이 무엇인지 알아내기는 힘들다. 일부에서는 말라리아 때문에 그가 넘어져서 다리가 부러지고 감염이 되었다고 생각한다. 다른 이들은 그가 독이 있는 짐승에게 치명적으로 물려 죽었다고 생각한다.
>
> **(a) 하지만**
> (b) 마찬가지로
> (c) 결과적으로
> (d) 그렇지 않다면

투탕카멘이 사망한 이유를 연구하면서, 다리가 부러지고 말라리아에 걸린 흔적이 발견되었음에도 불구하고 죽음의 정확한 원인을 알아내기 힘들다고 했으므로 빈칸에 가장 적절한 것은 (a)이다.

ruler 통치자 **be murdered** 살해되다 **archeologist** 고고학자 **remains** 유물, 유적 **refute** 반박하다, 논박하다 **analysis** 분석 **indicate** 드러나다 **malaria** 말라리아 **develop** (병 등이) 생기다 **infection** 감염 **lethal** 치명적인 **poisonous** 유독한, 독이 있는

10

> 대마는 종이, 연료, 기름, 직물, 음식 그리고 밧줄에 사용되는 섬유를 제공한다. 수천 년에 걸쳐 많은 문화들이 이 작물을 재배해 왔고 이전에 초기 탐험가들이 범선을 위한 밧줄과 케이블을 만드는 데 사용했다. 오늘날 밧줄과 케이블을 만드는 데 합성 섬유가 대마를 대체해 온 **반면** 대마 지지자들은 대마를 사용하면 나무를 사용하는 것보다 4배나 많은 양의 종이가 땅에서 생산될 수 있다고 주장하고 있다.
>
> (a) 이런 이유로
> (b) 사실은
> **(c) ~인데 반하여**
> (d) 요컨대

while은 접속사로 문장의 앞부분에 놓여 '~하는 동안'이라는 의미 외에 '~이긴 하지만, ~임에도 불구하고'라는 의미로도 쓰이며 while이 들어간 문장과 콤마 뒤의 문장은 서로 상반된 내용이 전개된다.

hemp 대마, 삼 **fiber** 섬유질 **cultivate** 재배하다 **synthetic** 합성의 **replace** 대체하다 **proponent** 지지자

Part II

11

> 고기 소비를 줄임으로써 기후에 도움이 될 수 있다는 걸 아셨나요? (a) 동물들을 키우려면 산소를 생성하는 식물이 제거되어, 드넓게 펼쳐진 땅이 필요하다는 것을 생각해 보세요. (b) 동시에 동물들은 곡물을 먹는데, 이를 경작하려면 대기 중에 열을 가두는 화학 물질을 방출하는 비료는 물론, 넓은 들판이 필요합니다. **(c) 고기 제품들에 라벨을 붙이는 것조차도 지속 가능한 농사법과 항생제 사용 면에서 오해를 불러일으킬 수 있습니다.** (d) 일부 생산자들이 바다를 가로질러 고기를 배에 실어 보내 자르고 포장해, 되가져오면서, 고기 준비 역시 다량의 연료를 이용합니다.

고기 소비를 줄임으로써 기후에 도움이 될 수 있다는 서두의 주장과 함께, 이를 뒷받침할 수 있는 근거들이 제시되어 내용으로 볼 때, 문맥상 글의 흐름에 어울리지 않는 문장은 (c)이다.

consumption 소비　**raise** 사육하다, 키우다　**stretch** 펼쳐져 있는 지역　**clear of** ~을 제거하다, 없애다　**grain** 곡물　**field** 들판, 밭　**farm** 경작하다　**fertilizer** 비료　**chemical** 화학 물질　**atmosphere** 대기　**be misleading** 오해를 일으키다　**sustainable** 지속 가능한　**farming practice** 농사법　**antibiotics** 항생제, 항생 물질

12

> 춤 동작 치료는 육체와 정신은 분리할 수 없고, 동작을 이용해 둘 다를 치료하고 통합할 수 있다고 가정한다. (a) 이런 전제를 바탕으로, 동작에는 상징적인 기능이 있어, 치료사들이 치료를 하는 데 도움이 되는 무의식적인 과정을 드러낼 수 있다. (b) 춤과 신체 동작은 또한 의뢰인들이 말하지 않고 힘든 감정을 표현해, 심리적 부담을 완화시킬 수 있게 도울 수 있다. (c) 많은 사람들은 잊으려 애써왔던 상처 난 경험을 말하도록 요청 받으면 굉장히 힘들어 한다. (d) 정신과 육체 사이에 보다 깊은 연결 관계를 구축함으로써, 의뢰인들은 더 큰 자아 인식과 자신감, 그리고 위안을 얻을 수 있다.

육체와 정신을 분리할 수 없다는 가정 하에, 춤 동작 치료의 효과를 통해 나타날 수 있는 현상들을 열거하고 있는 내용으로 볼 때, 문맥상 글의 흐름에 어울리지 않는 문장은 (c)이다.

therapy 치료　**assume** 가정하다　**inseparable** 분리할 수 없는, 불가분의　**integrate** 통합하다　**premise** 가설　**unconscious process** 무의식 과정　**nonverbally** 말을 쓰지 않고, 비언어적으로　**alleviate** 완화하다　**psychological burden** 심리적 부담　**tremendous** 엄청난, 굉장한　**cultivate** 기르다, 구축하다　**self-awareness** 자아의식　**comfort** 위안

Part III

13

> 수세기 동안 동남부 유럽에 거점을 두었던 오스만 제국은 오랜 기간 서양에 상당한 압력을 행사했었다. 이러한 압력의 일부는 오스만 제국 전성기에 3개의 대륙, 28개 국가와 연결되는 제국의 지정학적인 위치로 인해 얻어졌다. 오스만 제국은 북아프리카 해안은 말할 나위도 없이 그리스와 발칸 지역까지 지배하며, 유럽 국가들은 동양과 교역에 있어 국토뿐 아니라 바다 지역까지 막혀 있었다. 1396년 니코폴리스 전쟁에서 마지막의 주요 십자군이 오스만 제국을 이기지 못했다. 오스만 제국은 20세기의 세계대전까지 가서야 멸망했다.
>
> Q 지문의 주된 내용은?
> (a) 어떻게 서양이 마침내 오스만 제국을 이기게 되었나
> (b) 오스만 제국이 유럽에 미친 역사적 영향
> (c) 오스만 제국의 유럽 국가 침략
> (d) 유럽과 오스만 제국의 상대적 군사력

오스만 제국이 유럽에서 지배했던 영역과 20세기 오스만 제국이 멸망할 때까지 오랫동안 유럽에 미친 영향력을 설명하고 있으므로 (b)가 정답이다.

foothold 발판　**wield** 행사하다, 휘두르다　**derive from** ~에서 유래하다　**geopolitical** 지정학적인　**link** 연결하다　**continent** 대륙　**at its height** ~의 절정기에　**crusade** 십자군 전쟁

14

> 유엔의 가장 잘 알려진 기구는 총회일 것이다. 이곳에, 회원국들은 세계 업무를 논의하기 위해 모인다. 회원국으로부터 걷어들인 회비에 기초해 유엔 조직 전체의 예산을 통과시키기도 한다. 다른 의무는 유엔안전보장이사회, 유엔사무국 그리고 국제사법재판소를 포함한 다른 기구의 회원을 선출하는 것이다. 유엔안전보장이사회의 5개의 상임 이사국과 10개의 비상임 이사국이 차례차례 평화와 안전을 유지하기 위해 집행가능한 결의안을 통과시킨다. 유엔사무국은 정보력 있는 보고를 통해 행정 지원을 제공한다.
>
> Q 지문의 요지는?
> (a) 유엔의 다양한 기관들은 보완적인 역할을 한다.
> (b) 유엔안전보장이사회만이 전 세계에 진정한 영향력을 가지고 있다.
> (c) 총회는 다른 기구가 무엇을 해야 하는지 결정 내린다.
> (d) 안전보장이사회에 의한 모든 결의안은 사법 재판소를 통해 심판 받는다.

유엔의 관련 기구인 총회, 안전보장 이사회, 사무국 등의 기관의 역할에 대해 설명해 주고 있으므로 정답이 (a)가 된다.

General Assembly 총회　**UN Security Council** 유엔안전보장이사회　**gather** 모으다　**affair** 일, 문제　**elect** 선출하다　**UN Secretariat** 유엔사무국　**International Court of Justice** 국제사법재판소　**permanent** 영구적인　**enforceable** 집행할 수 있는, 시행할 수 있는　**resolution** 결의안, 결심　**administrative assistance** 행정 지원　**informative** 유익한, 유용한 정보를 주는　**complementary** 보완적인

15

석기 시대 이전과 심지어 석기 시대에도 골각기 역시 돌과 함께 사용되었을 가능성이 있지만 고고학적 증거가 거의 존재하지 않는다. 과학자들은 석기와 비석의 연대, 제조 방법 및 사용을 분석한다. 석기가 반드시 사회 구조나 그 사회의 기술이 남긴 것을 규정하는 것이 아님을 주목하는 것은 대단히 중요하다. 돌은 단순히 화석 기록 중에 가장 내구성이 강할 뿐이다. 그 시대 사람들이 사냥꾼이었든 농부였든, 직접 조리를 했든, 어떠한 종교 관행을 그들이 따랐는가는 다른 출처를 통해 유추되어야 한다.

Q 지문의 주된 내용은?
(a) 돌 유물을 통해 얻을 수 있는 정보의 정도
(b) 다양한 재료로 만든 석기 시대의 도구
(c) 초기 인류가 농업과 요리에 사용한 돌 이외의 도구
(d) 석기 시대의 석기 응용의 다양성

과학자들은 돌을 가지고 여러 가지를 분석하지만, 돌이 단순히 내구성이 있어 오래 가는 것뿐이므로 돌을 가지고 그 시대의 사회 구조나 기술을 정의하는 것은 아니라고 하므로 정답은 (a)가 적절하다.

Stone Age 석기 시대 **bone tool** 골각기 **archaeological** 고고학적 **stone implement** 석기 **stone monument** 비석 **critical** 중대한 **note** 언급하다, 주목하다 **durable** 내구성 있는, 오래가는 **extent** 정도, 규모 **gatherable** 모을 수 있는 **diversity** 다양성 **application** 응용

16

단어를 발음하는 독특한 방법인 지역적 억양은 특정 지역에서 언어를 배우는 것에서 온다. 만약 억양이 누군가의 모국어가 영향을 미친 것이라면 그것은 외국인 억양이다. 만약 억양이 표준어에서 많이 벗어난다면, 이는 아마 다른 사람들은 이해하기 어려울 것이다. 그렇지만 사투리는 지역의 모든 사람들이 사용하고 특성한 것을 나타내는 자신들만이 어휘를 가질 수 있는 그 지역의 정착된 억양이다. 표준어를 구사하는 사람들은 지역의 일부 어휘들이 생소할 수 있을지라도, 사투리를 접해 보면 이해할 수 있다.

Q 지문의 요지는?
(a) 다른 종류인 억양과 사투리
(b) 억양이나 사투리의 지역을 정의하는 것 배우기
(c) 외국인 억양으로부터 지역적 억양을 구별하기
(d) 억양 없는 표준 말씨 구사를 방해하는 장애물

억양은 특정 지역에서 언어를 배울 때 생기는 것이며, 사투리는 지역의 정착된 억양이라고 예를 들어 설명하고 있으므로 요지로 (a)가 가장 적절하다.

distinctive 독특한 **foreign** 외국의, 이질적인 **depart from** ~에서 벗어나다 **dialect** 사투리 **established** 확실히 정착된 **exposure** 노출 **unfamiliar with** ~와 낯선, 친숙하지 않은 **distinguish** 구분하다 **differentiate** 구별하다 **obstacle** 장애물

17

몇몇 대학들은 교수진의 일부가 계속해서 그들 분야에 독창적인 연구 결과를 내는 연구 대학이 되기를 추구한다. 이 대학들은 학생들에게 박사 학위를 제공하는 것으로 연구에 주력한다. 그 개념은 유럽에서 유래된 것으로, 교수들에게 가르치면서 그들 분야에서 계속해서 생산적이기를 요구한다. 대학교 직원들은 일 년 내내 일하는 반면, 교수진은 대개 학기의 9개월 동안만 일을 한다. 따라서 그들은 일을 쉬는 시간을 이용해 연구하고 공공 및 민영 기관들부터 외부 자금을 구할 수 있다. 때때로 비(非)교직 연구원이 특별히 연구 수행을 위해 대학의 자료들에 대한 접근이 허용되기도 한다.

Q 지문에 따르면 대학 교수진에 관한 내용으로 옳은 것은?
(a) 대학들은 결코 그들의 연구를 위해 직접 자금을 제공하지 않는다.
(b) 그들은 학술 분야에 리더가 되도록 요구받는다.
(c) 연구비는 정부나 회사들로부터 나올 수 있다.
(d) 유럽 대학들의 대부분의 교수진은 연구를 한다.

교수진들은 강의가 없는 쉬는 시간을 이용해 연구하고 공공 및 민영 기관들로부터 외부 기금을 구할 수 있다는 문장으로 볼 때, 대학 교수진에 관한 내용으로 옳은 것은 (c)이다.

seek to ~을 추구하다 **faculty** 교수진 **continually** 계속해서 **doctorate degree** 박사 학위 **originate** 비롯되다, 유래하다 **productive** 결실 있는, 생산적인 **time off** 휴가, 일을 쉬는 시간 **external** 외부의 **non-teaching** 교육과 관계없는, 비(非)교직의 **researcher** 연구원 **give access** 접근을 허용하다 **resource** 자료 **directly** 직접, 곧바로 **academic area** 학술 분야 **research money** 연구비 **conduct research** 연구하다

18

고대부터 사람들은 해와 달이 바로 머리 위에 있을 때보다 지평선에 있을 때 더 커 보인다는 것을 인식했다. 물론 논리적으로 보면 이런 물체의 크기는 변할 수 없다. 그러나 시각적으로 경험해 보면 정말 기이한 현상이다. 이는 '달의 착시'라고 부르며 이에 대해 여전히 몇 가지 가능성 있는 해석을 포함한다. 그중 하나는 우리 뇌는 물체가 지평선에 있을 때에 아마 더 멀리 있을 것이라고 예상한다는 것이다. 이러한 기대감으로 인해 달이 놀라울 정도로 크게 보인다. 또 다른 해석은 지평선에 있는 다른 물체가 작기 때문에 비교해 보면 달이 더 커 보인다는 것이다. 예를 들어 구름은 지평선 부근에서 작아지기 때문에 달을 더 커 보이게 한다.

Q 지문에 따르면 다음 중 옳은 것은?
(a) 달의 착시는 오늘날에도 여전히 설명되지 않는 미스터리이다.
(b) 몇몇 이론이 달의 착시 현상을 설명하는 데 도움이 된다.
(c) 지평선이 달의 착시를 일으키는 원인이다.
(d) 달의 착시는 새로 발견된 개념이다.

오늘날 달의 착시를 설명해 주는 몇 가지 이론 중 두 가지를 언급하고 있다. (c)는 지평선이 원인이라기보다는 지평선에 있는 대상에 대해 우리 뇌가 예상하는 것이 원인이므로 일치하는 내용이 아니다.

horizon 지평선, 수평선　**overhead** 머리 위에　**logic** 논리, 이치　**optical** 광학의, 시각상의　**curious** 기이한, 호기심을 끄는　**illusion** 착시, 착각　**farther** 더 멀리　**expectation** 기대, 예상　**by comparison** 비교해 보면

19

앤더스 씨께

다이렉트 로직 시스템즈에 입사 제의와 관련하여 귀사의 다리엔 지점의 프로젝트 팀장 자리를 맡게 되어 정말 기쁩니다. 면접 후 이렇게 빨리 연락을 주셔서 감사합니다. 면접 때 말씀드렸다시피, 다음 달 6월 1일에 일을 시작할 수 있습니다. 지금 다니는 직장에서 제가 하던 일을 마무리하기 위해서는 시간이 약간 필요합니다. 그러나 귀하를 포함하여 DSL 건물의 모든 직원과 함께 일하는 것을 학수고대하고 있습니다. 만약 위 날짜 전에 저에게 연락하셔야 한다면, 언제든지 555-1904번으로 전화하시면 됩니다.

웬디 홉킨스

Q 편지에 따르면 다음 중 옳은 것은?
(a) 필자는 사직서를 수리하고 있다.
(b) 이 편지의 수신인은 홉킨스 씨이다.
(c) 기존 직장에서 6월까지 일을 끝낸 후 새 일을 시작한다.
(d) 새로운 직장은 다이렉트 로직 시스템즈이다.

이 편지는 웬디 홉킨스가 다이렉트 로직 시스템즈의 입사 제의를 받고 6월 1일부터 일을 시작할 수 있다는 수락의 의사를 밝히는 편지로 수신인은 앤더스 씨이다. 그러므로 편지의 내용과 일치하는 것은 (d)이다.

in regards to ~와 관련하여　**on board** 맡게 되어　**position** 직위　**obligation** 업무　**eagerly** 간절히　**anticipate** 기대하다　**resignation** 사표, 사퇴

20

효과적인 판매 전략

판매 전략의 첫 단계는 목표 시장을 확인하고 너무 작다면 확장을 하는 것이다.
다음은 연락망 형성 및 확대와 새로운 네트워크의 창출을 통해 그 목표 시장에 도달하는 과정이다.
어느 판매 미팅에서든 중요한 부분은 고객의 요구에 귀 기울이고 제품에 관해 이야기하지 않는 것이다.
그리고 판매가 되면, 판매는 거기서 끝나는 것이 아니라 고객과의 관계로 계속 이어진다.
효과적인 전략의 마지막 단계는 진행하고 있는 것을 평가하고 필요에 따라 수정을 하는 것이다.

Q 지문에 따르면 판매 전략에 관한 내용으로 옳은 것은?
(a) 고객들과 그들의 요구를 따라야만 한다.
(b) 평가와 조정이 필수적인 요소이다.
(c) 가장 중요한 부분은 모든 판매에 사후 관리를 하는 것이다.
(d) 목표 시장은 기존의 고객 네트워크를 기반으로 형성한다.

판매 전략의 세 가지 단계에서, 효과적인 전략의 마지막 단계는 진행하고 있는 것을 평가하고 필요에 따라 수정하는 것이라고 말한 마지막 문장으로 볼 때, 판매 전략에 관한 내용으로 옳은 것은 (b)이다.

identify 확인하다　**target market** 목표 시장　**enlarge** 확장하다, 확대하다　**process** 과정　**build** 형성하다　**expand** 확대하다　**network of contacts** 연락망　**evaluate** 평가하다, 감정하다　**progress** 진행, 진척　**carry out** 이행하다, 행하다　**modification** 수정　**as needed** 필요에 따라　**conform** 순응하다, 따르다　**adjustment** 조정, 수정　**essential** 필수적인　**follow up** 후속 조치, 사후 관리　**existing** 기존의

21

식품 가공은 음식을 사용할 수 있는 소비재로 바꾸는 것이다. 캔으로 만들고, 얼리고, 갈거나, 탈수하는 것 등이다. 그러나 가공 식품은 매력, 편리함, 긴 저장 시간을 위해 심하게 조작한 것이다. 패스트푸드나 인스턴트식품 등이 명백히 여기에 속하나 나머지는 잘 드러나지 않는다. 심지어 상점에서 산 음식도 인공 감미료, 분해를 막는 첨가제, 착색제, 소금, 화학적 방부제 등이 들어 있을 수 있다. 가공 식품은 유통이 쉽고 비용이 저렴하며 편리하다는 장점이 있다. 그럼에도 불구하고 가공 식품은 그저 살짝 가공한 음식보다는 몸에 좋지 않다고 일부 사람들은 생각한다.

Q 지문에 따르면 가공 식품에 관해 옳은 내용은?
(a) 가공 식품은 인구 성장에 필수적이다.
(b) 가공 식품은 구매 시 어필하려고 건강은 소홀히 한다.
(c) 모든 인스턴트식품이 반드시 가공 식품인 것은 아니다.
(d) 주스, 말린 과일, 얼린 제품은 가공 식품이다.

캔으로 만들고, 얼리며, 갈거나 탈수의 방법에 그치는 식품 가공과 음식에 여러 가지 첨가물을 넣어 만드는 가공 식품을 구별해서 이해해야 한다. 단순한 식품 가공은 음식에 해로운 화학 물질을 넣지 않으나 가공 식품은 보존과 유통이 길다는 장점 대신 첨가제나 방부제를 넣기 때문에 일부 사람들은 몸에 더 좋지 않다고 본다는 내용이다. 따라서 구매할 때 소비자에게 어필하는 보이는 장점 때문에 건강은 간과된다는 (b)가 옳은 내용이다. 인스턴트식품은 명백하게 가공 식품에 속한다고 했으므로 (c)는 틀린 내용이다.

process 가공하다, 처리하다　**convert** 바꾸다, 전환시키다　**dehydration** 탈수　**engineer** 유전자를 조작하다　**shelf-life** 저장 수명　**store-bought** 집에서 만든 게 아니라 상점에서 산　**artificial sweetener** 인공 감미료　**stabilizer** 분해를 막기 위해 첨가하는 안정제　**coloring agent** 착색제　**preservative** 방부제　**distribution** 분배, 배급　**deem** ~로 간주하다

22

벌링턴 뉴스
사회 > 교육

좋은 학습 습관에 대한 보편적인 지혜는 학부모와 학생에게 익숙한 것이다. 즉, 조용한 학습 공간을 찾고, 과제 스케줄을 엄수하며, 구체적인 학습 목표를 세우는 것이다. 그러나 연구에 의하면 좋은 학습 방법에 대한 일부 전통적인 생각들이 잘못되었다고 한다. 한 장소에서만 공부하기보다는 다른 장소들에서 공부하는 것이 학습 효과를 높이는 것으로 나타났다. 어느 실험에서 두 그룹의 학생들에게 40개의 새로운 단어를 암기하도록 했는데 두 개의 전혀 다른 방에서 공부한 그룹이 한 방에서 머무른 그룹보다 훨씬 성과가 좋았다. 이 두 개의 방 실험 창시자는 우리가 공부하는 내용과 우리가 속한 환경을 뇌가 서로 연결시킨다고 믿는다. 주변 환경을 바꾸는 것이 우리의 지적 결함을 더 높일 수도 있다.

Q 지문에 따르면 다음 중 옳은 것은?
(a) 조용한 곳보다는 시끄러운 곳에서 공부하는 것이 더 낫다.
(b) 학습에 대한 연구는 전통적인 권고들을 지지한다.
(c) 다른 방들에서 공부하는 것이 인내력을 길러준다.
(d) 학습에 대한 몇몇 오랜 조언은 틀릴 수도 있다.

한 곳에서 공부하는 것이 좋다는 전통적인 관념이 틀린 것임을 보여주는 실험 결과가 제시되면서 그런 전통적인 생각들이 틀릴 수도 있음을 말하고 있으므로 (d)가 정답이다.

stick to ~을 계속하다 **enrich** 풍부하게 하다 **mental** 정신의, 지적인 **association** 연합, 결합 **conventional** 전통적인, 관습적인 **endurance** 인내력, 참을성

23

가상의 텔레비전 프로그램들이 묘사하고 있음에도, 볼티모어가 모두 범죄를 공모하고 기강이 무질서한 것만은 아니다. 그 도시는 여전히 법과 질서, 시민들의 충정, 무엇보다 두드러지게 요리 부문에 있어 모양새를 유지하고 있다. 체서피크 만에서 온 꽃게 찜과 신선한 굴과 함께, 그 도시는 또한 인근의 농장과 산지와 함께 식사하는 이에게 다양한 선택권을 제공한다. 그것이 낡은 이웃 크랩 하우스에서 생긴 것이든, 렉싱턴 마켓에서 생긴 것이든, 도시는 해산물 애호가의 기쁨으로 남아있다.

Q 글쓴이가 가장 동의할 만한 내용은?
(a) 범죄와 빈곤은 삶의 질에 타격을 주고 있다.
(b) 해산물은 여전히 볼티모어의 최고의 명물 중 하나이다.
(c) 볼티모어의 음식은 그 나라에서 제일이다.
(d) 볼티모어의 몇몇 곳에서는 아직도 옛날식 음식을 제공한다.

볼티모어가 텔레비전 프로그램에서 보이는 모습에도 불구하고, 해산물 애호가의 기쁨으로 남아 있다는 마지막 문장으로 볼 때, 글쓴이가 동의할 만한 내용으로 가장 적절한 것은 (b)이다.

portray 나타내다, 보여 주다 **conspiracy** 음모, 공모 **anarchy** 무정부 상태, 무질서 **retain** 유지하다, 보유하다 **semblance** 겉모습, 모양새 **loyalty** 충성, 충정 **notably** 두드러지게, 눈에 띄게 **culinary** 요리의, 음식의 **oyster** 굴 **take a toll on** ~에 피해를 주다, 타격을 주다 **attraction** 명물, 명소 **second-to-none** 제일의, 최고의 **select** 엄선된 **old-time** 옛날식의

24

스칸디나비아 북부 토착민 사미족은 그들의 영토를 둘러싸고 있는 근대 민족 국가들에 의해 점차 인정받으며 보호받고 있다. 노르웨이어로는 라플란드 민족으로 알려지기도 한 이들은 유럽 내 다른 집단들과 문화적으로나 언어적으로 구분되는 집단 중 가장 인구수가 많다. 1940년대까지만 해도 이들 민족은 이들 민족의 남쪽과 연안에 자리를 잘 잡고 있던 이웃 국가의 문화에 동화되라는 압력에 직면하기도 했다. 그러나 오늘날의 다문화주의 환경 속에서 그들의 사회적, 정치적 권리는 좀 더 인정을 받게 되었다. 오늘날에는 이들은 전통적 토지와 관습에 대해 법적 보호를 받아 국회에서도 자신들을 대변할 수 있게 되었다.

Q 지문에서 추론할 수 있는 것은?
(a) 정부들이 과거의 잘못에 대해 보상하고 있다.
(b) 현재의 유럽은 토착 문화를 포용하고 있다.
(c) 토착민 사미족은 간섭이 없기를 바란다.
(d) 다문화주의에는 사회의 희생이 필요하다.

예전에는 사미족이 주변 유럽 국가에 동화되도록 강요하는 분위기였으나 오늘날에는 사회적, 정치적으로 이들을 인정하는 추세이고 그러한 변화의 배경으로 다문화주의 기류가 언급되어 있다. 유럽이 이러한 다문화주의 분위기 속에서 사미족과 같은 토착 문화들을 포용하고 있다는 것을 추론할 수 있다.

indigenous 토착의 **increasingly** 점차적으로, 점점 더 **recognize** 인식하다, 인정하다 **nation-state** 민족 국가 **encompass** 둘러싸다 **territory** 구역, 영토 **linguistically** 언어상, 언어학적으로 **assimilate** 동화하다 **multiculturalism** 다문화주의 **validate** 증명하다, 승인하다 **legal** 법적인 **parliamentary** 의회의 **embrace** (생각·제의 등을) 받아들이다 **sacrifice** 희생

25

과거의 연금술사들은 미신적인 마술사로 생각되었지만 그들은 중요한 과학적 발견의 초석 마련에 일조한 바도 있다. 불로장생약이나 여러 금속을 금으로 바꾸는 방법을 찾는 헛된 노력을 쏟던 중에 염색이나 광택제, 약, 유리나 강철과 같은 제품에 공통적으로 들어가는 새로운 화학 성분들을 발견하였다. 그들은 또한 방수제를 개발하였고 냄새가 나는 소금이라든가 진통제를 만들어내기도 했다. 그럼에도 어떤 연금술사들은 분명 사기꾼이기도 했다. 초창기의 어떤 연금술사는 기체의 이론을 발전시키기도 했고 어떤 연금술사들은 혈액의 순환과 효소 및 호르몬을 이해하는 데 도움을 주기도 했다. 비록 그들의 업적은 과학적 지식이나 정확힘이 부족하여 제한적이기는 했지만 상당수는 그들의 발견으로 새로운 장을 연 헌신적인 아마추어 과학자들이었다.

Q 연금술사에 관해 지문에서 추론할 수 있는 것은?
(a) 그들의 업적 때문에 그들을 초기 화학자로 볼 수 있다.
(b) 기술과 과학을 구현하는 전문적으로 훈련을 받은 이들이었다.
(c) 금속이 독특한 물질이 아니라는 것을 알아냈다.
(d) 금을 만드는 것보다는 약품에 더 신경을 썼다.

불로장생약이나 금속을 금으로 바꾸는 방법을 찾던 중 화학 성분을 찾거나 약을 우연히 만들어냈던 것으로 보아 이들을 초기 화학자로 보는 것이 가능하다. 기술과 과학을 구현했지만 당시에 이교도적인 마술사로 여겨졌고 과학적인 지식 또한 제한적이었다는 언급도 있으므로 (b)는 오답이다. (c)나 (d)는 지문의 내용만으로는 추론하기 어려운 선택지이다.

alchemist 연금술사 **superstitious** 미신적인 **vain** 헛된
elixir 만능약, 불로장생약 **varnish** 광택, 윤 **waterproofing** 방수 처리, 방수제 **painkiller** 진통제 **undoubtedly** 의심할 여지없이 **fraud** 사기꾼, 협잡꾼 **blood circulation** 혈액 순환 **enzyme** 효소 **rigor** 정확함, 엄격함 **dedicated** 헌신적인

Part IV

26~27

글로벌 데이터 보호 및 사생활 보호 공지

러셀 소프트웨어사는 고객들에게 저희가 어떻게 개인 정보를 처리하고 있는지를 알리기 위해 '글로벌 데이터 보호 및 사생활 보호 공지'를 발표했습니다. 저희는 개인의 사생활을 존중하며, 비밀 개인 정보를 책임감 있고 합법적으로 처리하는 데 전념하고 있습니다.

1. 저희는 거래를 하기 위해 모든 고객에게 이름, 이메일 주소, 그리고 전화번호와 같은 기본적인 정보를 제공할 것을 요구합니다. 저희는 상거래를 하고 이 공지에 지정된 다른 목적을 달성하기 위한 목적으로만 개인 정보를 이용할 것입니다.

2. 저희는 마케팅 리스트에 있는 사업 파트너들 혹은 제3제공자를 포함한 제3자로부터 간접적으로 개인 정보를 수집할 수도 있습니다.

3. 저희는 고객을 대신해 상거래를 하는 것과 관련된 정보를 수집합니다. 그러나 저희는 인종 혹은 민족, 종교적 믿음, 정치적 견해, 유전자 데이터 그리고 생체 정보와 같은 민감한 기밀 정보는 수집하지 않습니다.

4. 수집된 개인 정보는 사업 목적과 관련하여 필요한 기간 동안에만 보유될 것입니다. 그 과정에서, 저희는 고객들의 정보가 안전하게 보관된 것을 확실하게 하는 데 전념하고 있습니다. 저희는 승인되지 않은 접속 혹은 공개를 막기 위하여 저희가 수집한 정보를 안전하게 보호하기 위해 노력하고 있습니다.

Q26 공지의 주요 목적은 무엇인가?
(a) 고객들에게 그들의 개인 정보 누설로부터 보호하도록 요청하기 위하여
(b) 개인 정보를 다루는 데 있어 제3자와의 협력을 발표하기 위하여
(c) 공개 가능한 정보의 범주를 제한하고 지정하기 위하여
(d) 회사의 개인 정보 보호 정책을 설명하기 위하여

Q27 공지에 따르면 옳은 것은 무엇인가?
(a) 회사는 제한 없이 고객들의 개인 정보를 이용할 수 있다.
(b) 회사는 고객들의 직접적인 동의를 통해서만 개인적인 데이터를 모을 것이다.
(c) 인종 및 종교와 관련된 차별적인 정보는 배제될 것이다.
(d) 일단 회사에 의해 수집된 정보는 영원히 보관될 것이다.

Q26. 러셀 소프트웨어사의 데이터 보호 및 사생활 보호와 관련된 정책을 설명하는 지문이며, "inform customers of how we deal with personal information"이라는 구문을 통해, 회사의 개인 정보 보호 정책을 설명하기 위한 글임을 알 수 있다. 따라서 정답은 (d)이다.

Q27. 정보 수집과 관련하여, "we do not collect sensitive confidential information such as racial or ethnic origin, religious beliefs, political opinions, genetic data, and biometric data"라는 구문을 통해, 인종이나 종교와 같은 민감하고 차별적인 정보를 수집하지 않을 것이므로, 그 정보들은 배제될 것이라는 점을 알 수 있다. 따라서 정답은 (c)이다.

protection 보호　**privacy** 사생활　**honor** 존중하다
confidential 기밀의, 비밀의　**responsibly** 책임감 있게
transact 행하다, 처리하다　**fulfill** 실행하다, 수행하다
designate 지정하다　**third party** 제3자　**pertinent to**
~와 관련된　**sensitive** 민감한　**confidential** 기밀의, 비밀의
racial 인종의　**ethnic** 민족의　**genetic** 유전적인　**biometric**
생물측정의　**retain** 보유하다　**with regard to** ~와 관련하여
be dedicated to ~에 헌신하다, 전념하다　**safeguard** 보호하다
unauthorized 공인되지 않는, 승인되지 않는　**disclosure**
폭로, 적발　**collaboration** 협력　**consent** 동의, 승인
discriminatory 차별적인

28~29

http://www.unitedtoday.com/story/life/bookreviews
또 다른 세계: 하나의 완벽한 거짓말

멜린다 스콧은 〈뉴욕 헤럴드〉의 베스트셀러 작가 중 한 명이며, 베스트셀러 작품인 〈또 다른 세계〉를 포함하여 10권의 유명한 소설의 작가이다. 그 소설에서 주인공은 많은 비밀과 거짓말을 가지고 있으며, 그것은 미스터리, 서스펜스, 범죄, 약간의 로맨스, 그리고 수많은 드라마로 묘사되어 있다.

주인공 마틴 브룩스는 잘 생긴 이방인 그리고 새빨간 거짓말쟁이로 묘사되며, 그의 이름과 이력은 거짓으로 입증된다. 교육 직위에 지원할 때, 그의 매력적이고 유창한 태도는 그가 선생님으로 뿐만 아니라 미식축구팀 코치로 직업을 얻도록 돕는다. 그는 학생들, 교직원, 그리고 심지어 부모들에게도 마음에 들도록 하는 데 성공한다.

〈또 하나의 세계〉는 많은 독자들이 수많은 감정에 젖어 들도록 하는 것 같다. 그 소설에는 많은 반전과 전환이 있으며, 그것은 독자들을 사로잡는 그녀의 재능뿐만 아니라 모든 등장인물들을 사실적이고 완벽하게 만드는 능력에 의해서 촉진된다. 마음을 사로잡고 서스펜스가 넘치는 그 소설은 감정적 스릴러물이며, 흥미진진한 범죄 소설로 평가된다.

Q28 지문은 무엇에 관한 것인가?
(a) 독자들이 다양한 감정을 갖도록 유발하는 소설
(b) 뉴욕 헤럴드에 의해 베스트셀러 소설로 선정된 미스터리
(c) 성공적인 선생님과 스포츠 팀의 코치를 묘사하는 소설
(d) 신진 소설가에 의해 개척된 혁신적인 글쓰기 방식

Q29 지문에서 〈또 다른 세계〉에 대해 추론할 수 있는 것은?
(a) 주인공은 코치로 임용되기 위해 자신의 신원을 증명해야 한다.
(b) 주인공은 점차적으로 그의 비밀과 거짓말을 독자들에게 밝힌다.
(c) 소설가는 각 등장인물의 특성을 사실적으로 묘사한다.
(d) 소설가의 자전적 경험은 그 소설의 사실성을 강화한다.

Q28. 멜린다 스콧의 소설에 대해 설명하는 지문이며, "leave many readers wallowing in a plethora of emotions"라는 내용을 통해 독자들에게 다양한 감정을 갖도록 유발하는 소설이라는 것을 알 수 있다. 따라서 정답은 (a)이다.

Q29. 멜린다 스콧의 작가로서의 능력을 설명하는 과정에서, "make every character real and complete"라는 구문을 통해 모든 등장인물들을 사실적으로 묘사하는 능력이 있다는 점을 지적하고 있다. 따라서 정답은 (c)이다.

protagonist 주인공　**suspense** 걱정, 근심, 서스펜스　**depict**
묘사하다　**eloquent** 유창한　**ingratiate** 환심을 사다, 마음에 들게
하다　**wallow** (쾌락 등에) 빠지다　**a plethora of** 수많은
twist 반전, 뒤틀림　**facilitate** 용이하게 하다, 촉진하다　**enthrall**
매혹하다, 열중하게 하다　**pioneer** 개척하다, 선두가 되다
authenticate 증명하다, 확인하다　**bring to light** 밝히다
autobiographical 자전적인　**enhance** 강화하다

30~31

도로: 개발 vs. 산림 파괴

경제가 발전하면서, 더 많은 도로들이 건설되고 있으며, 그것은 산림 파괴를 가속화해 왔다. 이러한 상황에서, 매년 산림의 파괴를 지도화하는 '세계 산림 파괴 경고 시스템'이 산림 파괴에 대한 대안적 해결책으로 등장했으며, 다른 어떠한 시스템보다 더 정교한 것으로 여겨져 왔다. 그것은 산림 파괴가 확산되기 전에 조치를 취하기 위해 산림 파괴가 발생할 때마다 이를 감지하기 위해 위성 이미지를 이용한다. 위성 이미지들은 또한 도로가 인근에서 건설된 직후에 숲이 고갈되는 정도를 보여 준다.

그 시스템에 따르면, 산림 손실의 90% 이상이 새롭게 건설되는 도로의 4km 이내에서 일어나며, 그것은 도로 건설이 산림 파괴의 주요한 원인이라는 것을 보여 준다. 따라서, 환경 운동가들은 숲으로 뒤덮인 땅에서 도로 건설을 억제하기 위하여 긴급한 조치가 필요하다고 주장한다. 도로 건설을 억제시키고, 숲 지역을 보호하는 것은 기후 변화를 막고, 홍수를 막는, 그리고 생물학적 다양성을 보호하는 싸움에 중요하다고 여겨진다. 결국, 도로 없이 손상되지 않은 숲을 보호하는 것은 많은 기후 관련 문제들을 해결할 수 있는 비용상 효과적인 방법이다.

Q30 기사의 주요 토픽은 무엇인가?
(a) 세계의 산림 파괴의 실제 범위를 보도하기 위하여
(b) 산림 파괴의 환경적 영향에 대해 경고하기 위하여
(c) 많은 지역에서 숲을 보호하기 위한 몇 가지 방법들을 제안하기 위하여
(d) 산림 파괴의 원인으로서 도로의 건설을 지적하기 위하여

Q31 기사에 따르면 옳은 것은 무엇인가?
(a) 숲의 파괴는 연 2회 문서화된다.
(b) 위성들은 숲의 파괴를 막기 위한 조치를 취하기 위해 이용된다.
(c) 도로를 건설하는 것은 산림 파괴를 가속화하는 작은 원인이다.
(d) 도로 건설은 기후 변화와 아무 관계가 없다.

Q30. 산림 파괴의 원인을 설명하는 지문이며, 특히 도로 건설이 산림 파괴에 미치는 영향에 대해 지적하고 있으므로, 이 글의 목적은 산림 파괴의 원인으로서 도로의 건설을 지적하기 위한 것임을 알 수 있다. 따라서 정답은 (d)이다.

Q31. 산림 파괴의 진행 정도를 파악하기 위한 방안으로 위성이 이용되고 있으며, 특히 "It uses satellite imagery to detect deforestation ~ in order to take measures before it expands."라는 문장을 통해 위성들이 숲의 파괴를 막기 위한 조치를 취하기 위해 이용된다는 것을 알 수 있다. 따라서 정답은 (b)이다.

deforestation 산림 파괴 **accelerate** 가속화하다 **sophisticated** 정교한, 복잡한 **satellite** 위성 **deplete** 고갈시키다, 소진시키다 **demonstrate** 입증하다 **driver** 요인 **assert** 주장하다 **urgent** 긴급한, 위급한 **curtail** 축소하다, 절감하다 **curb** 억제하다 **deem** ~로 간주하다 **integral** 중요한, 필수적인 **ward off** 막다 **biodiversity** 생물학적 다양성 **intact** 손상되지 않는 **tackle** 해결하다 **document** 문서화하다 **biannually** 1년에 두 번

32~33

http://www.chinadaily.com.cn/hkedition

은퇴 연령 연장은 사회에 이익이 될 것인가?

'노령 사회 대비 위원회'로부터의 제안을 고려하여, 주 정부는 은퇴 연령을 연장하는 것을 촉구할 계획이라고 발표했다. 그 주는 노령 인구와 이로 인한 노동력 부족의 결과를 해결하는 데 있어 즉각적인 결정이 중요하다는 요점에 도달했다. 이에 정부는 우선 공무원들의 복무 기간을 5년 연장할 계획이다. 모든 새로 고용되는 공무원들의 은퇴 연령은 63세에서 68세로 늘어날 것이다. 또한, 이미 복무하고 있는 공무원들은 그들의 은퇴를 연장받을 자격이 주어질 것이다.

정부의 정책은 전 사회에 영향을 끼칠 것으로 예상된다. 그것은 더 많은 회사들이 전례를 따르고 경험 많은 능력 있는 직원들을 보유하기 위해 노력하도록 할 것이다. 이것은 의심할 여지없이 인력을 고용하고 훈련시키는 낭비를 막을 수 있다. 위원회에서는 2042년에는 65세 이상의 사람들이 인구의 절반 이상으로 증가할 것이라고 예측했다. 따라서, 은퇴 연령을 연장하는 것은 많은 이점이 있다. 회사들이 경험 많은 직원들을 보유하는 것은 이익이 되며, 그것은 계속해서 일할 수 있는 직원들에게 이익이 되며, 결국에는 사회복지의 부담을 줄일 수 있는 정부에게 이로울 것이다.

Q32 논설에 따르면 옳은 것은 무엇인가?
(a) 은퇴 연령은 정부 관리들의 관심사가 아니다.
(b) 노동력 부족의 문제는 노령 인구와 관계없이 해결될 수 있다.
(c) 사기업들은 노령 직원들을 보유하는 것을 거부해 왔다.
(d) 은퇴 연령을 연장하는 것은 정부 정책에 도움이 될 수 있다.

Q33 논설에서 추론할 수 있는 것은 무엇인가?
(a) 정부는 사기업들이 정부의 정책을 따르도록 강요할 수 있다.
(b) 새로운 직원들을 고용하고 훈련시키는 것은 더 비용상 효율적이라고 여겨진다.
(c) 현재의 은퇴 연령은 언젠가는 사회복지를 위험하게 할 수도 있다.
(d) 공무원들의 복무 기간을 연장하는 것은 새로 고용된 직원들에게만 적용될 것이다.

Q32. 은퇴 연령 연장이 사회에 끼치는 긍정적 영향을 설명하는 지문이며, "it is eventually favorable to the government to alleviate the burden of social welfare"라는 문장을 통해 은퇴 연령 연장이 결국 정부 정책에 긍정적 영향을 줄 수 있다는 것을 알 수 있다. 따라서 정답은 (d)이다.

Q33. 은퇴 연령 연장이 정부의 사회복지에 대한 부담을 줄여줄 수 있다는 내용을 통해, 현재의 은퇴 연령은 정부의 사회복지 정책에 부담을 주고 있다는 것을 추론할 수 있다. 따라서 정답은 (c)이다.

retirement 은퇴 **beneficial** 이로운 **take into account** 고려하다 **come to the point** 요점에 도달하다 **imminent** 즉각적인 **crucial** 중요한 **in turn** 결과적으로 **consequence** 결과 **shortage** 부족 **civil servant** 공무원 **terms of service** 복무 기간 **be entitled to** ~할 자격이 있다 **follow suit** 전례를 따르다 **retain** 보유하다 **eventually** 결국 **favorable** 호의적인 **alleviate** 완화시키다, 개선하다 **burden** 부담 **regardless of** ~와 관계없이 **be reluctant to** ~할 것을 꺼려하다 **cost-effective** 비용 효율적인

34~35

폴록과 추상 표현주의: 새로운 시각 언어

1940년대는 미국에서 새로운 예술 운동이 일어난 시대이며, 그것은 예술 세계에 상당한 영향을 끼쳤다. 그것은 추상 표현주의라고 불렸으나, 개별적인 주요 예술가들이 다른 그림 양식을 가지고 있었기 때문에 그것이 무엇인지 정의하는 것은 어려웠다. 그러나 '추상'이라는 용어는 적절하다고 여겨질 수 있는데, 왜냐하면 주요한 추상 표현주의자들 중 어느 누구도 전통적인 구상주의적인 혹은 구상적인 예술을 추구하지 않았기 때문이다. 또한, '표현주의'라는 용어는 추상 표현주의 예술가들의 예술가 중심의 특성을 묘사하는 데 있어 적절하다. 그것은 미국에서 처음으로 예술이 소재 자체보다는 예술가에 관한 것이 되었다는 것을 의미한다.

드립 페인팅으로 유명한 잭슨 폴록을 예로 들면, 그림을 그리는 동안 걷거나 혹은 춤을 추는 것처럼 보이는 그리는 행위는 풍부한 추상적 그림뿐만 아니라 예술가 자신을 만들어냈다. 따라서, 폴록의 그림을 보는 동안, 그의 기분과 강렬함을 포함하여 잭슨 폴록에 대해 몇 가지를 떠올리는 것은 어렵지 않다. 폴록처럼, 추상 표현주의 예술가들은 정서적이고 비구상적인 예술을 통하여 그들의 개인성, 성격, 혹은 심지어 그들의 기분과 생각을 표현하기 위해 노력했다.

Q34 지문의 주제는 무엇인가?
(a) 추상 표현주의가 처음에 어떻게 시작되었는가
(b) 추상 표현주의의 의미와 그 예술가들이 표현한 것
(c) 잭슨 폴록이 왜 추상 표현주의를 선택했는가
(d) 잭슨 폴록이 어떻게 그의 그림에서 스스로를 표현했는가

Q35 추상 표현주의에 대해 추론할 수 있는 것은 무엇인가?
(a) 그것은 전통적인 회화 방식을 고수하는 경향이 있었다.
(b) 그 예술가들은 동일하거나 유사한 회화 양식을 고수했다.
(c) 그것이 누구의 그림인지 파악하는 것은 쉽지 않다.
(d) 그 예술가들은 그들의 그림을 통해 그들의 내면 세계를 묘사하기 위해 노력했다.

Q34. 1940년대 미국에서 등장했던 추상 표현주의에 대해 설명하고 있으며, 그 운동에 대한 정의 그리고 예술가들이 표현하고자 한 것에 대해 설명하고 있으므로 (b)가 정답이다.

Q35. 추상 표현주의 화가들의 작품 기법과 잭슨 폴록의 작품 경향에 대해 설명하는 과정에서 "Abstract Expressionist artists tried to express their individuality, personality, or even their feelings and ideas"라는 문장을 제시하고 있으며, 이를 통해 추상 표현주의 화가들이 그들의 개인성, 성격, 그리고 감정을 표현했다는 것을 알 수 있으므로, 그들이 그들의 내면 세계를 묘사하기 위해 노력했다는 것을 추론할 수 있다. 따라서 정답은 (d)이다.

Abstract Expressionism 추상 표현주의 **visual** 시각적인 **profound** 심오한 **appropriate** 적절한 **prominent** 눈에 띄는, 두드러진 **representational** 구상주의적인 **figurative** 비유의, 구상적인 **bring to mind** ~을 떠올리다 **intensity** 강렬함, 강도 **representative** 대표적인 **tendency** 경향 **hold firm to** ~을 고수하다

ACTUAL TEST 5

P 178

PART I

1 (d) 2 (b) 3 (b) 4 (b) 5 (c) 6 (d)
7 (a) 8 (b) 9 (c) 10 (d)

PART II

11 (b) 12 (a)

PART III

13 (c) 14 (a) 15 (d) 16 (a) 17 (b) 18 (d)
19 (b) 20 (c) 21 (d) 22 (d) 23 (b) 24 (a)
25 (a)

PART IV

26 (c) 27 (b) 28 (a) 29 (d) 30 (b) 31 (a)
32 (c) 33 (c) 34 (d) 35 (a)

Part I

1

비록 소크라테스식 문답법이 요즘에는 거의 사용되지 않지만, 많은 이들은 이것이 현재 교육 구조에 이상적인 대체안이 될 것이라고 말한다. 소크라테스 자신의 접근법을 본떠 만들어진 것으로, 훈련된 질문의 과정은 학생들이 역사, 철학, 혹은 문학에 다양한 해석을 이해하도록 돕는 데 쓰일 수 있다. 다른 급우들의 의견 제시는 합리적인 평가를 할 수 있는 많은 대립되는 마음 속 생각들을 본뜨려는 것이다. 이것의 목적은 **문제를 여러 각도에서 연구하여 해결책을 찾도록** 학생들을 훈련시키는 것이다.

(a) 서로 생산적인 대화에 참여하도록
(b) 연구를 통해 독자적으로 공부하고 배우도록
(c) 반 친구들과 선생님들에게 공손히 말하도록
(d) 문제를 여러 각도에서 연구하여 해결책을 찾도록

교사가 학생들에게 질문을 함으로써 역사, 철학, 문학 등에 관한 다양한 해석을 이해하도록 돕는 소크라테스식 문답법이 현재 교육 구조에 이상적인 대안이 될 수 있다고 제시하는 것으로 볼 때, 빈칸에 들어갈 내용으로 가장 적절한 것은 (d)이다.

substitute 대체물, 대체한 **framework** 틀, 구조 **model after** ~을 본떠 만들다 **approach** 접근법 **disciplined** 훈련받은 **multiple** 다양한 **interpretation** 해석 **philosophy** 철학 **literature** 문학 **contribution** (토론에서의) 의견 제시, 참여

replicate 모사하다, 본뜨다   **reasoned** 분별 있는, 합리적인
evaluation 평가   **engage in** ~에 참여하다   **with respect**
공손하게   **solution** 해법, 해결책   **angle** 각도

2

어떤 공상 과학 소설가들은 <u>현실화되기</u> 훨씬 이전에 발명품을 상상해내곤 했다. 예를 들어, 쥘 베른은 19세기에 잠수함과 달 로켓에 대해 썼으며, H. G. 웰스는 1914년에 핵무기를 그려냈다. 〈해방된 세계〉라는 소설에서 웰스는 폭탄을 만들기 위해 플루토늄과 비슷한 물질을 사용하는 과학자들을 묘사한다. 작은 비행기로부터 떨어져 이 폭탄은 어마어마한 원자력으로 전 도시를 파괴한다. 웰스는 유럽의 군인들이 말에 의존하던 시절 이러한 폭탄에 대해 썼던 것이다.

(a) 책을 출판하기
(b) 현실화되기
(c) 진짜 전쟁이 발발하기
(d) 이러한 발명품에 대해 썼다는 것을 독자들이 알아차리기

빈칸 뒤에 이어지는 베른이나 웰스는 실제로 발명품이 만들어지기 이전에 공상과학 소설가들이 이에 대해 묘사하고 있는 예들이므로 빈칸에는 (b)가 적절하다.

submarine 잠수함   **nuclear weapon** 핵무기   **substance**
물질   **massive** 대규모의, 대량의   **release** 방출   **atomic**
energy 원자력   **break out** 전쟁이 발발하다

3

줄기세포를 특징짓는 것은 여러 번 재생할 수 있는 능력과 다양한 특정 세포로의 분화가 가능한 점이다. 이 세포들은 새로운 조직을 생성할 수 있고 유실되거나 손상된 조직을 보충할 수 있다. 심지어 피부나 혈액과 같은 조직을 지속적으로 재생시킨다. 줄기세포는 지난 수년간 질병 치료에 사용되어 왔는데 특히 골수 이식을 통해 백혈병을 치료했다. 줄기세포 치료를 더욱 다양한 목적에 적용할 수 있다는 전망이 나오자 일부 사람들은 어떠한 질병이든 치료하는, 혹은 심지어 노화 자체를 치료할 수 있는 새로운 만병통치약이 가능할 거라 상상하게 되었다. 그러나 <u>기적의 치료제에 대한 넘치는 희망은 과도하게 낙관적인 것으로 판명될 수도 있다.</u>

(a) 이 연구 분야에는 다양한 종류의 새로운 치료제들이 있다
(b) 기적의 치료제에 대한 넘치는 희망은 과도하게 낙관적인 것으로 판명될 수도 있다
(c) 연구가들은 이 새로운 분야의 가능성을 계속해서 탐구할 것이다
(d) 개발과 윤리 간의 균형을 이룰 수 있는 법안이 여전히 모색되고 있다

문맥상 앞 문장에서 언급된 일부 사람들의 만병통치약에 대한 기대를 경계하는 내용인 (b)가 적절하다.

reproduce 재생하다   **differentiate** 분화하다   **characterize**
특징짓다   **stem cell** 줄기세포   **generate** 발생시키다   **tissue**
조직   **replenish** 보충하다   **renew** 회복하다   **leukemia**
백혈병   **marrow** 골수   **transplant** 이식   **envision** 상상하다
panacea 만병통치약   **ailment** 병   **exuberant** 열의가 넘치는
overly 과도하게   **legislation** 입법, 법률 제정   **ethics** 윤리

4

공지

지난 3년간 회사는 경제 상황으로 인한 제조 원가 상승과 자사 제품에 대한 수요 감소로 적자 운영을 해 왔습니다. 따라서 생산 규모를 40퍼센트 축소함에 따라 앞으로 한 달 동안 <u>작업 인원의 3분의 1을 줄일 예정임을</u> 발표하지 않을 수 없습니다. 해당 직원들은 앞으로 2주 이내에 통보를 받을 것이며, 퇴직금 전액과 함께 휴가비를 지급받게 됩니다.

(a) 연봉 협상을 하게 됨을
(b) 작업 인원의 3분의 1을 줄일 예정임을
(c) 공장이 2주간 문을 닫을 것임을
(d) 대부분 직원들이 전근가게 됨을

빈칸 앞은 회사가 적자 운영을 해 왔다는 내용이고 뒷부분은 생산 규모를 축소한다는 내용이므로 빈칸에는 구조조정 등에 대한 언급이 나오는 것이 자연스럽다. 마지막 문장을 보면 직원 일부를 해고할 예정임을 알 수 있다.

at a loss 손해를 보고   **severance pay** 퇴직금, 해고 수당
salary negotiation 급료 협상   **workforce** 작업 인력, 전 종업원
relocate 재배치하다, 전근시키다

5

역사적으로 세계의 지도자들은 <u>자신들의 대중적 이미지에 신경을 써 왔다.</u> 사진의 출현으로 이는 점점 더 중요하게 되었다. 스탈린은 자신의 일그러진 팔을 두꺼운 군복 밑에 가렸고, 루스벨트는 공적으로 모습을 드러낼 때마다 소아마비의 흔적을 감췄다. 그는 측근의 팔에 기대거나 지팡이를 의지해 자신이 걸을 수 있다는 환상을 만들어냈다. 케네디는 자신이 가장 좋아하는 시가를 피우는 모습을 공적으로 보이고 싶어 하지 않았다. 그래서 전용 비행기나 차에서 내리기 전에 붙은 시가를 호주머니에 밀어 넣곤 했다. 케네디는 담배 피우는 대통령으로 보이지 않기 위해 이런 식으로 양복 재킷을 몇 벌 태웠다고 한다.

(a) 외모에 신경을 썼다고 한다
(b) 대개 자신들의 신체적 결점을 감추어 왔다
(c) 자신들의 대중적 이미지에 신경을 써 왔다
(d) 환상 속에 산다고 잘 알려져 있다

흉한 팔을 두꺼운 군복 속에 숨겼던 스탈린이나 걷는 것과 같은 환상을 자아냈던 루스벨트, 그리고 피던 담배를 주머니에 집어 넣었던 케네디 등은 단순히 약점을 가리려는 것이 아니라 자신들의 공적인 이미지에 신경을 써서 이런 행동들을 했다고 볼 수 있다.

advent 출현, 도래 deformed 일그러진, 흉한 beneath ~
아래 disguise (사실을) 숨기다, 감추다 polio 소아마비 lean
on ~에 기대다 aide 조수, 조력자, 측근자 cane 지팡이 lit 불을
붙인

highly-competitive 경쟁이 심한, 경쟁이 치열한 identify
확인하다, 찾다 cut cost 비용을 줄이다 revenue 수익
enhancement 강화 pay for oneself 제값을 하다, 본전을 뽑다
boost 신장시키다, 북돋우다 earning 소득, 수입 maximize
극대화하다, 최대화하다 reputation 명성, 평판 profit 수익
sales management 영업 관리 regulation 규제 hiring
practice 고용 관행

6

> 미국의 최저 임금은 수년간 동일한 비율로 고정되어 왔다. 2008
> 년에 시작된 금융 위기로 업체들이 직원들을 정리 해고해야 하
> 면서 임금 인상은 고려할 수 없었다. 하지만 경제가 안정됨에 따
> 라, 최저 임금의 점증적 인상으로 저소득자들이 바로 더 많은 돈
> 을 쓸 수 있게 되면서, 나라의 전체적 성장에 긍정적인 영향을 미
> 치고 보다 많은 일자리를 창출할 수 있게 되었다. 더 높은 임금
> 을 집행함으로써 <u>국가는 경기 회복을 가속화하고 국민들을 도울
> 수 있다</u>.
> (a) 고용주들은 고용 증가를 위해 더 적은 인센티브를 받게 될
>   것이다
> (b) 노동자들은 직업을 바꿀 기회가 더 많아질 것이다
> (c) 경제 전망은 수년 동안 변동 없이 유지될 것이다
> (d) 국가는 경기 회복을 가속화하고 국민들을 도울 수 있다

경제가 안정되면서 최저 임금이 점증적으로 상승함에 따라 나타나는
긍정적인 현상을 제시하는 것으로 볼 때, 최저 임금을 높임으로써 예
측되는 상황인, 빈칸에 들어갈 내용으로 가장 적절한 것은 (d)이다.

minimum wage 최저 임금 financial crisis 금융 위기, 재정
위기 lay off 해고하다 stabilize 안정되다 incremental
점증적인 lower-income earner 저소득자 positive
impact 긍정적인 영향 overall 전체적인 job creation 일자리
창출 enforce 집행하다, 시행하다 incentive 인센티브, 장려금
economic outlook 경제 전망 hold 유지되다 steady 변동
없는 accelerate 가속화하다

7

> 셉터 컨설팅은 15년 넘게 에너지 회사들과 일해 오면서 경쟁이
> 치열한 업계에서 이들 회사들이 <u>명성과 수익을 극대화하도록</u> 도
> 왔습니다. 저희 컨설턴트들은 고객 개개인의 비즈니스 모델을 철
> 저히 검토하고 비용을 줄일 수 있는 부분과 수익을 늘릴 수 있는
> 부분을 확인하는 작업으로 컨설팅을 시작합니다. 저희는 또한
> 귀사의 직원들을 위해 영업, 마케팅, 브랜드 강화 훈련도 제공합
> 니다. 저희 서비스는 일단 도입되면 제값 이상을 해왔습니다. 귀
> 회사의 수익을 끌어올리고자 한다면 오늘 저희에게 전화하세요.
> (a) 명성과 수익을 극대화하도록
> (b) 영업 관리 소프트웨어 최신판을 원하도록
> (c) 최신 에너지 규제에 관해 배우도록
> (d) 귀사의 고용 관행을 개선하도록

cut costs and increase revenue와 brand enhancement 등
을 통해 이 컨설팅 회사가 고객 회사의 명성과 수익을 극대화하는 데
돕는다는 것을 알 수 있으므로 빈칸에 가장 적절한 것은 (a)이다.

8

> 최근 증시 하락의 진짜 주범은 투자자들이다. 여기에는 당신과
> 나, 그리고 분석가들과 전문 자산 관리자들처럼 더 잘 알 만한
> 다른 사람들이 포함된다. 한 회사가 매년 20퍼센트 이상의 지속
> 적인 성장 패턴을 보이는 것이 얼마나 현실적일 수 있을까? 아
> 무도 그런 의문을 제기하지 않았다. 아무도 지금부터 5년, 10년,
> 20년 후에 그 회사가 어떤 위치에 있게 될 것인지에 관심이 없
> 었다. 우리는 모두 즉각적인 수익과 성장에 관심이 있을 뿐이다.
> 우리는 수익성 있는 사업, 성장 패턴과 미래에 대한 지속적인 투
> 자를 위해 제시된 사업 계획은 외면했다. 우리가 <u>즉각적인 수익
> 을 추구하려는 압박감을 줄여야</u> 한다는 것은 명백하다.
> (a) 더 높은 수익을 위해 자산 관리자들을 압박해야
> (b) 즉각적인 수익을 추구하려는 압박감을 줄여야
> (c) 기만하는 자산 관리자들 일부를 체포해야
> (d) 정부가 문제를 해결하는 데 개입하도록 해야

증시 하락의 책임이 장기적인 전망을 하지 않았던 투자자들에게 있다
는 내용이다. 즉각적인 이익과 성장에만 관심이 있다는 내용이 문제
제기의 핵심이므로 빈칸에 들어갈 내용은 (b)가 가장 적절하다.

culprit 범인; 문제의 원인 decline 쇠퇴, 하락 stock market
주식 시장 divert from ~에서 주의를 돌리다 profitable 수익성
있는 operation 사업; 운영 earning 소득, 수입 deceptive
속이는 intervene 개입하다

9

> 보건위원회는 유전자 조작 식재료가 포함된 모든 먹거리에 그
> 생산자들이 (이런 사실을 알리는) 라벨을 붙이도록 하는 것에 찬
> 성하고 있다. 소비자들에게는 그들이 구매하는 것, 특히 식료품
> 에 대해서 알 권리가 있다. 유전자가 조작된 식물과 동물이 인체
> 에 유해하다는 것이 연구나 실험 등을 통해 입증되지는 않았지
> 만, 위험할 수 있다는 점을 간과하지 않는 것이 중요하다. <u>게다
> 가</u>, 식품 회사들이 자신들이 생산하는 제품의 안전과 품질에 자
> 신이 있다면, 소비자들에게 완전한 정보를 제공하는 것에 관해 망
> 설여서는 안 된다. 위에 약술한 이유로 위원회는 식품의약국이
> 업계에 더 강한 규제를 시행하도록 권고하고 있다.
> (a) 그러나
> (b) 그렇지 않으면
> (c) 게다가
> (d) 대신

빈칸 앞뒤로 유전자 조작 식품 포함 여부를 라벨에 표시해 놓아야 하는 이유에 대해 나열되고 있다. 추가적인 정보를 언급할 때 사용할 수 있는 적절한 연결어는 (c)이다.

council 위원회   **in favor of** ~을 찬성하는, 지지하는
genetically modified 유전자가 조작된   **ingredient** 재료, 성분
confirm 확인하다, 확증하다   **quality** 품질   **reservation** 제한, 거리낌   **outline** 약술하다   **regulation** 규제, 통제

10

5세에서 15세 어린아이들이 가장 좋아하는 엔터테인먼트가 텔레비전이라는 것은 의심의 여지가 없다. **평균적으로** 이 전자 베이비시터는 일주일 단위로 보면 성인의 근무 시간보다 더 많은 시간을 아이의 시간에서 차지한다. 아이들은 평일에는 평균 5.5시간, 토요일과 일요일에는 6.7시간을 시청한다. 사회학자들은 이처럼 장시간 노출될 경우 아이들의 건강에 미칠 영향에 대해 걱정을 하고 있다. 적절한 운동과 자극이 없으면 아이들은 금방 살이 찌고 무기력하게 된다.

(a) 다른 한 편으로
(b) 특히
(c) 그 결과
(d) 평균적으로

빈칸 뒤에서는 아이들의 평균 텔레비전 시청 시간에 대한 설명이 이어지고 있다. 따라서 빈칸에는 (d)가 알맞다. 대조되는 내용을 보여 주는 (a)나 결과를 나타내는 (c)는 적합하지 않다.

babysitter 애를 봐주는 사람   **occupy** 차지하다   **stimulation** 자극   **obese** 살이 찐, 비만의   **lethargic** 무기력한, 활발하지 못한

Part II

11

오늘 연수 프로그램은 여러분의 영업 능력을 강화하고 우리 비즈니스에 고객들을 더 끌어들일 기회를 활용하도록 돕기 위한 것입니다. (a) 한 과정은 보다 자신감을 표출하고 고객들과 보다 더 신뢰를 구축하기 사용할 수 있는 언어에 주력할 것입니다. (b) 최근 영업 활동에 관한 평가는 우리의 가격이 시장 가치에 준하지 않음을 보여줘 조정하려고 노력 중입니다. (c) 고객의 예산을 가늠하고 제품을 판매해, 구매자들이 여러분이 그들의 제약을 이해하고 있음을 느끼도록 하는 방법도 배우게 될 것입니다. (d) 또 다른 중요한 학습 요소는 고객들을 놓치지 않고 챙겨 회사에 대한 신뢰를 높이고 향후 구매를 독려할 방법이 될 것입니다.

직원들을 위한 연수 프로그램의 목적 및 그 프로그램을 통해 직원들이 배우게 될 것들을 하나하나 열거하고 있는 내용으로 볼 때, 문맥상 글의 흐름에 어울리지 않는 문장은 (b)이다.

strengthen 강화하다   **utilize** 활용하다, 이용하다   **engage** 끌어들이다, 동참시키다   **focus on** ~에 주력하다   **exude** 발산하다, 표출하다   **cultivate** 구축하다, 쌓다   **assessment** 평가   **be in line with** ~와 일치하다, ~에 준하다   **market value** 시장 가치   **adjust** 조정하다   **limitation** 한도, 제약   **learning element** 학습 요소   **enhance** 높이다   **loyalty** 충성도, 신의

12

기원전 2세기에 살았던 그리스의 사상가, 에피쿠로스의 철학은 향락주의로 알려지게 되었다. (a) 무한정의 쾌락을 장려하는 쾌락주의와 달리, 향락주의자들은 책임 있는 생활에 절제가 필수적이라고 생각했다. (b) 향락주의자들은 삶의 목적이 행복과 즐거움, 그리고 공포와 고통에서 벗어나 자유를 추구하는 것이라고 믿었다. (c) 선과 악에 관한 도덕적 구별은 특정 행위가 즐거움 아니면 고통을 초래하는지 물음으로써 간단히 결정될 수 있었다. (d) 그들은 또한 신이 그들의 행위에 대해 인간을 벌하거나 상을 내리지 않을 것이므로 내세에 관한 생각들에 제약을 받지 않았다.

에피쿠로스의 철학인 향락주의에서 추구하는 구체적인 내용으로 볼 때, 책임 있는 생활에 절제를 언급하고 있는 (a)가 글의 흐름에 어울리지 않는다.

philosophy 철학   **thinker** 사상가   **Epicureanism** 향락주의   **Hedonism** 쾌락주의   **unlimited** 무제한의, 무한정의   **moderation** 절제   **essential** 필수적인   **attain** 얻다   **moral** 도덕적인   **distinction** 구별, 구분   **unhindered** 제약 받지 않는   **afterlife** 내세   **reward** 보상하다, 상을 주다

Part III

13

디스코의 부드러움을 거부하는 힙합의 사운드와 리듬은 더 거칠고 갑작스럽다. 힙합은 디스코에 대한 대응 혹은 심지어 반발이라고 묘사되기도 한다. 턴테이블, 신시사이저, 드럼, 샘플러와 같은 이 모든 기술들이 초기 힙합의 일부분이었다. 그리고 추후에 나온 요소들이 있는데, 이들은 현재 힙합 장르와 동의어로 쓰인다. 랩, 브레이크댄싱, 가사에 사회적인 논평 담기 등이 여기에 포함된다. 이러한 후기의 양상이 힙합 문화에 기여하게 되었다. 그리고 과거에 그랬듯이 힙합은 오늘날에도 계속 진화한다.

Q 지문에 가장 알맞은 제목은?
(a) 디스코에서 파생된 음악 장르
(b) 힙합을 탄생시킨 사회적 배경
(c) 힙합의 발전
(d) 신기술이 힙합의 진화에 어떻게 영향을 끼쳤는가

힙합의 탄생 초기의 모습을 설명한 뒤, 이후 추가된 힙합의 요소를 언급하고 오늘날에도 힙합이 발전하고 있다는 말로 마무리하고 있으므로 정답은 (c)이다.

abrupt 갑작스러운　**backlash** 반발　**turntable** 턴테이블
synthesizer 신시사이저　**element** 요소　**synonymous** 같은
뜻을 가진　**social commentary** 사회적 논평　**lyrics** 가사
just as 꼭 ~처럼　**evolve** 진화하다

14

디트로이트에 사는 대부분의 사람들은 수천 피트 밑에 광대한 도시망이 있다는 것을 알지 못한다. 이 거리들은 4차선 고속 도로만큼 넓다. 트럭의 불빛이 이 지하 도시의 바닥, 벽, 그리고 천장을 비추어 마치 신비하게 빛나고 눈부신 백색 나라처럼 보이게 한다. 저 위 땅에서 디트로이트 사람들은 차를 만들지만 또 다른 디트로이트 사람들은 그들 밑에서 눈에 보이지 않게 소금을 캔다. 과학자들은 디트로이트 광산이 수백만 년 정도 지속될 것으로 예측했다. 그러나 놀랍게도 이 광산은 캐나다에서 들어오는 저렴한 소금과 경쟁할 수가 없어서 1983년 폐광했다.

Q 지문의 주된 내용은?
(a) 디트로이트에 있는 소금 광산
(b) 디트로이트에 있는 도로망
(c) 디트로이트의 자동차 산업
(d) 미국과 캐나다 사이의 경쟁

선택지 모두 지문에서 언급되고 있긴 하지만 지문은 주로 대부분의 사람들이 잘 알지 못하는 디트로이트 소금 광산에 대해서 이야기하고 있다.

vast 거대한, 광대한　**lane** 차선　**dazzling** 눈부신　**above ground** 땅 위　**invisibly** 눈에 띄지 않게　**estimate** 추정하다, 예상하다

15

서기 622년에 이슬람 건립 이전에 성경책은 아랍 문화 형성에 도움을 주었다. 예언자 무함마드가 무슬림 전통을 시작했지만 아랍 문화를 완벽히 바꾸지는 못했다. 그는 이전 시기의 관습을 대부분 지속했었다. 예를 들어, 고기가 이슬람교 계율에 따라 도축 되기 위해서, 즉 고기를 먹기 위해서는, 동물은 반드시 무슬림, 기독교인 혹은 유태인에 의해서 희생되어야 한다. 다른 예로는, 아랍인들은 먹거나 마시기 전에 계속해서 신의 이름을 부른다. 이는 무함마드가 나타나기 이전과 이후에 다 그랬다. 새로운 전통 중에는 하루에 5번 기도하는 것과 메카로 순례를 가는 것이 포함되었다.

Q 지문의 요지는?
(a) 기독교인이나 유태인도 매일 기도하고 순례를 떠난다.
(b) 무함마드는 많은 아랍의 관습을 변화시켰지만, 몇 가지는 온전히 놔두었다.
(c) 이슬람은 다른 종교와 믿음의 관습을 공유하는 것을 허락한다.
(d) 무함마드 이전에 아랍 관습은 성서의 전통에서 나왔다.

이슬람 건립 이전에 성경책이 아랍 문화 형성에 도움을 주었고, 무함마드가 무슬림 전통을 시작하기 했지만 전부 다 바꾸지는 못했다고 했으므로 정답은 (d)가 가장 적절하다.

prophet 선지자　**alter** 바꾸다　**halal** 고기가 이슬람교 계율에 따라 도축된　**pronounce** 선언하다, 표명하다　**pilgrimage** 순례　**derive from** ~에서 나오다

16

건강 뉴스

데이비드 카츠 박사의 새로운 연구에 의하면 (40그램의 단백질 함유한) 고단백 아침 식사가 장기적으로 체중을 감량하는 비결이라고 한다. 8개월간의 연구에서 600칼로리의 아침 식사를 하고 점심과 저녁을 적게 먹은 비만인은 평균 40파운드의 몸무게를 감소했다. 음식을 에너지로 전환하는 호르몬은 해 뜰 무렵 가장 왕성하기 때문에 단백질이 풍부한 아침(예를 들어 달걀, 살코기, 저지방 치즈, 단백질 스무디)은 신진대사를 가속화하고 낮 동안 배고픔이나 식욕을 줄여 준다.

Q 지문의 주제는?
(a) 고단백 아침 식사는 체중을 감소시킨다.
(b) 호르몬은 체중 감량과 연관이 있다.
(c) 어떤 호르몬은 저녁보다 아침에 더 많이 생성된다.
(d) 비만으로 인한 건강 문제 해결에서 체중 감량은 핵심적이다.

첫 문장이 주제문이다. 연구에 의하면 고단백 아침 식사가 장기적인 체중 감량의 열쇠라고 한다. (b)와 (c)는 주제를 뒷받침하는 설명으로 제시된 것이므로 주제로 적절하지 않다.

protein 단백질　**long-term** 장기간의　**obese** 비만의　**average** 평균의　**transform** 전환하다　**prevail** 우세하다　**lean meat** 살코기　**metabolism** 신진대사　**craving** 갈망, 열망　**obesity** 비만

17

북 리뷰

소설 〈우리는 더 이상 여기 살지 않는다〉의 이야기 요소가 전반적으로 개연적인 인상을 준다. 독자들은 이 글이 그럴듯하며 현실적이라고 확신한다. 이 글은 우리를 즐겁게 해 주면서, 또한 어떻게 인간이 상호작용하는가를 이해하는 데 본보기를 제공해 준다. 소설의 등장인물들은 자신의 배우자 및 아이들과 그들의 일상을 바쁘게 살아간다. 그러다 약속을 저버리고 서약을 잊으면서 결혼생활과 우정을 시험한다. 우리는 각각의 캐릭터가 내린 결정이 그들이 반드시 다뤄야만 하는 결과를 가져오기 때문에 그들의 마음을 살짝 들여다보게 된다.

Q 지문에 따르면 소설에 대해 옳은 것은?
(a) 등장인물들은 도덕적 완벽성을 추구한다.
(b) 이야기가 전개되는 방식은 매우 사실적이고 자연스럽다.
(c) 현대 사회의 어두운 면을 보여준다.
(d) 이야기는 주로 우정에 관한 것이다.

언급된 소설의 가장 큰 특징은 개연성이 높다는 점이다. 따라서 정답으로는 (b)가 가장 적당하다.

believability 개연성　**plausible** 그럴 듯한　**template** 본보기　**go about** 계속 ~을 (바삐)하다　**spouse** 배우자　**vow** 서약　**get a glimpse into** 잠깐 들여다 보다　**psyche** 마음, 정신

18

보통 감기의 발병은 일반적으로 울혈과 기침, 목 아픔, 콧물, 에너지 부족 증상으로 서서히 진행된다. 감기에 걸려도 여전히 걸어 다니며 심지어 일도 할 수 있다. 그에 반해서, 독감은 갑작스레 찾아오고 대개 열과 두통, 마른 기침, 극심한 피로를 동반한다. 두 경우 모두, 몸이 바이러스성 감염과 싸우는 것이고 충분한 휴식과 수분을 얻는 것이 권장된다. 늘 그렇듯, 예방이 최선이다. 감기가 걸린 이들을 피하고 손을 씻는 것이 둘 다를 방지하는 것을 돕는다.

Q 보통 감기에 관한 내용으로 옳은 것은?
(a) 사람들은 움직이고 활동을 계속하도록 권고 받는다.
(b) 그 증상들은 독감과 다르지만 처치는 동일하다.
(c) 인체는 운동과 수분 섭취로 감기와 더 잘 싸울 수 있다.
(d) 올바른 위생과 환자들을 멀리하는 것이 예방에 도움이 된다.

감기의 경우, 예방이 최선이지만 감기에 걸린 이들을 피하고 손을 씻는 것이 도움이 된다는 마지막 문장으로 볼 때, 보통 감기에 관한 내용으로 옳은 것은 (d)이다.

onset 시작   **gradual** 점진적인   **symptom** 증상   **congestion** 충혈, 울혈   **cough** 기침   **sore** 아픈; 상처   **throat** 목, 목구멍   **runny nose** 콧물   **flu** 독감   **be accompanied by** ~을 동반하다   **extreme** 극심한   **fatigue** 피로   **fight off** ~와 싸워 물리치다   **viral infection** 바이러스성 감염   **fluid** 수분   **infected** 감염된, 병에 걸린   **hygiene** 위생   **stay away from** ~을 멀리하다   **sufferer** 환자

19

사용 설명서

퀵스마트 사에서 소프트웨어를 구입해 주셔서 감사합니다. 여러분께서는 여러분의 선택에 꼭 만족하실 것입니다.
CD를 드라이브에 넣고 스크린 상의 지시 사항만 따라 하시면 됩니다.
컴퓨터 하드 드라이브에 충분한 공간이 있다면 모두 설치할 것을 권장합니다. 그렇게 하면 시간도 절약하고 프로그램을 실행하는 동안 CD도 교체할 필요가 없습니다.
그러나 하드 드라이브에 공간이 부족하다면 최소한의 설치를 선택하십시오. 그래도 모든 훌륭한 기능과 온라인 상의 도움을 받을 수 있습니다.
또한, 설치 후에 소프트웨어를 반드시 등록하도록 하세요. 그래야만 저희가 새로 개발된 상품이나 판촉 상품에 대해서 알려 드릴 수 있습니다.

Q 지문과 일치하는 내용은?
(a) 하드 드라이브에 공간이 있다면 사용자는 판촉 상품과 할인을 신청할 수 있다.
(b) 하드 드라이브에 공간이 부족하면 사용자는 최소한의 설치를 선택해야 한다.
(c) 사용자는 소프트웨어 프로그램을 돌리면서 CD를 계속 바꿔야 한다.
(d) 사용자는 소프트웨어를 설치하기 전에 등록할 수 있다.

하드 드라이브에 공간이 있다면 프로그램을 모두 설치하고 설치 후에 소프트웨어를 등록해야 제조사로부터 새로운 상품이나 판촉 상품에 대한 정보를 받을 수 있다. 또한 프로그램을 실행하는 동안은 CD를 교체할 필요가 없으므로 일치하는 내용은 (b)이다.

place 두다, 설치하다   **instruction(s)** 설명, 안내   **installation** 설치   **register** 등록하다   **promotion** 판촉, 판촉 상품   **sign up for** ~을 신청하다

20

큐 왕립식물원의 "올드 라이온" 은행나무는 영국에 심어진 가장 첫 번째 은행나무 중 하나로 1762년부터 전해지고 있다. 이는 18세기 초 은행나무 종의 유럽 첫 진출 바로 직후였다. 은행나무 종은 중국에서 기원한다. 올드 라이온의 특이한 다줄기는 알려지지 않은 지역으로부터 이식된 결과이다. 이는 영국 식물학의 보물 중 하나로 여겨진다. 이 나무는 250년이 넘는 시간 동안 영국 왕세자비의 온실과 인접해 있는 큐 왕립식물원에 자리를 잡고 있다. 다른 비슷한 나무들은 밤부가든 근처에서 찾아 볼 수 있다.

Q 올드 라이온에 관해 옳은 것은?
(a) 올드 라이온은 영국 왕세자비 온실 안에 있다.
(b) 영국이 250년 전에 유럽 대륙에서 가지고 왔다.
(c) 어느 유럽 국가에 있는 몇 가지 종류의 은행나무 중 하나이다.
(d) 중국 황제가 18세기에 기증했다.

지문의 도입부에서 큐 왕립식물원의 올드 라이온 은행나무는 영국에 심어진 가장 첫 번째 은행나무라고 하므로 (c)가 옳은 내용이다.

maidenhair tree 은행나무   **debut** 첫 출연   **transplant** 이식하다, 옮겨 심다   **botanical** 식물의   **adjacent to** ~에 인접한, 가까운

21

의류가 더럽혀지는 새로운 방법은 말할 것도 없이 새로운 옷감과 세탁기의 트렌드에 따라 세탁용 세제에 관한 수요가 지속적으로 진화해 오고 있다. 손 비누와는 다르게 세제는 자국의 제거를 위해 충분히 오래 물속에 용해되면서 견뎌내야 한다. 세제 제조법에는 전형적으로 작은 양의 표백제 및 효소와 함께 삼인산나트륨 같은 연수제를 포함하고 있다. 그렇지만 인산염은 낮은 생물분해성을 가지고 있어서 상수도와 해양생물에 해를 가한다. 일부 국가들은 인산염을 금지하고 좀 더 환경적인 제올라이트를 지지하는 움직임을 취하고 있다.

Q 세탁용 세제에 관해 옳은 것은?
(a) 세제 속의 표백제는 생물분해적이지 않다.
(b) 연수제는 세탁기에서 곧 바로 용해된다.
(c) 옷 세탁의 기본 원칙은 계속 변함없다.
(d) 더 좋은 세제 기술이 추구되고 있다.

계속해서 세탁용 세제에 관한 수요가 진화해 오고 있다고 언급했고, 또한 지문의 마지막에 상수도와 해양생물에 해가 되는 인산염 대신 환경적인 제올라이트 사용을 지지하고 있다는 등의 세제 기술의 변화에 대해 이야기하고 있으므로 정답으로는 (d)가 적합하다.

detergent 세제 **withstand** 견디내다 **dissolve** 용해되어 없어지다 **get rid of** ~을 제거하다 **formula** 공식, 제조법 **water softener** 연수제 **sodium tri-phosphate** 삼인산나트륨 **phosphate** 인산염 **biodegradability** 생물분해성 **zeolite** 제올라이트 **fundamental** 기본 원칙, 핵심

22

토마스빌 타임스
지역 뉴스 > 재해

3일 전 토마스빌을 덮친 눈이 녹아 발생한 홍수가 계속 영향을 미치고 있다. 주민인 빌 말로 씨와 캐서린 말로 씨 부부는 자신들의 집이 실제 홍수가 났을 때 아무런 피해도 입지 않아 안심했지만 어제 퇴근하여 집에 왔을 때 충격을 받았다. 홍수가 집이 세워져 있는 언덕의 견고한 기반을 깎아버린 것이다. 흙이 무너져 집의 절반이 언덕 아래로 미끄러져 아래에 불어난 개울에 잠겨 있었다. 말로 씨 부부는 도무지 어떻게 해야 할지 모르겠지만 가능하다면 같은 땅에 집을 다시 짓고 싶다고 말한다.

Q 기사에 따르면 일치하는 것은?
(a) 말로 씨 집을 재건축하는 일이 이미 시작되었다.
(b) 말로 씨 부부는 집이 경미한 피해만 입었을 때 안도했다.
(c) 다른 마을뿐만 아니라 토마스빌에서도 많은 집들이 홍수 피해를 입었다.
(d) 말로 씨의 집은 홍수가 처음 났을 때는 피해를 입지 않았다.

두 번째 문장에서 홍수 당시에 집이 어떤 피해도 비껴가서 안도했다고 하므로 (d)가 적절하다. 나중에 집이 있던 언덕의 기반이 무너져 집의 절반이 침수되었다고 하며, 부부는 아직 집을 복구할 어떤 계획도 세우지 못한 상태이다.

melt 녹다 **relieved** 안도하는 **undermine** ~의 밑을 파내다 **stability** 안정성, 견고성 **give way** 무너지다 **slide down** 미끄러져 내리다 **swollen** 불어 난 **creek** 시내, 샛강 **minimal** 최소의

23

예술은 그 우수성을 약화시키지 않으면서 일반 대중에게 다가가기 쉬워야 한다. 적어도 세기 중반 이후로 예술 부처의 공식 정책은 그렇게 되고 있다. 특히 국가 지원을 받는 예술 프로그램들의 경우, 이 가이드라인이 특히 세력을 떨친다. 예술은 사회를 풍요롭게 만드는 기능을 하는 것으로 생각되는데, 나라가 어려운 시기에 직면한 때는 더더욱 그렇다. 그것이 공공 서비스에 투입되는 공적 자금액의 근거가 된다. 실제로 예술 투자가 사실상 대부분의 다른 공공 서비스들보다 더 나은 경제적 이익을 낳는다는 주장되어 왔다.

Q 글쓴이가 가장 동의할 만한 내용은 무엇인가?
(a) 경제적 곤궁의 시기에는 예술에 지출을 줄이도록 요구한다.
(b) 한 나라가 예술에 투자하는 것이 재정적으로 유지 가능하다.
(c) 예술 분야에서는 중대한 시장 실패가 절대 없다.
(d) 국가에서 지원받는 예술들은 특히 우수한 품질의 것이어야 한다.

예술에 투자하는 것이 다른 공공 서비스들에 투자하는 것보다 경제적 이익이 낫다는 마지막 문장으로 볼 때, 글쓴이가 동의할 만한 내용으로 가장 적절한 것은 (b)이다.

accessible 접근하기 쉬운, 가까이하기 쉬운 **dilute** 희석시키다, 약화시키다 **excellence** 우수성 **official** 공식적인 **ministry** 부처 **state-backed** 국가에서 지원 받는 **hold sway** 지배하다, 세력을 떨치다 **function** 기능하다, 작용하다 **enricher** 부유하게 하는 것, 풍요롭게 하는 것 **rationale** 이유, 근거 **investment** 투자 **yield a return** 이익을 낳다 **distress** 곤경, 곤궁 **financially** 재정적으로, 재정상 **sustainable** 지속 가능한, 유지 가능한

24

일부는 로켓이고 일부는 글라이더인 버진 갤럭틱의 스페이스십투는 승객들이 60마일 상공의 대기를 날도록 설계되었다. 우주여행 중 그 지점에서는, 우주 모듈이 비행기 모체에서 분리되어 알려진 바에 따르면 파란 하늘이 검게 변할 때까지, 자체적으로 가속화될 것이다. 몇 분 동안, 승객들은 각자 자리에서 벗어나 우주의 무중력 상태를 느끼도록 허용될 것이다. 그동안, 그들은 창 밖을 응시하며 아래에서 돌아가는 지구에 대해 새로운 시각을 얻게 될 것이다.

Q 우주여행에 관해 암시하는 것은?
(a) 우주선 모듈이 대기권 밖 우주 가까이 도달하려면 외부적 지원이 필요할 것이다.
(b) 승객들은 위로 가속화되면서 중력 가속도를 느낄 것이다.
(c) 우주의 궤도에서 일출과 일몰이 보일 것이다.
(d) 여행은 땅에서 로켓으로 출발하지만 글라이더로 내려올 것이다.

우주 여행 중간에 모듈이 모체에서 분리된다고 했으므로 암시되는 내용으로 가장 적절한 것은 (a)이다.

atmosphere 대기 **spaceship** 우주선 **module** 우주선의 본체에서 떨어져 나와 독립적인 기능을 하는 작은 부분 **detach from** ~에서 분리되다 **accelerate** 가속화하다 **on one's own** 혼자 힘으로, 자체적으로 **reportedly** 보도에 따르면, 알려진 바에 따르면 **weightlessness** 무중력 상태 **perspective** 시각, 관점 **spin** 돌다, 회전하다 **external** 외부의, 외적인 **assistance** 도움, 지원 **outer space** 우주 공간 **G-force** 중력 가속도 **sunrise** 일출 **sunset** 일몰 **orbit** 궤도 **descend** 내려오다, 하강하다

25

제안된 연구가 먼저 다발성 화학 과민증(MCS)이 정말로 주의 대상으로 지목된 다양한 화학 물질과 인과 관계가 있는지 여부에 대한 과학적인 증거를 보여 줘야 한다. 다시 말해 그 증상이 정말로 어떤 페인트 가스나, 특정 종류의 목제품에서 나온 먼지 또는 특정 향수의 작은 방울 등에 노출되어 유발되는 것인가? 다발성 화학 과민증 같은, 증상이 의심스러운 원인들과 결정적인 관련이 아직 없다면, 정부는 정책 입안 결정을 서두르지 말아야 한다. 건전과학진보연대의 대변인인 우리는 과학이 명확한 답변을 해 주기를 기다려야 한다고 본다.

Q 건전과학진보연대에 관해 추론할 수 있는 것은?
(a) 의사 결정에 있어서의 과학적 증거의 역할을 강조한다.
(b) 화학제품에 대한 엄격한 규제를 승인한다.
(c) 화학제품을 생산하는 회사들의 재정적 지원을 받는다.
(d) 정부가 제대로 된 결정을 내릴 때까지 기다릴 것이다.

정부가 정책 입안 결정을 서두르지 말고 다발성 화학 과민증이 여러 가지 화학 물질과 어떤 연관이 있는지를 과학적으로 알아봐야 한다는 입장, 즉, 과학적인 증거의 역할을 첫 문장과 마지막 문장에서 강조하고 있는 것으로 보아 (a)가 정답이다. 정부의 결정을 기다리는 것이 아니라 과학적인 증거 제시를 기다리는 것이라 (d)는 오답이다.

Multiple Chemical Sensitivities 다발성 화학 과민증 **causally** 인과 관계에 의해 **single out** 뽑아내다, 선발하다 **symptom** 증상 **fume** 가스, 독기 **droplet** 작은 물방울 **conclusively** 확실히, 결정적으로 **spokesperson** 대변인 **Advancement of Sound Science Coalition** 건전과학진보연대 **emphasize** 강조하다, 역설하다 **endorse** 승인하다

Part IV

26~27

1세대 베트남 출신의 미국인으로서, 내 형제들과 나는 하나로 결합된 두 개의 독특한 문화의 산물이다. 집에서 요리하는 베트남 요리의 독특한 맛, 전통적인 베트남 노래와 춤이 어우러진 파티, 그리고 영어와 베트남어의 끊임없는 변화는 내 어린시절의 단순하지만 화려한 모자이크를 구성했다. 비록 내 부모님은 베트남에서의 그들의 삶을 공유하려고 노력했지만, 우리는 그들의 과거 경험을 이해할 수 없었는데, 왜냐하면 그것은 미국에서의 우리의 삶과 상당히 달랐기 때문이다. 우리는 고향의 사람들에 대한 어떠한 감정도 없었으며, 그들의 힘든 생활의 조건에 대해서도 관심이 없었다.

그러나 의과대학을 졸업한 이후 베트남에서의 자원봉사 활동을 하는 동안, 나는 사회적, 경제적 그리고 정치적인 문제들을 해결함으로써 고향의 지역사회를 도와야겠다는 생각에 빠져들었다. 미국 의료진들과 함께, 나는 다낭 지역의 아이들을 위한 영양 프로그램에 참여했으며, 그 지역 사회의 의료진들과 자원봉사를 했다. 나는 지역사회를 건강하게 유지하는 것은 서로 간의 협력과 공감의 힘에 달려 있다는 것을 깨달았다.

Q26 지문에서 글쓴이가 주로 쓰고 있는 것은 무엇인가?
(a) 이민자로서 새로운 문화와 언어에 대해 그녀가 겪었던 어려움
(b) 생활방식의 차이로 인한 그녀의 부모님과의 갈등
(c) 도움이 필요한 사람들을 돕는 것의 필요성에 대한 각성
(d) 고향에서 의사로서의 취업 기회

Q27 글쓴이에 대해 옳은 것은 무엇인가?
(a) 미국에서의 그녀의 삶의 방식은 베트남에서의 삶의 방식과는 조금 달랐다.
(b) 그녀는 어린 시절 이중언어 사용자로서 성장했다.
(c) 그녀는 의과대학에서 공부하는 동안 베트남에서 자원봉사를 했다.
(d) 그녀는 의학적 치료가 지역 사회에서 가장 중요하다고 생각했다.

Q26. 베트남계 미국인으로서 글쓴이의 혼란 및 베트남에서의 자원봉사 활동 과정에서 겪게 된 상황에 대해 설명하는 지문이다. 미국에서 생활할 때 베트남에 대한 관심이 없었으나, 자원봉사 활동 과정에서 그들의 삶에 대해 이해하고 도움의 필요성에 대해 깨닫게 되었다는 내용을 통해, 그 필요성에 대해 각성하게 되었다는 (c)가 정답이다.

Q27. 글쓴이의 미국에서의 성장 과정을 설명하는 과정에서, "constant shifts between English and Vietnamese"라는 구문을 통해 영어와 베트남어를 동시에 사용했다는 것을 알 수 있으므로, 그녀가 이중언어 사용자로 성장했다는 것을 확인할 수 있다. 따라서 정답은 (b)이다.

generation 세대 sibling 형제자매 distinct 구별되는 blend 혼합하다, 섞다 unique 독특한 shift 변화 mosaic 모자이크, 결합 stark 완전한, 뚜렷한 contrast 대조 desperate 필사적인, 절망적인 be immersed in ~에 빠져들다 tackle 해결하다 nutrition 영양 hinge on ~에 달려있다, 의존하다 interdisciplinary 여러 영역의 collaboration 협력 empathy 공감, 감정이입 disparity 차이, 격차 awakening 각성 deviate 벗어나다, 빗나가다 bilingual 2중언어의

28~29

◀ 도널드 윌리엄스

〈나〉

안녕하세요, 윌리엄스 씨.
인문학 협의회를 대신하여, 9월 23일에 개최될 1차 회의에 귀하를 초대하게 되어 기쁘게 생각합니다. 이 회의는 인문학의 발전에 관한 원탁회의를 위해 최고의 석학들을 함께 모을 것입니다. 귀하의 아이디어를 공유하고 다른 전문가들의 의견을 듣기 위해 귀하께서 이번 회의에 참석하여 주신다면 매우 기쁘겠습니다. 귀하를 위한 자리를 확보하기 위해 8월 31일 이전에 이 초대에 대해 답을 해 주시기 바랍니다.

〈윌리엄스〉

안녕하세요, 톰슨 씨.
제가 그 회의에 참석할 것이라는 점을 확인시켜 드리게 되어 정말 기쁩니다. 초대를 받아 매우 영광이며, 놀라운 제안에 대해 감사하게 생각합니다. 귀하께서는 항상 저의 지지를 받게 될 것입니다. 또한, 제가 귀하를 도울 수 있는 일이 있다면, 망설이지 말고 연락 주세요. 이 회의가 성공적인 것이 되도록 하기 위해 모든 것을 다할 것입니다. 이 영광스러운 초대에 대해 다시 한 번 감사하게 생각합니다.

Q28 왜 시실리아 톰슨은 메시지를 보냈는가?
(a) 도널드 윌리엄스를 위원회의 첫 번째 회의에 초대하기 위해
(b) 도널드 윌리언스에게 회의에서 기조연설을 해 달라고 요청하기 위해
(c) 도널드 윌리엄스에게 그녀가 분명히 회의에 참석하겠다고 말하기 위해
(d) 도널드 윌리엄스에게 동료들과 함께 회의에 참석해 달라고 요구하기 위해

Q29 채팅 메시지에서 도널드 윌리엄스에 대해 추론할 수 있는 것은 무엇인가?
(a) 그는 8월 31일까지 연설문의 요약본을 보내야 한다.
(b) 그는 자리를 확보하기 위해 답장을 보낼 필요가 없다.
(c) 그는 회의를 위한 조직위원회에 참여할 것이다.
(d) 그는 시실리아 톰슨이 회의를 준비하는 것을 돕기 원한다.

Q28. 윌리엄스 씨에게 메시지를 보낸 목적은 9월 23일 개최되는 첫 번째 회의에 참석할 것을 권유하기 위한 것이므로, 정답은 (a)이다.

Q29. 윌리엄스 씨가 답장을 하는 내용에서, "if there is anything I can do to assist you, please don't hesitate to contact me"라는 문장을 통해 필요하다면 적극적으로 도움을 주겠다고 했으므로, (d)가 정답이다.

on behalf of ~을 대신하여, 대표하여 humanities 인문학 inaugural 최초의, 개회의 roundtable discussion 원탁회의 토론 confirm 확인하다 grateful 고마워하는 hesitate 망설이다 leave no stone unturned 온갖 노력을 다하다 honorable 훌륭한, 존경할 만한 keynote speech 기조연설 synopsis 요약, 줄거리 secure 확보하다

30~31

항공사 승무원

당신은 항공사에서 일하기를 원했으나, 그 산업에 진입하는 법을 모르시나요? 당신은 빠르게 변화하는 근무 환경에서 일하는 것을 원하시나요? 당신은 직원 친화적인 근무 환경에서 경력을 키울 수 있는 회사에서 일할 수 있기를 원했나요? 만약 그렇다면, 태평양 항공사는 당신에게 이상적인 고용주가 될 수 있습니다. 승객들의 편안함, 안전 그리고 행복을 위해 일하는 동안, 항공사 승무원은 해외 혹은 국내 목적지로 여행할 수 있는 기회뿐만 아니라 사람들과 자주 접촉할 수 있을 것입니다.

저희는 항공사 승무원으로서 자기 동기부여적이고, 긍정적이고, 열정적이며, 목표 지향적인 지원자들을 찾고 있습니다. 저희 직원들은 승객들에게 고객 지원을 할 것입니다.

업무
- 승객들이 항공기에 탑승하거나 내릴 때 승객들에게 인사하기
- 승객들을 좌석으로 안내하기
- 식사와 간식 제공하기
- 승객들에게 면세품 판매하기
- 비행 이후 비행 보고서 쓰기

자격요건
- 고객 서비스 경력 필수
- 항공산업 경력은 우대사항이지만 의무사항은 아님
- 고교 졸업장 혹은 고졸 학력 인증서
- 최소 18세
- 주 운전 면허증

Q30 직위의 자격요건과 업무에 대해 옳은 것은 무엇인가?
(a) 고용된 직원들은 승객들의 수하물을 부치는 것을 도울 것이다.
(b) 고용된 직원들은 승객들이 면세품을 구매하는 것을 도울 것이다.
(c) 지원자들은 항공산업에서 다년간의 경험을 가지고 있어야 한다.
(d) 지원자들은 고용되기 전에 대학을 졸업해야 한다.

Q31 광고를 통해 추론할 수 있는 것은 무엇인가?
(a) 회사는 항공산업에서 일하기를 원하는 경력자를 찾고 있다.
(b) 내성적 성향의 사람들은 그 직업에 지원할 수 있다.
(c) 회사는 고용된 직원들이 가능한 한 빨리 일을 시작하기를 원한다.
(d) 승무원들은 비행을 종료할 때마다 프레젠테이션을 해야 한다.

Q30. 항공기 승무원들의 업무 영역 중에서 "Selling duty-free commercial goods to passengers"라는 구문을 통해 승객들에게 면세품을 판매하는 업무가 포함되어 있으므로, 정답은 (b)이다.

Q31. 자격요건 중 가장 먼저 "customer service/hospitality experience is required"라고 언급했으므로 경력직 직원을 찾고 있음을 알 수 있으므로, (a)가 정답이다.

cabin crew 승무원 **aviation** 비행, 항공산업 **break into the industry** 업계에 진출하다 **domestic** 내부의, 국내의 **self-motivated** 스스로 동기를 부여하는 **enthusiastic** 열정적인 **goal-oriented** 목표 지향적인 **immediate** 즉각적인 **greet** 환영하다 **refreshments** 다과 **hospitality** 환대, 서비스 **diploma** 졸업장 **GED certificate** 고졸 학력 인증서 **valid** 유효한 **introverted** 내성적인, 내향적인 **trait** 특성 **occupation** 직업

32~33

충식 식물들

몇몇 운이 나쁜 곤충들은 낭상엽 식물의 입과 같은 나뭇잎 위에 내려 앉으며, 무시무시한 죽음에 이르게 된다. 그 식물의 먹이는 특별한 효소 혼합제가 그 먹이를 소화시키는 곳인 그릇 모양의 낭상엽 기관으로 빨려 들어간다. 충식 식물을 연구하는 식물학자들에 따르면, 충식성은 아마도 영양분이 부족한 토양에 대처하기 위해 그리고 먹이로부터 질소와 인을 취하기 위해 식물에게서 진화해 왔다고 한다.

충식 식물들은 전 세계적으로 널리 퍼져 있지만, 다소 희귀한 종들이다. 그것들은 일반적으로 습지와 같은 서식지에 국한되어 있으며, 토양의 영양분은 매우 제한적이지만, 햇빛과 물은 충분히 이용 가능한 곳이다. 전형적인 충식 식물들은 일반적으로 질산염과 칼슘이 없는 토양에서 자라난다. 식물은 단백질 합성을 위해 질소가 필요하며, 세포벽 강화를 위해 칼슘이 필요하고, 핵산 합성을 위해 인산염이 필요하고, 엽록소 합성을 위해 철이 필요하다. 요약하자면, 몇몇 식물들이 충식으로 진화하는 이유는 토양에서 충분한 영양분이 결핍되어 있기 때문으로 설명될 수 있다.

Q32 지문에 따르면 왜 몇몇 식물들이 충식 식물이 되는가?
(a) 그들의 독특한 기관은 음식을 분해할 수 있는 소화액을 만들어낸다.
(b) 몇몇 곤충들은 충식 식물들의 독특한 냄새에 강하게 이끌린다.
(c) 그것들은 토양에서 얻을 수 있는 영양분의 결핍을 보충할 필요가 있다.
(d) 그것들은 때때로 곤충 혹은 벌레로부터 약간의 액체를 추출해야 한다.

Q33 충식 식물들에 대해 옳은 것은 무엇인가?
(a) 그것들은 일반적으로 열대국가의 몇몇 특정한 지역에 거주한다.
(b) 환경적 조건은 그들의 성장과 아무 관계가 없다.
(c) 그것들은 일반적으로 몇몇 환경적으로 제한된 조건에서 성장한다.
(d) 충식 식물들이 자라는 토양은 영양분이 풍부하다.

Q32. 충식 식물의 특성에 대해 설명하는 지문이며, "to cope with the nutrient-scarce soils and to capture nitrogen and phosphorus from their prey"라는 구문을 통해, 충식 식물들은 토양에서 영양분을 충분히 공급받지 못하고 있다는 것을 알 수 있다. 따라서 정답은 (c)이다.

Q33. 충식 식물이 서식하는 조건에 대해 설명하는 과정에서, "where soil nutrients are extremely restricting but sunlight and water are sufficiently available"라는 구문을 통해 특정한 서식 조건이 있다는 것을 알 수 있다. 따라서 정답은 (c)이다.

insectivorous 충식의 **pitcher plant** 낭상엽 식물 **grisly** 무시무시한, 소름끼치는 **cocktail** 혼합제 **enzyme** 효소 **botanist** 식물학자 **carnivorous** 육식의 **carnivory** 육식성 **cope with** ~에 대처하다 **scarce** 부족한, 결핍된 **nitrogen** 질소 **phosphorus** 인 **sufficiently** 충분하게 **available** 이용 가능한 **archetypal** 원형의, 모범적인 **nitrate** 질산염 **calcium** 칼슘 **protein** 단백질 **synthesis** 합성 **chlorophyll** 엽록소 **scent** 냄새 **extract** 채취하다, 추출하다 **nutritional** 영양의

34~35

온라인에서의 정치적 자금 모금의 진화

정치 전문가들은 오늘날 정치 선거운동은 선거를 이기기 위해 엄청난 양의 돈을 모금해야 한다고 주장한다. 이것은 엄청나고 극복할 수 없는 일처럼 보이며, 그것은 일반적으로 수많은 정치 입문자와 후보자들이 애초부터 공직에 출마하는 것을 좌절시킨다.

예를 들어, 미국에서만 70억 달러 이상이 2016년 선거에서 쓰였다고 선거 자금 감시 기구인 오픈워치는 밝혔다. 특히, 예비 선거를 포함하여 대통령 선거는 그 전체 금액의 거의 절반을 차지한다. 따라서, 선거에 출마하기 위해서 각각의 후보자는 후보자가 되어야 하며, 훌륭한 선거 매니저가 되어야 하고 심지어 잘 기획된 기금 모금의 전략가가 되어야 한다.

이러한 환경에서, 선거운동을 위한 정치 자금 모금의 아이디어는 필수적이다. 크라우드펀딩은 돈을 모을 수 있는 가장 효과적인 방법들 중의 하나이다. 그것은 온라인에서 기부자들로부터 자금을 모으는 혁신적인 방법이다. 그것은 많은 일반 유권자들로부터 소액을 모금하는 것을 촉진시킬 수 있다.

무엇보다도, 크라우드펀딩을 위한 인터넷 홈페이지가 만들어질 수 있으며, 그러고 나서 후보자는 즉각 기부를 받을 수 있다. 그 웹 사이트는 이름이 명명될 수 있으며, 홍보 이미지와 비디오를 포함하여, 후보자와 선거운동의 이야기를 말할 수 있다. 크라우드펀딩 캠페인은 또한 소셜 미디어를 통합시킬 수 있으며, 그것은 성공 가능성을 강화시킬 수 있다.

Q34 뉴스 기사는 주로 무엇에 관한 것인가?
(a) 정치 입문자가 정치에 진입하는 데 어려움을 겪는 이유
(b) 정치 자금이 시민 단체에 의해 감시되어야 하는 이유
(c) 일반 유권자들이 정치 자금을 기부하는 것을 거부하는 이유
(d) 선거운동을 위해 정치 자금을 효과적으로 모을 수 있는 방법

Q35 지문에 따르면 옳은 것은 무엇인가?
(a) 몇몇 정치가들은 때때로 정치 자금의 부족으로 인해 선거를 포기한다.
(b) 대통령 후보자들은 하원의원들보다 더 많은 돈을 지출하지 않는다.
(c) 크라우드펀딩은 정부의 기금을 위한 가장 효율적인 방법으로 부상했다.
(d) 인터넷 홈 페이지는 크라우드펀딩을 모금하는 데 대안이 될 수 없다.

Q34. 선거운동에 필요한 정치 자금을 모금하는 것의 중요성과 자금 모금 방법 중 하나인 크라우드펀딩에 대해 설명하는 지문이므로, 선거운동을 위해 어떻게 정치 자금을 효과적으로 모을 수 있는가가 이 글의 주요 내용임을 알 수 있다. 따라서 정답은 (d)이다.

Q35. 정치 자금의 중요성에 대해 설명하는 과정에서, "frustrates a profusion of political novices and candidates from running for office"라는 구문을 통해 많은 정치인들이 정치 자금 문제로 선거에 출마하지 않을 수도 있다는 것을 알 수 있다. 따라서 정답은 (a)이다.

evolution 진화 **pundit** 전문가 **assert** 주장하다 **daunting** 위압적인 **insurmountable** 대처할 수 없는, 해결할 수 없는 **frustrate** 좌절시키다 **a profusion of** 수많은 **novice** 신인 **run for office** 공직에 출마하다 **watchdog** 감시인 **primary** 예비 선거 **strategist** 전략가 **effective** 효과적인 **innovative** 혁신적인 **facilitate** 촉진시키다, 용이하게 하다 **crowdfunding** 크라우드펀딩, 군중펀딩 **integration** 통합, 융합 **odds** 가능성 **civic** 시민의 **donate** 기부하다 **renounce** 포기하다 **Representative** 하원의원

MEMO

TEPS Test of English Proficiency developed by Seoul National University

독해 Reading Comprehension

Actual Test 1
Actual Test 2
Actual Test 3
Actual Test 4
Actual Test 5